KÜGLER · DER SHERIFF

Dietmar Kügler

DER SHERIFF

Recht und Gesetz im Wilden Westen

Gondrom

Vorsatzpapier: Die bekannteste Form des Abzeichens: ein sechszackiger Stern mit Kugelköpfen an den Spitzen. Etwa 1885/90. Material: Sterling-Silber.

Bildnachweis: Sammlung und Archiv Verfasser 98, Sammlung K. H. Thiele, Sammlung Günter Schmitt.

Sonderausgabe für Gondrom Verlag GmbH & Co. KG, Bindlach 1995
© 1977 Paul Pietsch Verlage, Stuttgart
ISBN 3-8112-1186-2

FÜR MUTTER

Herzlichen Dank für freundschaftliche Hilfe und Unterstützung:

Herrn Heinrich Kronen, Photograph,
Herrn K. H. Thiele, Journalist,
Herrn Günter Schmitt, Autor,
Frau Barbara Gringmuth,
Herrn Wolfhard Gringmuth.

Inhaltsverzeichnis

VORWORT, Seite 11

AM ANFANG WAR DAS FAUSTRECHT
Die Justiz im Wilden Westen

I. KAPITEL, Seite 21

AUGE UM AUGE, ZAHN UM ZAHN
Die Vigilanten

Montanas Gott heißt Gold – Die »Unschuldigen« mit den schmutzigen Händen
– Die Vigilanten von Montana – Auch Sheriffs kommen in die Hölle

II. KAPITEL, Seite 53

IM NAMEN DER GEWALT
Die Lynchjustiz

Der Strick ist das Gesetz – Das Bisbee-Massaker
Justiz ohne Gnade – Der Ku Klux Klan, Terror unter weißer Kutte
Statistik des Schreckens

III. KAPITEL, Seite 77

IM ZEICHEN DES COLTS
Die Fehdejustiz

Der Pleasent-Valley-Krieg – Gewalt ist das Gesetz
Die Johnson-County-Fehde

IV. KAPITEL, Seite 117

DER STERN DES GESETZES
Sheriffs, Marshals, Texas Rangers

Helden sterben früh, Legenden leben ewig – Die Texas-Rangers

V. KAPITEL, Seite 153

MÄNNER, DIE NIEMALS SCHLAFEN
Die Detektive

Sie nannten ihn »Das Auge« – Die Wells-Fargo-Detektive
Im Schatten des Gesetzes

VI. KAPITEL, Seite 189

IM NAMEN DER GERECHTIGKEIT
Richter, Gerichte, Anwälte

Roy Bean, das Gesetz westlich des Pecos – Der Revolveranwalt
Manitous Gerechtigkeit, die Indianergerichte

VII. KAPITEL, Seite 233

IM SCHATTEN DES GALGENS
Die Vergeltung

Black Jack Ketchum – Yuma, nur die Hölle war heißer
Folter, Prügel und Skandale

VIII. KAPITEL, Seite 267

VERDAMMT, GEÄCHTET, VOGELFREI
Die Kopfgeldjagd

Mord war ihr Geschäft – Profiteure des Faustrechts

ANHANG, Seite 291

Bibliographie – Dokumente – Die Waffen der Pioniere –
Stichwortlexikon – Karte

*In langen Planwagentrecks
zogen die Pioniere westwärts in eine unbekannte Wildnis,
in der nur das Gesetz des Überlebens herrschte.
(The Bancroft Library).*

Am Anfang war das Faustrecht

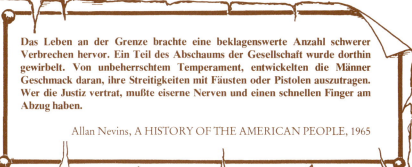

Das Leben an der Grenze brachte eine beklagenswerte Anzahl schwerer Verbrechen hervor. Ein Teil des Abschaums der Gesellschaft wurde dorthin gewirbelt. Von unbeherrschtem Temperament, entwickelten die Männer Geschmack daran, ihre Streitigkeiten mit Fäusten oder Pistolen auszutragen. Wer die Justiz vertrat, mußte eiserne Nerven und einen schnellen Finger am Abzug haben.

Allan Nevins, A HISTORY OF THE AMERICAN PEOPLE, 1965

Nichts ist so repräsentativ für die Zivilisierung eines Landes wie die Entwicklung von Recht und Gesetz.

Der sogenannte »Wilde Westen«, jener Teil Nordamerikas, der im Osten vom Lauf des Mississippi, im Westen von der Pazifikküste Kaliforniens, im Süden von Mexiko und im Norden von Kanada begrenzt wurde, war nach den Vorstellungen der meisten Mitteleuropäer bevölkert von einer Ansammlung von Kriminellen. Zwielichtige Elemente, Totschläger, Mörder und kulturlose Barbaren, bar aller moralischen und sittlichen Grundsätze, trieben ihr Unwesen, unfähig, ein friedliches, geordnetes Zusammenleben zu praktizieren.

Gestützt und geprägt wurde diese Einstellung durch oberflächliche, selbstgerechte Berichte von Reisenden, die sich nicht der Mühe unterzogen, den historischen Hintergrund vieler, für Europäer eigenartigen Sitten und Gebräuche zu verstehen.

Noch im Jahre 1904 machte der Wissenschaftler Dr. Hermann Gerhard in einer Schrift über »Die volkswirtschaftliche Entwicklung im Süden der Vereinigten Staaten« folgende charakteristische Anmerkung:

> Äußerer Schliff konnte nur notdürftig die Gemütsrohheit verdecken, die bei jedem geringfügigen Anlaß zum Vorschein kam. Noch bis auf den heutigen Tag kann man dieses Verachten von Menschenleben wahrnehmen. Es gibt fast täglich den Zeitungen Veranlassung, über rücksichtsloses, gegenseitiges Niederschießen zu berichten. Der Revolver in der Hüftentasche spielt immer noch eine große Rolle. Hat doch kürzlich erst sogar ein heißblütiger Advokat, der mit dem Richter in eine heftige Kontroverse geraten war, jenen verdächtigen Griff nach der Hüftentasche getan, der nichts Gutes ahnen ließ. Er hatte aber seine Rechnung ohne den Richter gemacht; denn er hatte noch nicht den Revolver gezogen, als ihn schon der Richter mit seinem Hüftentaschenrevolver über den Haufen geschossen hatte.
> Man darf nicht etwa denken, daß die zahllosen Lynchereien, die allenthalben in die scheußlichsten Orgien ausarten, stets vom niederen Mob veranstaltet werden. Ein Augenzeuge berichtete mir, daß Damen der höchsten Stände in das Blut der elenden Schlachtopfer ihre spitzenbesetzten Taschentücher tauchten, um sie als Siegestrophäen aufzubewahren.

Klischees wurden geprägt. Berichte dieser Art trugen dazu bei. Ihr Wahrheitsgehalt wurde selten überprüft, und vergleicht man amerikanische Rechtsgebräuche aus dem Blickwinkel europäischer Justiztradition, mögen allerdings viele Vorurteile über das amerikanische Ordnungswesen bestätigt werden. Trotzdem ist diese Perspektive zu einfach, zu undifferenziert.

Die Frage ist zu stellen: Wie gesetzlos war der »Wilde Westen«? Wie gesetzlos waren die Menschen, die ihn eroberten und besiedelten? Was ist wirklich daran an dem bluttriefenden Gemälde voller Gewalt und Verbrechen, das Film und Fernsehen von der Epoche der amerikanischen Westwanderung entwerfen?

Hollywoods ewig rauchende Colts haben die Wirklichkeit mit einem trüben Schleier aus Pulverdampf überzogen. Unternimmt man den Versuch, ihn zu lüften, stößt man auf ein Bild, das ungleich farbiger ist als die Legende. Vielleicht illusionsloser, vielleicht von Romantik entkleidet, deshalb aber nicht weniger abenteuerlich, nicht weniger packend und faszinierend.

Die Pioniergeschichte ist unstreitig eine Geschichte voller Gewalt, wie alle Geschichten von Eroberungen gewalttätig sind. Das Land selbst strahlte Gewalttätigkeit aus, mit seinen schier unüberwindlichen Entfernungen, seinen geheimnisvollen, tiefen Urwäldern, seinen vom Hauch des Todes umwehten Wüsten, seinen kargen, schutzlosen Ebenen, seinem teilweise mörderischen Klima.

Das alles forderte jene, die westwärts zogen, die den »goldenen Topf« am Ende des Regenbogens suchten und ihre Spuren in den Prärien, Steppen und Wüsten des Westens hinterließen, täglich neu heraus. Das schuf Aggressionen. Das prägte die Menschen, das formte sie, wie sie das Land formten.

Es herrschten grundlegend andere Bedingungen als in Europa. Traditionsdenken half nicht weiter. Patentlösungen gab es nicht, und solche, die aus der europäischen Zivilisation zu importieren waren, schon gar nicht. In den Savannen und Goldminencamps mußte das herkömmliche, das orthodoxe Gesetz scheitern.

Permanente Bedrohung durch die natürliche Umwelt, geographische und kulturelle Isolation führten zu dem Zwang, neue Ordnungsprinzipien, neue Verhaltensnormen, neue Rechtsfaktoren zu schaffen. Regeln, die dem Land und den Menschen angepaßt waren. Praxisbezogene Gebote, erwachsen aus der Notwendigkeit des Alltags, die den neuen, veränderten Lebensbedingungen gerecht werden mußten.

Geradezu prähistorische Zustände sorgten für entsprechende Rechtsauffassungen. Wo staatliche Autorität fehlte, wie fast überall in der Wildnis, mußte selbstgeschaffenes Recht sie ersetzen. Waren diese Regeln der Bibel entnommen, dem meist einzigen Buch, das es im Gepäck der Siedler gab, die mit von Ochsen gezogenen Planwagen in das geheimnisvolle, unbekannte Landesinnere des amerikanischen Kontinents eindrangen, war dies bereits ein Zeichen für eine sich entwickelnde Zivilisation.

Die Westwanderer waren allgemein weniger intellektuell als vielmehr praktisch veranlagt. Kriminalistische und tiefenpsychologische Motivforschung wäre in ihrer Situation selbstmörderisch gewesen. Die Vergeltung traf den Rechtsbrecher daher gnadenlos und mit größter Härte.

In Ermangelung fester Gefängnisse wurden häufig selbst geringe Vergehen mit drakonischen Strafen, meist mit dem Tod, geahndet, um die Sicherheit der Gemeinschaft zu gewährleisten. Das war nicht Barbarei, sondern entsprang dem Zwang der eigenen Existenzerhaltung.

Auch später, wenn den Ältestenräten der archaischen Pionierkommunen erste gewählte Vertreter des Gesetzes folgten, änderte sich an diesen Prinzipien zunächst wenig, denn ausgebildete Richter gab es selten. Auch die ersten Sheriffs, die die Bürgerwehren und Vigilance-Komitees ablösten, verfügten fast nie über juristische Kenntnisse.

Es genügte, wenn ein Richter oder Sheriff lesen und schreiben konnte. Im übrigen mußte er die Fähigkeit besitzen, sich jederzeit, notfalls mit Brachialgewalt, Respekt zu verschaffen.

So demonstrierte etwa Richter Abraham Dogfellow aus Greeley, Colorado, 1869 sein Durchsetzungsvermögen, indem er einen das Verfahren störenden Angeklagten eigenhändig mit seinem Krückstock verprügelte, die Verhandlung sodann seelenruhig weiterführte und den Übeltäter, einen Hühnerdieb, am Ende aus Mangel an Beweisen freisprach, sich selbst aber eine Ordnungsstrafe von 10 Dollar auferlegte, wegen Mißachtung der Würde des Gerichts. Andere Richter verfuhren ähnlich.

Mit weiterem Vordringen »zivilisatorischer Gebräuche«, kam es häufig zur Korrumpierung des Gesetzes und seiner Vertreter, die nur selten gut bezahlt wurden und daher manchen Versuchungen ausgesetzt waren. So gab es hier und da noch Anfang dieses Jahrhunderts wieder eine Auferstehung der alten Bürgerjustiz, der Volkskomitees und Femegerichte.

Dabei zeigte die vom Volk ausgehende Rechtssprechung bisweilen zwar bizarre, scheinbar grausame Züge, sie wurde aber in der aktuellen Situation nie so aufgefaßt. Auch nicht von den Rechtsbrechern, die unter der geöffneten Galgenschlinge teils »Sportsgeist« entwickelten, teils Einsicht zeigten, nur selten um Gnade bettelten.

Fast nie zeigten die »Richter« den Gerichteten gegenüber Haß oder Emotion. Fast nie kam es zu Exzessen der Bürgerwehren, fast nie war Mordlust im Spiel.

Auch die Lynchjustiz, die später durch das Auftreten des Ku Klux Klan pervertiert wurde, war selten darauf aus, Opfer zu quälen oder ungerechtfertigt harte Strafen zu verhängen.

Zwar brachten hartköpfige Männer mit hornigen Fäusten in einsamen Bergschluchten oder auf abgelegenen Waldlichtungen auf »Halsbandparties« Seilschlingen zum Tanzen und jagten selbst hartgesottenen Übeltätern alttestamentarische Furcht ein. Unschuldige aber wurden erstaunlich selten Opfer dieser direkt von der Bevölkerung ausgehenden Gerichtsbarkeit. Meist traf sie Täter, die schwere Verbrechen begangen hatten, denen es aber gelungen war, mit juristischen Tricks oder auf andere Art und Weise, die Behörden zu besänftigen oder hinters Licht zu führen.

Die Todesstrafe für den Diebstahl eines Pferdes muß in diesem Zusammenhang als überzogene Grausamkeit erscheinen. Bedenkt man jedoch die Tatsache, daß in den weiten Ebenen des Westens ein Mann ohne Pferd verloren war, steht die Sache in einem anderen Licht da.

Es gibt zahllose Beispiele, daß Männer nach dem Verlust ihres Pferdes verdursteten, verhungerten, durch Hitzschlag starben oder auf andere Art ums Leben kamen.

Der berüchtigte Revolvermann Johnny Ringgold legte sich im Juli 1882 in der fast wasserlosen, unbesiedelten Ebene südlich von Tombstone, Arizona, zum Schlafen unter einen Baum. Er zog dazu die Stiefel aus und hängte sie an das Sattelhorn seines Pferdes. Als er erwachte, war das Tier fortgelaufen.
Einige Tage später wurde Ringgold mit seinem Revolver in der Faust und einem Loch im Kopf in der Savanne gefunden. Er hatte den Freitod einem qualvollen, langen Sterben vorgezogen.
Pferdediebstahl hatte daher in den Augen der Bevölkerung den gleichen Rang wie heimtückischer Mord, wie überhaupt bei Vergehen im Westen andere, den allgemeinen Lebensbedingungen angepaßte Maßstäbe angelegt wurden als in vollentwickelten und geordneten Gesellschaften.
So entstand in der Weite und Abgeschiedenheit, in Goldgräberlagern, vorgeschobenen Ansiedlungen 'und an Lagerfeuern ein autonomes Recht: der Ehrenkodex. Er bildete sich in den Anfängen der Westwanderung, wurde zum ungeschriebenen Gesetz und regelte das Zusammenleben der ersten »Frontiersmen«. Er wurde selbst nach der Institutionalisierung von Recht und Gesetz weitgehend beibehalten und tat seine Wirkung. Wer gegen ihn verstieß, stellte sich außerhalb der Gemeinschaft, deren organischer Zusammenhalt in der Einsamkeit des Landes lebensnotwendig war, und setzte sich gnadenloser Verfolgung aus.
Zum Ehrenkodex gehörte es unter anderem, niemals einem Verletzten oder Bedrängten Hilfe zu verweigern, niemals Gewalt gegen Schwächere anzuwenden, niemals einem Gegner in den Rücken zu schießen, niemals die Waffe auf einen unbewaffneten Kontrahenten zu richten, niemals einen schon geschlagenen Gegner zu mißhandeln. Er berechtigte andererseits aber auch jeden, der herausgefordert und bedroht wurde, seinen Widersacher auf der Stelle zu töten.
Der Ehrenkodex der Pioniere war der erste Schritt von der Anarchie zur Zivilisation. Er war und blieb lange Zeit weitgehend einflußreicher und verbindlicher für den »Grenzer« als das geschriebene Gesetz, da er tiefer im Bewußtsein der Bevölkerung verwurzelt war, die ihn geschaffen hatte.
Der Pionier im Westen – meist ungebildet und grobschlächtig, aber ausgestattet mit einem erstaunlich sicheren Instinkt für das Machbare – mißtraute dem konstitutionellen Gesetz, das ihm, wie er nicht zu Unrecht befürchtete, seine Individualität raubte.
Der Drang nach Freiheit, nach ungehinderter Selbstverwirklichung, unbelastet durch Auflagen anonymer Autoritäten, hatte die meisten Men-

schen westwärts getrieben. Diese Grundeinstellung hatte auch nach Einrichtung von Behörden und Verwaltungen Bestand.

Zwar schufen die Westwanderer in richtiger Einschätzung der Erfordernisse einer geregelten Weiterentwicklung amtliche Institutionen. Sie wählten in geheimen Abstimmungen Richter, Geschworene, Sheriffs und Marshals, übernahmen bewährte Gesetze aus den weiterentwickelten Oststaaten und fügten diesen eigene Erfahrungen hinzu, die nicht selten eigenwillig waren und neue Dimensionen im Justizwesen eröffneten. Sie versuchten, ein bürgerliches Gemeinwesen zu organisieren.

Sie scheuten sich aber nicht, die von ihnen selbst bestimmten Beamten davonzujagen und deren Verfügungen außer Kraft zu setzen, wenn sie sich in ihrer Persönlichkeitsentfaltung, in ihrem Verständnis von Freiheit und Bürgerrecht eingeschränkt sahen.

Diese Haltung hatte auf Dauer keine Überlebenschance, aber sie hinterließ auch nach Ende der Zeit der »Frontier«, die im amerikanischen Bewußtsein eine maßgebende Rolle spielt, ihre unübersehbaren Spuren.

Einzelne Regeln, die dickschädelige Pioniere erfolgreich gegen Behördenwillkür behaupteten, haben sich bis heute in den USA erhalten, wie etwa das Recht eines jeden Bürgers, Waffen zu besitzen. Ein besonders hervorstechendes Prinzip, das wie kaum ein anderes die Tradition der Pionierzeit symbolisiert.

Die Waffe spielte als ordnungsbildender Faktor im Westen eine primäre Rolle. Sie hob nicht nur körperliche Unterschiede zwischen Schwachen und Starken auf. Sie verwandelte ihren Träger auch – im Hinblick auf die Tatsache, daß durch das häufige Fehlen jeder behördlichen Autorität viele Menschen gezwungen waren, die Verteidigung ihres Rechts in die eigene Hand zu nehmen – in Vollzugsbeamten, Richter und Henker in einer Person. Sie wurde zum Symbol für das Gesetz an der Grenze, für das Faustrecht, für das Gesetz des Stärkeren – und Schnelleren. Wer in einer Auseinandersetzung den Revolver zuerst in der Hand hielt, hatte das Gesetz in seiner Faust.

Daran änderte sich auch nach dem Vordringen einer formalen Justiz nichts. Das Recht von freien Männern, persönliche Streitigkeiten miteinander »auszuschießen«, wurde von den Behörden zwar kritisiert und verurteilt, aber nicht unterbunden. Zwar wurden Überlebende eines Duells regelmäßig vor Gericht gestellt und des Mordes angeklagt, aber genauso regelmäßig wieder freigelassen, wenn Zeugen bestätigten, daß der Tote zuerst – und sei es nur einen Sekundenbruchteil früher gewesen – zur Waffe gegriffen hatte.

Diese, auf den Ehrenkodex zurückgehende weitherzige Auslegung des Notwehrparagraphen, ermöglichte es aber auch professionellen Revolvermännern und Berufskillern, wenn sie es geschickt anfingen, sich jahrelang unbehelligt zu bewegen und ihrem blutigen Handwerk nachzugehen.

Gesetz im Westen – das war nicht Papier, das konnte nicht leblose Formel und auch nicht starres Prinzip sein.

Sheriffs, Marshals, Richter – sie mußten sich täglich neu auf Situationen einstellen, von denen kein Gesetzbuch kündete.

Blutigen Familienfehden etwa, die ihre eigene Gesetzmäßigkeit entwickelten, standen Behörden meist hilflos gegenüber. Streit um Wasser und Land, Streit zwischen Heimstättensiedlern und Großranchern, zwischen Schafzüchtern und Rinderbaronen führte zu verbissenen, häufig Jahre währenden Weidekriegen, in denen die Blutrache zum bestimmenden und einzigen Gesetz wurde, was dazu führte, daß sich manche verfeindeten Familien gegenseitig völlig ausrotteten. In einem Fall dauerte ein solcher Konflikt sage und schreibe fünfzehn Jahre.

Nur selten gelang es Gesetzesvertretern, solche Auseinandersetzungen zu beenden. Es wurde auch nicht von ihnen erwartet. In den Augen der Bevölkerung gehörten solche geographisch und personell eng begrenzten Fehden zwischen Familien und Gruppen in einen gesetzesfreien Raum, in ein Vakuum des Rechts, in ein juristisches Niemandsland. Beamte, die anders darüber dachten, konnten sich nicht lange halten.

Sheriffs mit übertrieben peniblem Ordnungssinn, paragraphengläubige Richter und mit juristischen Spitzfindigkeiten operierende Anwälte standen im Westen auf verlorenem Posten.

Wer an der »Frontier« für Recht und Ordnung sorgen wollte, mußte aus besonderem Holz geschnitzt sein. Er mußte sprechen wie die Pioniere, mußte denken und handeln wie sie, mußte eine im Westen geprägte Lebenserfahrung, Witz und Geistesgegenwart besitzen. Die personelle Auswahl von juristischen Funktionsträgern trieb – diese Grundsätze beachtend – bisweilen originelle Blüten. Die unerhörte Effektivität aber war unbestreitbar.

Richter mit struppigen Bärten, löchrigen Hemden und Hosenträgern, die ihre Urteile aus Versandhauskatalogen herauslasen und mit Geldstrafen zu belegende Angeklagte je nach Schwere des Vergehens zu fünf Paar Socken, zehn Klobürsten oder einem Korsett verurteilten, oratorisch begabte Anwälte, deren Büro nur aus ein Paar Satteltaschen und einer Holzkiste bestand, die zur Verteidigung ihrer Mandanten im Gerichtssaal den Gebrauch eines Revolvers demonstrierten und dabei tabakkauende Richter und whiskyschlürfende Geschworene in Lebensgefahr brachten, falkenäugige Sheriffs, die mit ihren Gefangenen Poker spielten, bevor sie sie zum Galgen führten – all das ließ auf ein zumindest skurriles Rechtsbewußtsein schließen.

Aber das Chaos, die Unordnung und Unsicherheit, die der europäische Betrachter wahrzunehmen glaubte, waren nur scheinbar.

Selbst der eigenwilligste »Grenzer« wußte, daß er ohne ein gewisses Maß an Ordnung in der Wildnis nicht überleben konnte, daß Verbrechen jeglicher Art seine Existenz bedrohten. Sein energisches Beharren auf einer so weit wie möglich gehenden individuellen Freiheit hatte hier seine Grenze. Seine Art, diese Probleme zu bewältigen, war unkonventionell aber außerordentlich effizient und fruchtbar, wie die weitere Entwicklung bewiesen hat.

Wie fast die gesamte amerikanische Pioniergeschichte, so versank auch die Geschichte der Justiz im »Wilden Westen« in einem Strudel von Legenden. Zur Repräsentanz für dieses Kapitel aus der vielleicht abenteuerlichsten Episode der Menschheitsgeschichte erwählte die Nachwelt sich den Sheriff. Seither strahlt sein Stern in Tausenden von Filmen und Romanen.

Der Sheriff, der Mann mit dem Blechstern am Hemd, Träger der staatlichen Gewalt, symbolisiert – unbestechlich, eisenhart und immer gerecht, wie der Heldenmythos es verlangt – die gesetzliche Entwicklung in der amerikanischen Pionierzeit. Er repräsentiert damit das, was in diesem Buch geschildert wird, die Entstehung von Recht und Gesetz im »Wilden Westen« …

*Ein Vigilanzgericht
hält eine Gerichtsverhandlung gegen Pferdediebe ab.
(Zeitgenössische Illustration aus »Harpers Weekly«, 1874.)*

Auge um Auge, Zahn um Zahn

DIE VIGILANTEN

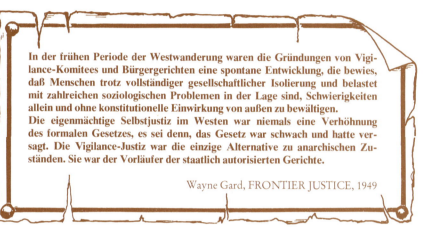

In der frühen Periode der Westwanderung waren die Gründungen von Vigilance-Komitees und Bürgergerichten eine spontane Entwicklung, die bewies, daß Menschen trotz vollständiger gesellschaftlicher Isolierung und belastet mit zahlreichen soziologischen Problemen in der Lage sind, Schwierigkeiten allein und ohne konstitutionelle Einwirkung von außen zu bewältigen.
Die eigenmächtige Selbstjustiz im Westen war niemals eine Verhöhnung des formalen Gesetzes, es sei denn, das Gesetz war schwach und hatte versagt. Die Vigilance-Justiz war die einzige Alternative zu anarchischen Zuständen. Sie war der Vorläufer der staatlich autorisierten Gerichte.

Wayne Gard, FRONTIER JUSTICE, 1949

MONTANAS GOTT HEISST GOLD

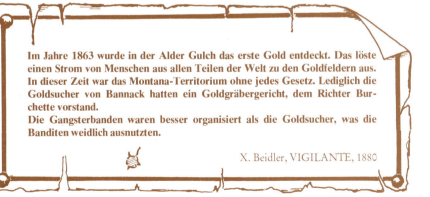

Im Jahre 1863 wurde in der Alder Gulch das erste Gold entdeckt. Das löste einen Strom von Menschen aus allen Teilen der Welt zu den Goldfeldern aus. In dieser Zeit war das Montana-Territorium ohne jedes Gesetz. Lediglich die Goldsucher von Bannack hatten ein Goldgräbergericht, dem Richter Burchette vorstand.
Die Gangsterbanden waren besser organisiert als die Goldsucher, was die Banditen weidlich ausnutzten.

X. Beidler, VIGILANTE, 1880

> Haben Bürger das Recht, Räuber und Mörder, deren sie habhaft werden, zu töten? Oder sind sie verpflichtet, auf eine nichtexistierende Polizei zu warten, oder auf Gefängnisse, die es nicht gibt?
> Die Gesellschaft muß sich vor Demoralisierung, Verfall und Anarchie schützen. Mörder, Brandstifter und Räuber müssen abgeschreckt und bestraft werden, Straßenräuber müssen sterben.
>
> Thos. J. Dimsdale, THE VIGILANTES OF MONTANA, 1866

John X. Beidler war klein und dick und wirkte in seinem zottigen, bis weit über die Knie reichenden Fellmantel so breit wie ein alter Schrank. Über den Mantel hatte er sich einen Ledergürtel geschnallt, an dem rechts ein Holster mit einem schweren Revolver hing.

Beidler brachte die Reiter, die ihm folgten, mit einer sparsamen Handbewegung zum Halten. Stumm beobachtete er die kleine Blockhütte, die in der Dunkelheit vor ihm und seinen Begleitern lag.

Alles war ruhig. Kein Licht. Ab und zu schnaubte eines der Pferde. Der kleine Mann rutschte steifbeinig aus dem Sattel und streifte die gefütterten Handschuhe ab. Er zog seinen Sharps-Karabiner aus dem Scabbard und lüftete den Revolver im Holster leicht an.

Hinter ihm stiegen die anderen Reiter ab. In der klirrenden Kälte wehte ihnen ihr heißer Atem wie ein feiner Schleier aus dem Mund.

Beidler stapfte mit eckigen Bewegungen durch den Schnee. Die anderen Männer folgten ihm. Sie gingen auf die Hütte zu und umringten sie. Jeder hielt ein Gewehr in den Fäusten.

Der kleine, dicke Mann trat zur Tür der Hütte und rammte den Kolben seines Karabiners hart gegen das Holz. Die dumpfen Schläge hallten weit durch die Stille der Nacht.

Hinter einem Fenster flammte Licht auf. Jemand rief durch die Tür: »Wer ist da?«

»Die Bürger von Bannack«, sagte Beidler.

Die Tür schwang nach innen. Auf der Schwelle erschien ein mittelgroßer, bärtiger Mann, dem das Haar wirr um den Kopf hing. Sein Hemd stand offen und hing ihm über den Gürtel.

Seine Augen weiteten sich. Mit einer fahrigen Handbewegung strich er sich über das unrasierte Kinn. Er wich den festen, harten Blicken des kleinen Mannes aus.

»Was wollt ihr denn? Jetzt mitten in der Nacht?«

Henry Plummer, Sheriff von Bannack City und Anführer der größten Verbrecherbande während des Goldrausches von Montana.

John X. Beidler, Mitbegründer und Henker der Vigilanten von Montana.

»Wir wissen, was los ist, Plummer«, sagte Beidler. »Das Spiel ist aus. Es hat keinen Sinn, daß Sie uns etwas vormachen. Wir wissen alle Bescheid über Sie.«

Henry Plummer schüttelte den Kopf. Fröstelnd zog er die breiten Schultern hoch.

»Leute!« Seine Stimme hob sich. Er blickte sich um, schaute in die starren Gesichter der Männer, die vor ihm standen. Er kannte sie alle.

»Ich bin euer Sheriff, Leute!« sagte er.

»Gewesen«, sagte Beidler. »Gewesen, Plummer.« Er zielte mit seiner Sharps auf Plummers Brust. Mit kaltem Interesse beobachtete er sein Gegenüber. »Wir brauchen nicht viel zu reden. Wir sind das Vigilance-Komitee von Bannack, Plummer. Sie wissen, warum wir hier sind. Wir haben einen Strick mitgebracht.«

»Einen Strick?« Plummer blickte sich gehetzt um. »Ich bin der Sheriff, der gewählte Sheriff. Ihr könnt mich doch nicht …«

»Wir wollen keinen Verbrecher zum Sheriff«, sagte einer der Männer neben Beidler.

Plummer schaute ihn an und zuckte hilflos mit den Schultern. »Mister Sanders? Sie sind doch Rechtsanwalt. Sie können mich doch nicht umbringen.«

»Hier hilft Ihnen niemand«, sagte Beidler.

»Ich – ich verlange eine anständige Gerichtsverhandlung«, sagte Plummer.

»Kommen Sie«, sagte Beidler. Er spannte knackend den Hahn seines Karabiners. Einer der Männer zog unter seinem Mantel einen zusammengerollten Strick hervor, in den bereits eine Schlinge mit dreizehn gewundenen Knoten geknüpft worden war.

Hinter Plummer entstand Bewegung in der Hütte. Zwei weitere Männer drängten sich neben ihn.

»Sieh an«, rief ein Mann hinter Beidler. »Die beiden Halunken, die sich Deputies nennen, sind auch da. Das gibt ein Aufwaschen.«

Als die beiden Männer zu ihren Waffen greifen wollten, richteten sich sämtliche Gewehrmündungen auf sie. Ein paar Schloßhähne knackten. Drei Vigilanten sprangen vor und schlugen mit ihren Gewehren zu. Jaulend stürzte ein Mann zu Boden. Henry Plummer wurde gepackt und hinaus in den Schnee gezerrt.

Er begann zu schreien, ließ sich auf die Knie sinken und reckte die gefalteten Hände zum sternenübersäten Winterhimmel über den Montana-Bergen. Tränen rannen über seine Wangen.

Beidler ließ sein Gewehr sinken und ging an Plummer vorbei zu einem einfachen Holzgerüst, das aus zwei aufrecht stehenden Balken bestand, die durch einen Querbalken miteinander verbunden waren.

»Bringt die Stricke her«, rief er. »Hier ist es richtig.«

Die Schlingen wirbelten durch die Luft, fielen über den Querbalken und baumelten weit geöffnet herunter. Dann wurden die drei Männer gebracht.

»Es ist kalt«, sagte einer der Vigilanten. Er stampfte von einem Bein aufs andere und blies seinen warmen Atem in die hohlen, steifgefrorenen Hände.

»Morgen ist die Luft klarer«, sagte Beidler. »Ab morgen gibt es wieder ein Gesetz.« Er drehte sich um. »Bringt sie her«, sagte er. »Es wird Zeit, daß wir ein Ende machen.«

Die Gesichter seiner Begleiter glichen Masken. Das Geschrei der drei Männer, die in dieser kalten Nacht sterben sollten, hallte als Echo von den steilen Wänden der Beaverhead-Berge zurück.

*

Bis zum Jahre 1862 war Montana ein riesiges, aber ödes, unwirtliches Bergland gewesen, das abseits der großen Trailwege nach Westen lag. Dann drangen von Idaho und Colorado aus kleinere Gruppen von Goldsuchern und Abenteurern in den südwestlichen Teil des Territoriums ein. Kaliforniens Goldfelder waren erschöpft, und die Unersättlichen und Unbelehrbaren unter denen, die bereits an der Pazifikküste dem gelben Erz nachgejagt waren, zogen durch das ausgedehnte Bergland der Rocky Mountains in das unbesiedelte Territorium, in der Hoffnung, hier neue, unentdeckte Reichtümer zu finden.
Am Grasshopper Creek ließen sie sich nieder und bauten einige Hütten. Die Ansiedlung erhielt den Namen Bannack City.
Erfolglos wurde nach Gold gegraben, und eine kleine Gruppe von Prospektoren unter Führung von Tom Cover und William H. Fairweather, einem etwas kautzigen Mann, der sich mit neununddreißig Jahren zu Tode trank, hielt sich nicht lange auf, zog weiter und schlug in der Alder Schlucht am Ufer des gleichnamigen Flusses ein Camp auf.
Mit Sieben wurde der Flußsand »gewaschen«, mit Spitzhacken der Boden aufgerissen.
Im Mai 1863 fanden sich die ersten kleinen Nuggets in den Waschsieben der Männer, und schon bald förderten sie für mehr als hundert Dollar täglich Gold.
Sie wußten nicht, daß sie auf die reichsten Goldvorkommen des Montana-Territoriums gestoßen waren.
Sie kehrten nach Bannack zurück, der einzigen Stadt im Umkreis von Hunderten von Meilen, die Taschen voller Goldstaub und Nuggets.
Ihre Entdeckung löste einen Boom aus. Reitende Boten trugen die Nachricht von den Goldfunden in alle Himmelsrichtungen. Kurz darauf setzte eine Völkerwanderung nach Montana ein.
Bereits am 6. Juni 1863 erreichten die ersten Trecks die Alder Gulch. Binnen weniger Stunden entstand in der Nähe des Alder-Flusses eine neue Stadt, Virginia City.
Es herrschte ein Chaos ohnegleichen. Abenteurer und Glücksritter fielen in Scharen in die neu entdeckte Goldregion ein. Zwielichtige Elemente ritten ins Land.

Die Goldsucher waren an nichts weiter interessiert als am schnellen Reichtum. An eine kommunale Ordnung war nicht zu denken. Ein geregeltes Gemeinwesen erschien unwichtig. Wichtig war nur das Gold.

Egoismus verhinderte eine kollektive Kommunalorganisation, Auseinandersetzungen mußten privat geregelt werden. Gegen das ausufernde Banditenunwesen gab es keinen Schutz. Wer keinen Revolver besaß und nicht mit Waffen umzugehen verstand, war selbst schuld, wenn er ausgeplündert oder ermordet wurde.

Täglich entstanden hundert neue Häuser in Virginia City. Täglich strömten neue Menschen, getrieben von der Goldgier, ins Land.

Weitere Städte entstanden. Und auch Bannack City, die erste Stadt, die vor dem Goldrausch gegründet worden war, prosperierte. Sie wurde Hauptstadt des Montana-Territoriums und Sitz der ersten organisierten Bezirksverwaltung des weiten Landes, des Beaverhead County.

Binnen weniger Monate entwickelte sich Bannack zu einem zentralen Punkt im Goldland, zum Mittelpunkt des geschäftlichen Lebens. Die meisten Trecks in die Goldfelder rollten durch Bannack, und als in der Nähe der Stadt ebenfalls Gold entdeckt wurde, waren die Spielhöllen, Saloons und Bordelle, die über Nacht aus dem Boden zu wachsen schienen, kaum noch zu zählen.

Am 24. Mai 1863 fanden in Bannack zum erstenmal Wahlen für die Bezirksverwaltung statt. Gewählt wurden ein Richter und ein Leichenbeschauer, gewählt wurde auch ein County-Sheriff, der einzige, den es vorerst in Montana geben sollte.

Da das Beaverhead County der einzige bis dahin fest umrissene Bezirk des Territoriums war, waren diese Beamten für den größten Teil des Staates, in dem sie die einzigen offiziellen Funktionsträger einer konstitutionellen Verwaltung waren, allein zuständig.

Zum Richter wurde B. B. Burchette, zum Leichenbeschauer J. M. Castner gewählt, ehrenwerte, honorige Männer. Die Sheriffwahl aber gewann ein Mann mit dunkler Vergangenheit, der sich erst wenige Monate in Bannack befand.

Sein Name war Henry Plummer. Er besaß ein angenehmes Äußeres, war beliebt bei Frauen und verfügte über kultivierte Umgangsformen. Trotzdem wußte jedermann in Bannack, daß Plummer ein Revolverheld war, der mehrere Menschen auf dem Gewissen hatte. Aus welchem Grund er trotzdem gewählt wurde, blieb immer ungeklärt. Vermutungen liegen nahe, daß es den Goldsuchern darum ging, einen schußschnellen, energischen Mann als Polizeichef zu verpflichten, der in der Lage war, sich

gegen hartgesottene Banditen und zwielichtige Elemente durchzusetzen. Einer Ansicht, der in der Geschichte der Westwanderung immer wieder begegnet werden kann.
Sie war nicht unbegründet, denn Bannack wurde binnen weniger Wochen zum Zentrum für Spieler, Banditen, Tanzhallen-Girls und Prostituierte, die nichts weiter im Sinn hatten, als den Goldsuchern ihren gerade erworbenen Reichtum auf jede nur erdenkliche Weise wieder abzunehmen. Ein biederer Bürger als Polizeichef wäre hier wirklich fehl am Platz gewesen. Plummer dagegen schien alles mitzubringen, was von einem Gesetzesbeamten in einer wilden Goldregion erwartet wurde. Er war Ende Zwanzig, gesund und stark, und konnte schnell und sicher mit seinem Revolver umgehen.
Seine Vergangenheit, seine Herkunft interessierte niemanden. Die Wochen nach der Entdeckung des Goldes waren zu turbulent, als daß man sich über solche Nebensächlichkeiten den Kopf zerbrochen hätte, zumal Plummer seine Aufgabe souverän anging und an seinen guten Absichten und Fähigkeiten niemand zweifeln konnte. So hatte er keine Schwierigkeiten, sich in seinem neuen Amt zu etablieren.

*

Geburt und Abstammung des Mannes, der mit einem Schlag zu einem der mächtigsten Beamten Montanas wurde, liegen völlig im Dunkeln. Selbst intensivste Forschung hat den Schleier, der über diesem Teil des Lebens von Henry Plummer liegt, nicht lüften können.
Seine Geschichte begann im Jahre 1852, als der Goldrausch in Kalifornien seinen Höhepunkt erreicht hatte. Henry Plummer ging in diesem Jahr in Sacramento von Bord eines Schiffes aus New York. Er hielt sich nicht lange damit auf, selbst nach Gold zu graben. Er war zu klug dazu und hatte schnell begriffen, daß es ein weitaus besseres Geschäft war, den Prospektoren das bereits geförderte Gold wieder abzunehmen.
Zusammen mit einem Partner gründete er im Jahre 1853 in Nevada City, mitten im ertragreichsten Goldrauschgebiet Kaliforniens, die Empire-Bäckerei. Hier arbeitete er als biederer Bürger und schaffte es sogar, drei Jahre später zum Town-Marshal der Stadt gewählt zu werden.
Seine große Schwäche waren die Frauen, die es ihm nie sonderlich schwer machten. Plummer hatte ein gewinnendes Äußeres, verfügte über Charme und war bei der holden Weiblichkeit von Nevada City stets Hahn im Korb. Kurz bevor er sein Amt als neuer Polizeichef der Stadt antreten konnte, erwischte ihn ein eifersüchtiger Ehemann, ein deutsch-

stämmiger Handwerker namens Vedder, mit seiner Frau bei einem Schäferstündchen. Plummer erschoß den Gehörnten und stellte sich selbst den Behörden. Ein Gericht verurteilte ihn zu einer zehnjährigen Zuchthausstrafe.

Wenige Monate später war er wieder frei. Gute und vor allem einflußreiche Freunde hatten sich für ihn beim Gouverneur eingesetzt und eine Begnadigung erwirkt.

Plummer kehrte nach Nevada City zurück und arbeitete kurze Zeit wieder in seiner Bäckerei. Aber der Gefängnisaufenthalt schien ihn nachhaltig verändert zu haben. Er kümmerte sich immer weniger um seine Arbeit, begann zu trinken und zu spielen, zettelte Schlägereien in den Saloons der Stadt an und gründete schließlich in dem Nachbarort Washoe eine Bande von Kutschenräubern.

Kurz darauf erschoß Henry Plummer in Nevada City abermals einen Mann. Diesmal hatte er keinerlei Aussicht, noch einmal so billig davonzukommen. Aber Plummer hatte Freunde. Man schmuggelte ihm zwei Revolver in die Zelle. Plummer brach aus dem Gefängnis aus.

Von da an trieb er sich haltlos in Minenstädten und Goldgräbercamps herum und verdiente sich seinen Lebensunterhalt an Spieltischen.

Im Jahre 1861 tauchte er in Lewiston, Idaho, als Berufsspieler auf. Aber das war nicht seine wirkliche Arbeit. Plummer hatte »Karriere« gemacht. Er hatte Straßenräuber, Pferdediebe und andere Banditen um sich gesammelt.

Das Land war groß, staatlich autorisierte Institutionen gab es so gut wie gar nicht. Plummer verstand es geschickt, diese Schwäche für sich zu nutzen. Er baute eine straff organisierte Bande auf, die in mehreren Gruppen, unabhängig voneinander, operierte.

Plummer selbst trat bei den Aktionen seiner Leute nie in Erscheinung. Er kultivierte seinen Status als einfacher Berufsspieler in Lewiston, er blieb der »Mann im Hintergrund«. Niemand vermutete in ihm den Kopf einer Gangsterbande.

Um so leichter hatte er es, an den Spieltischen und in den Saloons der Stadt seine Gesprächspartner auszuhorchen, Informationen zu sammeln, die für die Aktionen seiner Bande wertvoll waren.

Plummer entwickelte sodann die Pläne für die Überfälle, koordinierte seine Männer und steuerte sämtliche Verbrechen, ohne sich von seinem Spieltisch zu erheben.

Dann gab es einen Zwischenfall. Plummer erschoß ohne ersichtlichen Grund einen angesehenen Saloonbesitzer. Die Bürger von Lewiston versammelten sich und beschlossen, gegen Plummer vorzugehen. Aber der erschien selbstbewußt vor dem Bürgerkomitee, nutzte seine rhetorische Begabung und redete sich so geschickt heraus, daß Maßnahmen gegen ihn unterblieben.

Aber seine Stellung war angeschlagen, und als er in der Nachbarstadt Orofina auftauchte und der Barkeeper Patrick Ford das Verhalten der Bürger von Lewiston als »Feigheit« bezeichnete und ihn als Mörder beschimpfte, erschoß Plummer den Mann kurzerhand.

Diesmal mußte er flüchten und verlegte sein Hauptquartier nach Florence, über einhundert Meilen südlich von Lewiston, was seinen Aktivitäten keinerlei Abbruch tat.

Im Sommer 1862 baute Plummer zwei Raststationen zwischen Florence und Lewiston, die als Basen für seine Bande dienten. Er vergrößerte seine Organisationen und hatte bald in allen kleineren und größeren Ortschaften Spitzel sitzen, die an Saloontheken und Spieltischen, in Tanzhallen und Verwaltungen ihre Augen und Ohren offenhielten, Goldtransporte ausspionierten, Reisende mit wertvoller Fracht beschatteten und Transportrouten in Erfahrung brachten.

Berittene Boten informierten Plummer, der damit die Möglichkeit hatte, seine Bande optimal einzusetzen. Er ließ Postkutschen, Frachtwagen und kleinere Reisegruppen überfallen und ausplündern und kontrollierte sämtliche Overlandstraßen von Idaho in der Art eines mittelalterlichen Raubritters.

Gesetzesvertreter, die dagegen hätten vorgehen können, gab es nicht. Plummers perfekte Organisation war den wenigen Behörden, die in dem schwach besiedelten Land existierten, allemal überlegen.

Als das Jahr 1862 zu Ende ging, reichte Plummers Einfluß bis in das Montana-Territorium. In der kleinen Stadt Bannack saßen bereits seine Verbindungsleute.

Wieder unterlief ihm ein Fehler.

Im Oktober 1862 hielten auf der Straße zwischen Florence und Walla Walla maskierte Plummer-Banditen einen Frachtwagentransport an. Sie erbeuteten vierzehn Pfund Gold.

Wenige Tage später wurden drei der leichtsinnigen Banditen in Florence erkannt und festgenommen. Die Bürger, der ewigen Überfälle müde, befürchteten eine gewaltsame Befreiung der Gangster. Einige Männer stürmten des Nachts das Gefängnis und henkten die drei Banditen.

Plummer wurde danach der Boden unter den Füßen zu heiß. Er packte seine Sachen und setzte sich schleunigst nach Montana ab.

Seine Verbindungsmänner in Bannack nahmen ihn mit offenen Armen auf. Plummer hatte keine Schwierigkeiten, sich in der neuen Umgebung zu assimilieren. Es gab nur ein Problem: In Bannack begegnete Plummer ein ehemaliges Mitglied seiner Bande, Jack Cleveland.
Die Männer hatten sich einst wegen einer Frau zerstritten, und Plummer hatte den Nebenbuhler davongejagt. Jetzt beabsichtigte Cleveland, sich zu rächen, indem er bei jeder sich bietenden Gelegenheit verbreitete, was für finstere Geschäfte Henry Plummer betrieb.
Viel Zeit blieb ihm allerdings nicht dazu. Plummer, der mit sicherem Instinkt erkannt hatte, welche Chance er in Bannack hatte, welche Möglichkeiten dieses unerschlossene Territorium für einen ideenreichen Mann bot, in dem es keine Behörden, dafür aber jede Menge Gold gab, dachte nicht daran, sich von Cleveland die Zukunft verbauen zu lassen. Im Februar 1863 forderte er Cleveland zum Duell heraus und streckte ihn in einem Saloon nieder.
Diese Schießerei schadete seinem Ruf offenbar nicht sonderlich. Jedenfalls hinderte sie ihn nicht daran, die ersten Sheriffswahlen im Beaverhead County zu gewinnen.
Zu diesem Zeitpunkt hatte er in aller Stille längst ein Netz von Agenten und geheimen Stützpunkten in Montana aufgebaut. Unter seinem Kommando standen fast sämtliche Straßenräuber, die sich im Territorium aufhielten. Zahllose Verstecke waren im südwestlichen Montana verstreut. Plummer selbst aber hielt sich wieder strikt im Hintergrund und zog nur an den Drähten. Nach außen hin mimte er erfolgreich den Ehrenmann.
Seine Bande aber wurde zum Machtfaktor in dem vom Goldrausch geschüttelten Territorium. Plummers Tarnung war perfekt. Die Bürger von Bannack jubelten ihm zu, als er den Sheriffstern an sein Hemd steckte. Unvorstellbar, daß dieser Mann ein Bandit sein sollte. Plummer erschien als Garant von Recht und Ordnung.

DIE »UNSCHULDIGEN«
MIT DEN SCHMUTZIGEN HÄNDEN

> Die Ernennung der Deputy-Sheriffs zeigte, wie Plummers Interessen gelagert waren. Drei dieser Männer waren landauf, landab als hartgesottene Halunken bekannt, denen man nicht über den Weg trauen konnte. Bei der Ernennung des vierten Deputys machte Plummer eine Konzession an die anständigen Bürger von Bannack. Es handelte sich um einen Mann namens D. H. Dillingham, der bereits mehrfach auf Bürgerversammlungen öffentlich hervorgetreten war.
>
> Dillingham machte sich keine Illusionen über seine Kollegen. Er informierte kurz nach seiner Ernennung einige Freunde, daß einer der anderen Deputies und zwei weitere Banditen ihn auf der Straße in die Goldfelder der Alder Gulch umzubringen planten, um sich den unbequemen Außenseiter vom Hals zu schaffen.
>
> Wayne Gard, FRONTIER JUSTICE, 1949

Henry Plummer nutzte die sich ihm aus dem neuen Amt bietenden Möglichkeiten sofort und konsequent. Zu Deputies ernannte er vorwiegend Männer aus seiner Bande, die er militärisch zu ordnen begann.

Die Banditen nannten sich »the Innocents«, die »Unschuldigen«, und Plummer ernannte »Offiziere« und »Unteroffiziere«, die die einzelnen Abteilungen zu leiten hatten.

Insgesamt verfügte Plummer über mehr als einhundert Männer, eine einmalige Erscheinung in der amerikanischen Pioniergeschichte.

Durch sein neues Amt hatte Plummer und hatten seine verbrecherischen Deputies Einblick in fast alle geschäftlichen Vorgänge in Bannack und im umliegenden Land. Sie nutzten ihre Informationen sofort für ihre Aktionen, und so schwoll die Welle der Verbrechen nach der Wahl Plummers zum County-Sheriff rapide an. Kein Tag verging mehr ohne Überfall, die Straßen durch das westliche Montana waren weder bei Tag noch bei Nacht sicher. Wer einen Dollar in der Tasche hatte, tat gut daran, darüber den Mund zu halten, denn Henry Plummer besaß in jedem Store, in jeder Raststation, in jedem Saloon des Bezirks seine Spione.

Aus taktischen Gründen ernannte er nach seiner Wahl den sechsundzwanzigjährigen D. H. Dillingham zum Chief-Deputy, um in den ersten Wochen als Aushängeschild einen vertrauenswürdigen Mann an seiner Seite zu haben. Aber diese Regelung war nur für eine Übergangszeit

gedacht. Plummer hatte Dillingham bereits am Tage seiner Ernennung zum Abschuß freigegeben, um keinen lästigen Schnüffler in der Nähe zu haben, wenn er mit seinen übrigen Deputies neue Verbrechen plante.
Es gelang ihm jedoch, Dillingham über seine Absichten hinwegzutäuschen. Dillingham hielt Plummer für einen anständigen Mann, der sich lediglich die falschen Leute gesucht hatte, denn über den Standort der übrigen Deputies war Dillingham sich im klaren.
Sofort nach der Ernennung seiner Gehilfen verließ Plummer Bannack und ritt westwärts zum Sun River. Hier wartete seine Braut auf ihn, die Farmerstochter Electa Bryan, die er am 20. Juni 1863 heiratete. Mit ihr zusammen zog Plummer in eine kleine Hütte am Rande von Bannack.
Das Eheglück währte nicht lange. Electa Bryan durchschaute ihren Mann schnell. Sie erkannte zwar nicht den vollen Umfang seiner kriminellen Aktivitäten, aber sie mochte nicht von ihm in seine zwielichtigen Geschäfte hineingezogen werden. Da Plummer es außerdem mit der ehelichen Treue nicht sehr genau nahm, packte die junge Frau bereits am 2. September wieder ihre Sachen und verließ ihren Mann.
Plummer war dies nicht einmal unlieb. Er hatte seine Freiheit wieder und konnte unbelastet weiter seine Doppelrolle als Gangsterboß und ehrenwerter Gesetzesvertreter spielen.
Auch vor einer Entlarvung durch den jungen Dillingham brauchte er sich nicht mehr zu fürchten. Seine Deputies waren während der Flitterwochen ihres Chefs nicht untätig gewesen.
Buck Stinson, Hays Lyons und Charles Forbes waren Dillingham bereits bei seinem ersten Kontrollritt in die Goldregionen von Virginia City gefolgt. Obwohl Dillingham sich der Gefahr bewußt war, war er nicht in der Lage, sich gegen einen Überfall zu wappnen. Er war zu unerfahren, zudem allein auf sich gestellt, und er rechnete nicht mit der Skrupellosigkeit seiner Kollegen. So war er völlig unvorbereitet, als sie ihm auf offener Straße eine Kugel in den Rücken schossen.
Sofort trat ein Bürgergericht zusammen. Den Vorsitz führte ein ehemaliger Spieler aus Kalifornien namens H. P. A. Smith. Er verurteilte Buck Stinson und Hays Lyons zum Tode. Charles Forbes wurde freigesprochen.
Aber das Gericht hatte wenig Rückhalt unter den Goldgräbern, die nur daran interessiert waren, schnell reich zu werden, die keinen Ärger wollten. Immerhin waren die Angeklagten Deputy-Sheriffs des angesehenen Henry Plummer. Die Legitimation des Gerichts stand also auf schwachen Füßen.

Angehörige der Plummer-Bande ritten in die Stadt und mischten sich in den Saloons und an Straßenecken unter die Menschen. Sie streuten Gerüchte über geplante Racheakte von Freunden der Verurteilten aus. Sie heizten die Emotionen an, sprachen von ungerechten Urteilen, sprachen von Willkürjustiz eines illegalen Gerichts. Es gelang ihnen sogar, mit Hinweis auf die Jugend der Täter, Mitleid für die Mörder zu erwecken. Die Stimmung in Virginia City neigte sich rasch zugunsten der Angeklagten, zumal ja niemand wußte, was zwischen ihnen und dem Opfer vorgefallen war, was die Schießerei ausgelöst hatte. Besonders die Frauen der Stadt protestierten gegen die Todesurteile.

Nichtsdestotrotz gingen einige Männer unter Führung des Abenteurers John X. Beidler daran, einen Galgen zu bauen und zwei Gräber auszuheben. Die Hinrichtung wurde zügig vorbereitet.

Derweil schlugen die Emotionen innerhalb der Bevölkerung hohe Wellen. Das Opfer, der tote Dillingham, wurde vergessen. Gesprochen wurde nur noch von den »armen, jungen Männern«, die brutal erhängt werden sollten.

Noch war die Tarnung der Plummer-Bande vollkommen, noch genossen einzelne Mitglieder, die sich als biedere Bürger unter den Goldgräbern bewegten, Ansehen. Und der Respekt vor Plummer war groß. Noch erkannte niemand die Gefahr, die von den Männern ausging, die man leichtfertig zu Gesetzesbeamten gewählt hatte, von denen man erwartete, daß sie das Recht schützten, während sie es verhöhnten und in den Schmutz traten.

> **Virginia City war nach dem Mord an Dillingham eine brodelnde, lärmende Hölle, überlaufen von wilden, ausgelassenen Halunken und ihren Freunden. Plakate standen auf den Straßen mit der Aufschrift: ES SIND GRÄBER ZU VERMIETEN.**
>
> **Richter Smith kam zu mir und fragte mich, warum niemand die Leiche Dillinghams bestatte. Ich sagte ihm, daß ich bis jetzt keine Zeit dazu gefunden hätte, denn ich hatte den Galgen bauen und die Gräber für die Mörder ausheben müssen. Aber ich würde es jetzt tun. Mit einigen Freunden gab ich Dillingham ein Grab.**
>
> **In der Abenddämmerung bildete sich dann eine kleine Prozession, die uns folgte, als wir den Leichnam durch die Straßen trugen.**
>
> **Es war eine dramatische Szene. Die Nacht sank über die Berge rund um Virginia City. Die Sonne verhüllte vor Scham ihr Gesicht ... Dies war der letzte Triumph der Straßenräuber.**
>
> X. Beidler, VIGILANTE, 1880

Während Dillinghams Leiche beim Sargtischler lag, formierte sich eine Protestdemonstration gegen die Hinrichtung der Mörder, und Richter Smith, der stets bereit war, seine Fahne in den Wind zu hängen, hielt unter dem bereitstehenden Galgen eine flammende, zu Herzen gehende Rede, in der er den Mord herunterspielte. Am Ende ließ er unter dem Jubel der Zuschauer die beiden Killer laufen. Eine Brüskierung von Recht und Gesetz ohne Beispiel. Die Gräber für die Mörder blieben leer. Ihre Freunde triumphierten.

*

Während der nächsten Monate erreichte Henry Plummer den Höhepunkt seiner Macht. Seine Geschichte stellt einen einzigartigen Fall von Amtsmißbrauch dar, der weder vorher noch nachher in der amerikanischen Pionierzeit eine Parallele fand.

Plummers Einfluß wuchs ständig, je mehr Goldsucher ins Land strömten, je unübersichtlicher die Bedingungen wurden, unter denen sie lebten. Noch immer gab es keine geordnete Verwaltung, noch immer unterdrückte das Goldfieber alle elementaren Ordnungsbedürfnisse.

Um so besser war Plummers Bande organisiert, und Plummer selbst war der mächtigste Mann des westlichen Montana. Er war sich dessen bewußt, und er wollte mehr. Er bewarb sich in Washington um das Amt des ersten US-Marshals für das Territorium und hatte gute Aussichten, es zu erhalten.

Mit Eifer erweiterte er seine Bande. Es gelang ihm, erfolglose Goldgräber zu rekrutieren, die in den Camps andere Goldsucher bespitzelten und Plummer über deren Abbauerfolge informierten. Alles, was im County vorging, wurde Plummer gemeldet.

Je stärker er wurde, um so größer wurde zwangsläufig sein Risiko. Aber wer sein Doppelspiel durchschaute, lebte nicht lange genug, um sein Wissen weitergeben zu können.

Plummer nahm jetzt sogar selbst an Raubzügen teil. Er glaubte, sich alles erlauben zu können.

Ihm unterliefen jedoch Fehler: Als er im Oktober 1863 erfuhr, daß N. P. Langford, ein angesehener Bürger aus Bannack, sich vor Regierungsbeamten gegen seine Ernennung zum US-Marshal ausgesprochen hatte, versuchte Plummer, ihn umzubringen. Es mißlang, und einige Männer begannen, an der Integrität Plummers zu zweifeln.

Am 14. November 1863 wurde ein junger Mann namens Henry Tilden

zehn Meilen südlich von Bannack von bewaffneten Männern ausgeraubt. Er erkannte Sheriff Plummer unter den maskierten Banditen und erzählte davon nach seiner Rückkehr.
Seine Worte wurden nicht angezweifelt, denn der Rechtsanwalt Wilbur Sanders, der Plummer bereits im Verdacht hatte, ein Doppelleben zu führen, hatte den Sheriff in der Nähe der Stelle, an der der Überfall stattgefunden hatte, mit seinen Kumpanen beobachtet.
Henry Tilden wurde gezwungen, zu seinem eigenen Schutz, über seine Beobachtungen zu schweigen. Aber eine kleine Schicht von Bürgern wußte nun über das geheimnisvolle Treiben des Polizeichefs Bescheid. Noch schwieg man, denn man wollte weitere Beweise sammeln, und neben der allgemeinen Bestürzung herrschten Ratlosigkeit und Verzagtheit. Wie sollte man gegen einen solchen Mann vorgehen? Man wartete, ließ Plummer aber nicht mehr aus den Augen.
Plummer ahnte von all dem, was sich über seinem Haupt zusammenbraute, nichts. Er spielte weiterhin den biederen Beamten und lud zum Erntedankfest sämtliche Honoratioren der Stadt zu einem Essen ein. Alle kamen, denn sie wollten Plummer nicht verunsichern. Der Bandit war entlarvt, aber er wußte es noch nicht.

*

Nicht nur Plummer, auch seine Leute wurden immer leichtsinniger. Zum Verhängnis wurde dies, und damit im Grunde der ganzen Plummer-Bande, zunächst einem jungen Mann namens George Ives.
Er war Deputy Sheriff unter Plummer, der ihn als Stallknecht in Virginia City aufgelesen und zum »Chief-Lieutenant« der »Innocents« ernannt hatte. Ives fungierte nicht nur als Stellvertreter Plummers, er überbrachte meist auch die Informationen und Anweisungen an die in ihren Verstecken wartenden Mitglieder der Bande.
George Ives stammte aus gutem Haus. Er war in Wisconsin geboren und erst in Montana zum Räuber und Mörder geworden.
Ende November 1863 überfiel Ives im Stinkingwater Valley den jungen, deutschstämmigen Cowboy Nicholas Thibalt. Er schoß den Mann in den Rücken und raubte ihm zweihundert Dollar und zwei Maultiere.
Zehn Tage später wurde der steifgefrorene Leichnam Thibalts im Schnee entdeckt, nach Nevada City gebracht, einer Kistenbretterstadt, die unweit der Alder Gulch entstanden war, und dort öffentlich ausgestellt.
Der kaltblütige, gemeine Mord erregte die Bürger. Thibalt war als ruhi-

Wilbur F. Sanders, Richter des Vigilance-Komitees. Er verurteilte den betrügerischen Sheriff Plummer zum Tode.

Das Hauptquartier der Vigilanten von Virginia City. Hier wurde die Vernichtung der Plummer-Bande beschlossen. ▶

ger, angenehmer und hilfsbereiter Mann bekannt gewesen, der jedem Streit aus dem Wege gegangen war.

Gegen Abend hatten sich fünfundzwanzig Männer versammelt, die wenig später zu Pferde die Stadt verließen, angeführt von John X. Beidler, der schon lange auf die Gelegenheit gewartet hatte, endlich gegen die Banditen, die die Straßen in die Goldfelder terrorisierten, vorgehen zu können.

Bisher war er mit seinen Forderungen, die Goldsucher müßten das Recht in die eigenen Hände nehmen, auf taube Ohren gestoßen. Thibalts Tod hatte das Klima verändert.

Die Männer ritten nicht blindlings und ziellos in das verschneite Land hinaus. Sie wußten, wo sie zu suchen hatten.

Zeugen hatten sich gemeldet, die unweit des Fundortes der Leiche George Ives und einige andere Reiter gesehen hatten. Kutscher waren aufgetaucht, die Ives mit einigen Überfällen auf Postkutschen in Verbindung brachten.

Am 19. Dezember stellte das Aufgebot George Ives und einige weitere Banditen in einem der vielen Verstecke der Plummer-Bande. Ives bestand darauf, nach Virginia City gebracht zu werden, wo Henry Plummer als County-Sheriff erheblichen Einfluß besaß. Aber er wurde nach Nevada City geschafft und hier am 21. Dezember vor ein hastig zusammengestelltes Goldgräbergericht unter Vorsitz von Wilbur F. Sanders,

einem 1834 in New York geborenen Rechtsanwalt und einem der ersten Männer, die Plummers Spiel durchschaut hatten, gestellt.

Ives bekam ein ordentliches Verfahren. Er erhielt einen Verteidiger und alle Rechte, die ein provisorisches Gericht einem Angeklagten gewähren konnte. Am Ende aber wurde er für schuldig befunden und zum Tode verurteilt.

> Richter Sanders erhielt nach der Verhandlung einen handschriftlichen Brief, der eindeutig von Plummer geschrieben worden war. Er hatte folgenden Inhalt:
> »Richter Sanders, dieser Brief soll Sie und die Geschworenen darüber informieren, daß Ives viele Freunde hat, die es nicht hinnehmen werden, wenn er hängen muß. Er ist an dem Verbrechen unschuldig, das Sie ihm zur Last legen. Und wenn Sie ihn hinrichten, so gibt es eine Organisation – über dreihundert Mann stark – die Rache schwören wird. Wir warnen alle, die in Verbindung mit dem Gericht, der Verurteilung und der Hinrichtung stehen. Sie haben die Konsequenzen zu tragen.
> VIELE FREUNDE VON IVES.«
> Daraufhin wurde die Hinrichtung sofort vollzogen.
>
> Anonymous, BANDITTI OF THE ROCKY MOUNTAINS, 1866

Vor den Augen der Bürger von Nevada City wurde George Ives zum Galgen geführt. John X. Beidler, der das Aufgebot, das den Killer gestellt hatte, geführt hatte, legte ihm die Schlinge um.
Ives bat darum, ein letztes Wort sprechen zu dürfen. Beidler sagte: »Wieviel Zeit hast du Thibalt für ein letztes Wort gegeben?«
Dann stieß er die Kiste weg, auf der Ives stand, und der Mörder stürzte. Der Strick straffte sich, die Schlinge schloß sich.
Ives war tot.

*

Es schien, als habe der Tod von George Ives die Goldgräber von einem schweren Druck befreit, als merkten sie erst jetzt, daß sie die Macht besaßen, sich gegen Verbrechen und Verbrecher zur Wehr zu setzen, wenn sie es nur wollten.
John X. Beidler und Wilbur Sanders, die schon lange für eine Bürgerwehr gekämpft hatten, gingen daran, zu verhindern, daß die Goldgräber in ihre Lethargie zurücksanken, in der sie bisher das Ausufern der Kriminalität hingenommen hatten. Die Empörung über den Mord an Thibalt war groß. Beidler und Sanders waren entschlossen, aus dieser Empörung der Bürger eine Waffe zu schmieden, mit der sie gegen Montanas Verbrecher vorgehen konnten. Entschlossenes, schnelles Handeln war erforderlich.
Plummer war jetzt nicht mehr unangreifbar. Einer seiner Deputies war als Mörder gehängt worden, ohne daß er es hatte verhindern können, und es gab zahllose Indizien aus den vergangenen Wochen, die den Sheriff schwer belasteten. Immer mehr Bürger waren der Ansicht, daß es Zeit wurde, daß wieder Recht und Gesetz einkehrten.

DIE WACHSAMEN – DIE VIGILANTEN VON MONTANA

> Fünf Männer trafen sich in Virginia City und vier in Bannack und organisierten die Vigilanten. Sie trafen sich in Virginia City im Hinterzimmer des Stores von John Kinna und J. A. Nye.
> Paris S. Pfouts wurde zum Vorsitzenden gewählt. Wilbur F. Sanders zum Richter. Weitere Mitglieder waren James Williams, William Clerk und John X. Beidler.
> Die Lichter wurden gelöscht, und in totaler Finsternis bildete die kleine Gruppe einen Kreis. Die Männer faßten sich bei den Händen, und Sanders sprach den Eid:
> Wir, die hier Versammelten, vereinigen uns zum Zweck der hochlöblichen Absicht, Diebe, Mörder und andere Verbrecher zu arretieren und geraubtes Gut wiederzubeschaffen und den Eigentümern zurückzugeben.
> Wir verpfänden unsere heilige Ehre und schwören feierlich, unsere Geheimnisse zu wahren, die Schändung von Recht und Gesetz nicht zu dulden und niemals einander im Stich zu lassen. So wahr uns Gott helfe!
>
> X. Beidler, VIGILANTE, 1880

John Kinna hob den rußigen Glaszylinder einer Petroleumlampe, in der ein kleines Flämmchen flackerte, an, als John X. Beidler kam.
Der kleine, dicke Mann hatte sein Pferd mehrere Häuser weit entfernt stehengelassen und war durch Dunkelheit und tiefen Schnee durch die Straßen von Virginia City herangestapft.
Es schneite bereits wieder, und die Krempe seines großes Hutes und sein zottiger Fellmantel waren schneebedeckt.
Das schwache Licht der Lampe fiel auf das vom kalten Wind gerötete pausbäckige Gesicht des Mannes.
»Die anderen sind schon hinten«, sagte der Storekeeper.
Beidler nickte stumm. Er hängte seinen Hut an einen Haken neben der Tür und streifte den Fellmantel ab.
»Passen Sie nur gut auf, John«, sagte er, als er an Kinna vorbeiging und das Zimmer hinter dem winzigen Verkaufsraum, der mit Waren aller Art vollgestopft war, betrat. Kinna löschte hinter ihm das Licht.
Beidler schloß die Tür der Kammer. Er sah vier Männer um einen Tisch herum sitzen, auf dem eine Kerze brannte. Er kannte sie alle und schüttelte jedem Einzelnen die Hand. Wilbur Sanders besonders lange. Die beiden Männer schauten sich fest an. Sie hatten, unabhängig voneinander, lange auf diesen Tag hingearbeitet.

»Die Ratten sind ruhig«, sagte Beidler. »Ich habe mich noch einmal umgehört. Niemand ahnt etwas. Das wird ein böses Erwachen geben.«
»Mir ist noch immer nicht ganz wohl bei der Sache«, sagte ein anderer der Männer.
Beidler fixierte ihn scharf.
»Warum sind Sie gekommen, wenn Sie nicht wissen, was Sie wollen? Wir sind hier, weil wir es satt haben, von Halunken terrorisiert zu werden, die sich unser Vertrauen erschlichen haben, nicht wahr?«
»Wenn wir jetzt nicht aufräumen, ist es vielleicht zu spät«, sagte Sanders.
Er erhob sich. »Fangen wir an, Gentlemen«, sagte er. »Gründen wir das Vigilance-Komitee von Montana und machen wir uns frei von den Verbrechern, die unser aller Existenz bedrohen.«
»Wichtig ist, daß alle den Mund halten«, sagte Beidler. »Wenn wir losschlagen, muß es völlig überraschend geschehen.«
»Fassen wir uns an den Händen«, sagte Sanders. Dann blies er die Kerzenflamme aus.

*

Die erste Form organisierten Rechts im amerikanischen Westen ging von den Vigilance-Komitees aus. Der Begriff Vigilance hatte seinen Ursprung im lateinischen »Vigilie«, der Nachtwache der römischen Soldaten. (Vigilance = wachsam.)
Zum erstenmal in der amerikanischen Geschichte schlossen sich Männer unter diesem Namen während des Goldrausches von Kalifornien zusammen, als in den Minencamps an der Pazifikküste der Bandenterror unerträglich wurde, als mehrfach Städte wie San Francisco und Sacramento von skrupellosen Plünderern angezündet und niedergebrannt wurden, als Kriminelle sich politische Ämter erschlichen und Korruption und Vetternwirtschaft die Verwaltungen beherrschte.
Seitdem entstanden Vigilance-Komitees überall da, wo es kein organisiertes Gesetz gab. Die Vigilanten, die sich die Aufgabe gestellt hatten, für die Sicherheit der Gemeinschaft zu sorgen, schufen die Grundlagen für den Aufbau einer geordneten, bürgerlichen Gerichtsbarkeit, für die Etablierung von Behörden und beamteten Gesetzesvertretern.
Sie entstanden aus dem Schutzbedürfnis der Bürger heraus, trugen aber bereits charakteristische Züge der staatlich autorisierten Rechtspraxis.
Die Vigilance-Komitees gingen zwar gnadenlos und rigoros vor und verhängten drakonische Strafen, sie waren aber keinesfalls mit Lynch-

mobs zu vergleichen und übten keine Willkürjustiz. Sie wahrten streng die Formen, sprachen nur Urteile, wenn einwandfreie Beweise vorlagen und gaben dem Rechtsbrecher durchaus die Chance, seine Unschuld zu beweisen. Freisprüche und milde Strafen überwogen die spektakulären Hinrichtungen.
Dem Angeklagten wurde ein Verteidiger zugestanden, und Geschworene fällten mit Mehrheitsentscheidung das Urteil.
Nach den Vigilanten von Kalifornien erlangte kaum eine Vigilance-Organisation so große Popularität wie der Zusammenschluß der Bürger von Montana.
Hier war juristisches Niemandsland. Wo organisiertes Recht existierte, befand es sich in den Händen der Kriminellen. Zur Schaffung und Erhaltung eines zukunftsträchtigen und sicheren Gemeinwesens war das entschlossene Einschreiten von beherzten Bürgern eine bittere Notwendigkeit.
Der Mann, der am tatkräftigsten dafür gearbeitet hatte, war ein vitaler, kaltblütiger, energischer und kämpferischer Abenteurer. Aus der Geschichte des Staates Montana, aus der Pioniergeschichte Amerikas, ist sein Name nicht mehr wegzudenken: John X. Beidler.

John X. Beidler, der den Delinquenten die Schlinge umzulegen hatte, wurde einmal gefragt: »Wenn Sie einem armen Mann die Hanfkrawatte um den Hals legen, empfinden Sie dann nichts für ihn?«
»Doch«, erwiderte Beidler. »Ich empfinde für sein linkes Ohr, unter dem der Knoten der Schlinge liegen muß.«

Wayne Gard, FRONTIER JUSTICE, 1949

John Xaver Beidler wurde am 14. August 1831 in Mount Joy, Pennsylvania, geboren. Hier besuchte er auch die Schule. Seine Mutter stammte aus Bayern, sein Vater war in Amerika geboren worden, hatte aber ebenfalls deutsche Eltern.
Beidler, den in Montana alle nur »X« nannten, wuchs auf einer Farm in der Nähe von Harrisburg auf. Er verbrachte keine leichte Kindheit. 1845 starben seine Eltern. Der vierzehnjährige Junge sorgte für ihre Beerdigung und zog dann westwärts.

Er trampte herum und hielt sich als Gelegenheitsarbeiter über Wasser. Er verdiente sein Geld als Frachtwagenfahrer, Buchhalter und Postkutscher.

In den 50er Jahren kam er nach Kansas. Es war am Vorabend des Bürgerkrieges. Kansas war ein Grenzstaat zwischen dem Norden und dem Süden. Sklavereigegner und -befürworter stießen hier hart aufeinander und lieferten sich blutige Kämpfe.

Niemand konnte sich den politischen Wirren entziehen. Beidler schloß sich den Freistaatlern an, die gegen eine Einführung der Sklaverei in Kansas kämpften, und schlug sich mit den aus Texas, Arkansas und Missouri immer wieder einfallenden Rebellen herum, daß die Fetzen flogen.

Es war die Periode des »blutigen Kansas«, und Beidler hatte seinen Anteil daran. Über ein Erlebnis schrieb er mit grimmigem Humor folgenden Bericht in sein Tagebuch:

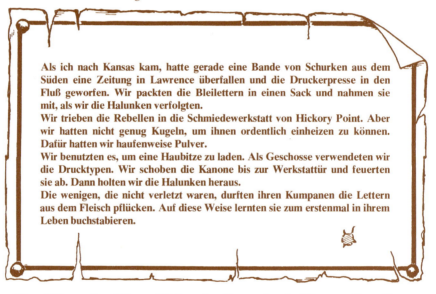

Als ich nach Kansas kam, hatte gerade eine Bande von Schurken aus dem Süden eine Zeitung in Lawrence überfallen und die Druckerpresse in den Fluß geworfen. Wir packten die Bleilettern in einen Sack und nahmen sie mit, als wir die Halunken verfolgten.

Wir trieben die Rebellen in die Schmiedewerkstatt von Hickory Point. Aber wir hatten nicht genug Kugeln, um ihnen ordentlich einheizen zu können. Dafür hatten wir haufenweise Pulver.

Wir benutzten es, um eine Haubitze zu laden. Als Geschosse verwendeten wir die Drucktypen. Wir schoben die Kanone bis zur Werkstattür und feuerten sie ab. Dann holten wir die Halunken heraus.

Die wenigen, die nicht verletzt waren, durften ihren Kumpanen die Lettern aus dem Fleisch pflücken. Auf diese Weise lernten sie zum erstenmal in ihrem Leben buchstabieren.

Den Winter des Jahres 1858 verbrachte er in Atchison und verdingte sich gelegentlich als Gehilfe des US-Marshals bei Verbrecherjagden.

1859 zog er nach Colorado und versuchte, sein Glück als Goldsucher zu finden. Er fand weder Gold noch sein Glück, und so spülte ihn 1863 der Goldrausch nach Montana, wo er aber auch sehr wenig Erfolg als Prospektor hatte und sich vielmehr über die Banditen erregte, die das Land unsicher machten. Bissig bemerkte er dazu in seinem Tagebuch:

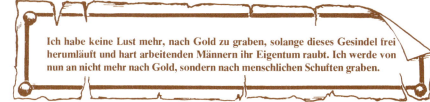

> Ich habe keine Lust mehr, nach Gold zu graben, solange dieses Gesindel frei herumläuft und hart arbeitenden Männern ihr Eigentum raubt. Ich werde von nun an nicht mehr nach Gold, sondern nach menschlichen Schuften graben.

Beidler traf während der Jagd auf George Ives auf den Rechtsanwalt Wilbur Sanders, der genauso dachte wie er, und gemeinsam betrieben sie die Gründung eines Vigilance-Komitees, deren führende Mitglieder sie wurden. Sanders als Richter, Beidler als Henker.

AUCH SHERIFFS KOMMEN IN DIE HÖLLE

Henry Plummer fühlte sich sicher. Sein Instinkt für Gefahr, der ihn jahrelang davor bewahrt hatte, im Gefängnis oder am Galgen zu enden, funktionierte nicht mehr. Er merkte nicht, was um ihn herum vorging und betrachtete die Hinrichtung seines Getreuen George Ives lediglich als einen Betriebsunfall. Er schmiedete bereits neue Pläne für großangelegte Überfälle.
Die Geheimhaltung der Vigilanten funktionierte ausgezeichnet. Zwischen Weihnachten und Neujahr wurde die Organisation gestrafft, und obwohl Dutzende von Männern sich der Bürgerwehr anschlossen, blieb ihr Wirken weitgehend unbemerkt.
Wilbur Sanders und X. Beidler stellten Listen mit den Namen der berüchtigsten Banditen zusammen, die sich in der Goldrauschregion bewegten, Indizien wurden gesammelt, Zeugenaussagen eingeholt. Ein umfassendes Bild über die Gangsterorganisation des County-Sheriffs Henry Plummer entstand Stück für Stück, und man wunderte sich nur, daß Plummer es geschafft hatte, dies alles so lange verborgen zu halten.
Anfang Januar waren die Vigilanten soweit, sie konnten losschlagen.
In der Nacht zum 10. Januar 1864 umzingelten Männer unter Führung von X. Beidler die Hütte Henry Plummers am Stadtrand von Bannack.
Der Sheriff fiel aus allen Wolken. Er begriff, daß er am Ende war und ergab sich ohne Widerstand den Bürgern. Bei ihm befanden sich seine Deputies Ned Ray und Buck Stinson, der schon nach dem Mord an Dillingham seinen Kopf erfolgreich wieder aus der Schlinge gezogen hatte. Diesmal gelang ihm das nicht.

An diesem Galgengerüst wurde Sheriff Henry Plummer am 10. Januar 1864 von Vigilanten unter J. X. Beidler gehängt.

Als Henry Plummer klar wurde, daß er keine Chance mehr hatte, sank er auf die Knie und begann laut um Gnade zu betteln. Er flehte, weinte, drohte und winselte. Er verlangte einen Anwalt, verlangte eine reguläre Gerichtsverhandlung. Er beteuerte seine Unschuld und verfluchte seine Henker.
Als ihm der Strick endlich umgehängt wurde, hatte er fast den Verstand verloren vor Angst.
Stinson und Ray wurden neben ihm gehängt, und bevor diese lange, kalte Winternacht zu Ende ging und die ersten Krähen über den Toten kreisten, mußten weitere drei Männer der Plummer-Bande, die sich zu sicher gefühlt hatten, sterben.
Als der neue Tag anbrach, hatte sich die Welt verändert. Die Angst war von den Bürgern abgefallen. Die Vigilanten operierten jetzt offen, bei Tageslicht, und mehr und mehr Männer schlossen sich ihnen an.
Trotzdem waren die meisten Banditen, die unter Plummer gearbeitet hatten, überzeugt, daß die harte Justiz der Vigilanten nur ein Strohfeuer war, daß die Bürger nach der Bestrafung der Anführer wieder auf ihre Claims und in ihre Geschäfte zurückkehren würden, daß es nicht lange

dauern würde, bis man wieder ungehindert fette Raubzüge unternehmen konnte. Einige sahen sich bereits als Nachfolger Plummers, denn noch war die Organisation der »Innocents« nicht zerschlagen.

Aber diese Einschätzung der Lage war falsch. Wilbur Sanders und X. Beidler dachten gar nicht daran, es mit der Hinrichtung der zuerst greifbaren Anführer bewenden zu lassen. Zu schlimm war der Terror in den vergangenen Monaten gewesen, zu toll hatten es die Banditen getrieben.

Einige wenige Desperados erkannten die Gefahr und verließen bei Nacht und Nebel Montanas Goldregionen. Die meisten aber blieben, und die Vigilanten schlugen nur wenige Tage nach der Hinrichtung Plummers wieder zu.

Das Vigilance-Komitee von Virginia City stellte eine Liste mit sechs Namen weiterer führender Plummer-Banditen zusammen und stellte fünf davon am Abend des 13. Januar, der sechste Mann konnte fliehen.

Am Morgen des 14. Januar, als die Bürger von Virginia City erwachten und aus ihren Hütten traten, führten die Vigilanten die Gefangenen durch die Stadt.

Ein kalter Wind wehte, ein paar Schneeflocken wirbelten durch die Luft. X. Beidler ging mit seinem Sharps-Karabiner in den Fäusten voraus, und hartgesichtige Männer folgten ihm. Sie hatten den Banditen die Hände auf den Rücken gefesselt und ihnen Hanfschlingen umgelegt. Angstzitternd stolperten sie hinter ihren Henkern her.

Eine unübersehbar große Menschenmenge hatte sich versammelt, als die fünf Briganten auf Holzkisten steigen mußten. Die Stricke wurden im weitausgreifenden Geäst eines mächtigen Cottonwoodbaumes verknotet. Dann wurden die Kisten unter den Füßen der Männer umgestoßen. Die Stricke strafften sich fast gleichzeitig.

»Jetzt wird die Luft langsam sauber«, sagte Beidler. Er drückte sich den Hut tiefer in die Stirn und stapfte zu seinem Pferd. Die fünf Leichen baumelten im Wind, und die Menschen wichen zurück, als der kleine, dicke Mann mit dem Sichelbart ins Schneegestöber hinausritt. Sie wußten alle, daß für Desperados schlechte Zeiten angebrochen waren.

Noch in der folgenden Nacht flüchteten scharenweise die Banditen der Plummer-Bande über die Grenze nach Idaho. Aber noch blieben einige hartnäckige Straßenräuber zurück, die glaubten, nicht gefährdet, noch nicht erkannt zu sein und ihr blutiges Treiben bald wieder aufnehmen zu können. Für die Vigilanten blieb genug zu tun.

> Im Morgengrauen des 15. Januar verließen einundzwanzig berittene Männer Nevada City, um die Straßenräuber, die monatelang die Gegend unsicher gemacht hatten, zusammenzutreiben. In der folgenden Nacht kampierten sie im Big Hole. Von hier aus schickten sie Patrouillen aus.
> Sie wußten, daß sich ein notorischer Postkutschenräuber namens Stephen Marshland auf Clark's Ranch versteckt hielt. Ein bereits gefangener und geständiger Bandit hatte dies verraten.
> Die Abordnung der Vigilanten fand Marshland tatsächlich auf der Ranch. Er hatte sich mit erfrorenen Füßen und einer Hüftwunde in der kalten Scheune verkrochen. Die Verletzung hatte er sich bei einem Überfall auf einen Frachtwagenzug im Dezember zugezogen. Es war leicht, ihn festzunehmen, und er gestand ohne zu zögern seine Verbrechen. Am nächsten Morgen hängten sie ihn an einem Balken auf, den sie schräg in den Boden rammten und gegen ein Corral-Gatter lehnten.
> Das war der Beginn einer großen Jagd. Die Vigilanten setzten ihre Arbeit kontinuierlich fort. Einige Tage später stellten sie William Bunten, einen der aktivsten Plummer-Männer. Er gestand nicht, aber die Beweise gegen ihn waren erdrückend, und so hängten sie ihn am 19. Januar an einem hochgestellten Corral-Gatter auf.
> Die Exekutionen von Straßenräubern wurden nun zu einer grimmigen Serie. Am 24. Januar wurde einer von Plummers Unterführern, George Shears, im Bitter Root Valley gehängt. Bevor der nächste Tag anbrach, wurden die beiden Straßenräuber Cyrus Skinner und Alexander Carter in die Hölle geschickt, und im Verlauf des 25. Januar wurden zwei weitere Todesurteile gefällt und John Cooper und Robert Zachary, profilierte Plummer-Banditen, gehängt.
>
> Wayne Gard, FRONTIER JUSTICE, 1949

Von nun an ging es Schlag auf Schlag. Jeden Tag tauchten die Reiter des Vigilance-Komitees unvermittelt vor Verstecken der alten Plummer-Bande auf und trieben die Gangster aus ihren Schlupfwinkeln. X. Beidler kam wochenlang nicht mehr aus dem Sattel. Das Komitee arbeitete immer schneller und präziser, und bald gab es kaum einen großen Baum zwischen Bannack und Virginia City, an dem nicht, den Krähen zum Fraß, die Leichen von üblen Halunken baumelten.

Im Verlauf von sechs Wochen richteten die Montana-Vigilanten zweiundzwanzig der schlimmsten Gewaltverbrecher hin, die unter Plummer ihr Unwesen getrieben hatten. Eine erheblich größere Zahl Banditen wurde vor dem Vigilance-Gericht angeklagt, blieb aber am Leben, manche nur, weil sie ihre ehemaligen Kumpane verrieten und Verstecke preisgaben. Die meisten wurden lediglich gezwungen, binnen kürzester Frist Montana zu verlassen und nie zurückzukehren, was bewies, daß

Vigilanten haben einen gestellten Mörder erschossen.

Hinrichtungen tatsächlich nicht die Regel waren, sondern nur in wirklich schweren Fällen angewandt wurden.

Die Treibjagd auf die Straßenräuber war beendet. Die Kriminalitätsrate in Montana war nach diesem entschiedenen Durchgreifen fast auf Null gesunken. Das Leben wurde sicher. Die Vigilanten hatten gute Arbeit geleistet.

Als einige Monate später von der Regierung in Washington eine Territoriumsverwaltung eingesetzt wurde, die für die Installierung von Gerichten sorgte, fanden die Justizverwaltungen ein geordnetes Rechtswesen vor. Die Vigilanten hatten wie ein normales Gericht sorgfältig und penibel Akten angelegt, Protokolle gefertigt und Urteile schriftlich fixiert und mit ihren Unterschriften bestätigt und beurkundet.

Und die Vigilanten blieben wachsam, hatten sie auch die Hauptarbeit getan. Wo die neu installierten Gerichte zu schwach waren, zu zögernd

Die Vigilanten organisierten in den Goldfeldern einen Wachdienst, der die Zelte und Claims der Goldgräber vor Überfällen schützte.

vorgingen, griffen sie noch einmal ein. Die Bürger waren selbstbewußt geworden.
Am 15. Juni 1864 henkten sie einen Barkeeper namens James Brady in Nevada City wegen Mordes. Am 5. September des gleichen Jahres konn-

Auf großen Plakaten forderte das Vigilance-Komitee von Lake City alle »Straßenräuber, Diebe und Herumlungerer« auf, die Stadt schleunigst zu verlassen und »ihre Hälse zu retten«, da sie anderenfalls aufgehängt würden.

ten sie noch einen Mann der alten Plummer-Bande, James Kelley, stellen, und richteten ihn hin.

Die Behörden übten jetzt Kritik am Tun der Vigilanten, aber Bevölkerung und Presse standen hinter dem Komitee.

> **NOTICE!**
> TO THIEVES, THUGS, FAKIRS AND BUNKO-STEERERS,
> Among Whom Are
> J. J. HARLIN, alias "OFF WHEELER;" SAW DUST CHARLIE, WM. HEDGES, BILLY THE KID, Billy Mullin, Little Jack, The Cuter, Pock-Marked Kid, and about Twenty Others:
> If Found within the Limits of this City after TEN O'CLOCK P. M., this Night, you will be Invited to attend a GRAND NECK-TIE PARTY,
> The Expense of which will be borne by
> **100 Substantial Citizens.**
> Las Vegas March 24th, 1881.

Am 24. März 1881 forderten »100 ehrenwerte Bürger« von Las Vegas eine Reihe namentlich bekannte Landstreicher, Diebe, Taschenspieler und andere Banditen auf, bis um zehn Uhr abends die Stadt zu verlassen, da sie anderenfalls als Hauptpersonen zu einer »großen Halsbandparty« geladen werden würden.

Unser Vigilance-Komitee ist kein Mob! Bis die Justiz überall in der Lage ist, unter den gemeinen Verbrechern aufzuräumen, wollen die Bürger einen vollwertigen Schutz vor diesem üblen Gesindel. Solange werden wir das häßliche Bild, das sich uns bietet, wenn die Morgensonne aufgeht und ihr Licht auf Halunken fällt, die an einem Strick von irgendeinem Ast baumeln, gern in Kauf nehmen.
Jederzeitiger Schutz von Leben und Eigentum, egal auf welche Weise, das ist der maßgebende Wunsch aller ehrenwerten Bürger von Montana.

»THE MONTANA POST«, 4. November 1865

Noch im Jahre 1864 lösten sich die Vigilanten auf. Aber der Gedanke des Bürgerkomitees war nicht tot. Bis 1880 gab es hier und da noch häufig vereinzelte, spontane Zusammenschlüsse, die aber kaum noch für Schlagzeilen sorgten.

Die Bürger kehrten zurück zu ihrer Arbeit, zurück zu ihren Goldminen und Geschäften. Sie überließen die Justiz den Gerichten, denen sie erst die Basis geschaffen hatten.

Die Vigilanten waren eine Erscheinung, die von der inneren Prosperität und einem gesunden Rechtsempfinden der Pioniere im Westen zeugte. Keine blutrünstigen Rächer, sondern angesehene, ehrenwerte Bürger mit den besten Absichten hatten die Vigilanten gegründet. Sie hatten das Tageslicht nicht gescheut und nur sehr selten ihre Verhandlungen und Hinrichtungen bei Nacht und Nebel durchgeführt. Sie hatten nach Sicherheit und Ordnung gestrebt, und sie hatten dieses Ziel mit Eifer, aber nicht mit Fanatismus verfolgt. Die Vigilance-Komitees gehörten zu den positivsten Erscheinungen in der Justizgeschichte der amerikanischen Westwanderung.

Die führenden Mitglieder der Vigilanten erreichten später hohe Positionen in der Verwaltung des Staates, getragen vom Vertrauen ihrer Mitbürger, denen sie das Fundament für eine sichere Zukunft gebaut hatten. Wilbur Sanders wurde erster Senator von Montana, als das Territorium zum Staat der USA proklamiert wurde. John X. Beidler, der unerschrockene, engagierte energische Kämpfer, wurde 1866 Steuereinnehmer von Montana und Idaho und war später bis in die 80er Jahre hinein US-Deputy-Marshal von Montana.

Er starb am 22. Januar 1890. Überall in Montana halten Gedenktafeln, Straßennamen und unzählige Bücher die Erinnerung an ihn aufrecht, an ihn und die Männer, die der Gerechtigkeit in Montana eine Grundlage schufen und damit ein Beispiel für den gesamten amerikanischen Westen setzten, die Vigilanten.

Lynchjustiz an drei Mördern.
(Zeitgenössischer Holzschnitt
aus »Banditti of the Rocky Mountains«, 1866.)

Im Namen der Gewalt

DIE LYNCHJUSTIZ

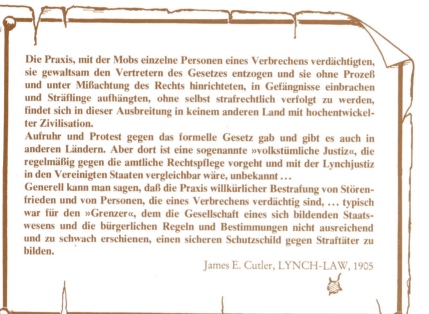

Die Praxis, mit der Mobs einzelne Personen eines Verbrechens verdächtigten, sie gewaltsam den Vertretern des Gesetzes entzogen und sie ohne Prozeß und unter Mißachtung des Rechts hinrichteten, in Gefängnisse einbrachen und Sträflinge aufhängten, ohne selbst strafrechtlich verfolgt zu werden, findet sich in dieser Ausbreitung in keinem anderen Land mit hochentwickelter Zivilisation.

Aufruhr und Protest gegen das formelle Gesetz gab und gibt es auch in anderen Ländern. Aber dort ist eine sogenannte »volkstümliche Justiz«, die regelmäßig gegen die amtliche Rechtspflege vorgeht und mit der Lynchjustiz in den Vereinigten Staaten vergleichbar wäre, unbekannt ...

Generell kann man sagen, daß die Praxis willkürlicher Bestrafung von Störenfrieden und von Personen, die eines Verbrechens verdächtig sind, ... typisch war für den »Grenzer«, dem die Gesellschaft eines sich bildenden Staatswesens und die bürgerlichen Regeln und Bestimmungen nicht ausreichend und zu schwach erschienen, einen sicheren Schutzschild gegen Straftäter zu bilden.

James E. Cutler, LYNCH-LAW, 1905

DER STRICK IST DAS GESETZ

> In den Weiten des Westens, auf den Ebenen und in den Rocky Mountains, war ein Pferdedieb in den Augen der Grenzer nicht besser als ein Mörder. Der Cowboy brauchte sein Pferd für seine tägliche Arbeit. Ohne sein Tier war er hilflos. Unberitten und weit entfernt von seiner schützenden Hütte, war er mannigfachen Gefahren ausgesetzt, die in der Wildnis drohten. Er konnte des Hungers sterben, und er konnte verdursten. Er konnte während eines Blizzards erfrieren, von wilden Tieren angegriffen oder von Indianern überfallen und skalpiert werden ... Darum konnte jeder, der mit einem gestohlenen Pferd gefaßt wurde, nicht mit Gnade rechnen.
> In den riesigen Weidegebieten waren es meist Pferdediebe, die die Bewohner veranlaßten, sich zu Lynch-Komitees zusammenzuschließen, und es gab sehr viele Bäume, die von soliden Kälberstricken dekoriert wurden, an denen Strauchdiebe und andere Halunken ihr Leben ausgehaucht hatten ...
> Wer von einem Verbrechen betroffen wurde, vertrat meist die Ansicht, daß er selbst dagegen zu kämpfen habe. Und oft war dieses Vorgehen viel effektiver als die formelle Verbrechensbekämpfung.
>
> Wayne Gard, FRONTIER JUSTICE, 1949

Rapid City, South Dakota, 20. Juni 1877.
Die Männer kamen nachts. Es war schwül. Kein Lufthauch regte sich. Sie tauchten aus den langen Schatten der Hügel auf, die die Stadt umgaben. Sie ritten hintereinander. Staub wallte unter den Hufen ihrer Pferde auf. Sie hatten sich dunkelrote Kapuzen mit schmalen Augenschlitzen über die Köpfe gezogen.
Die Stadt schlief, als die Maskierten ihre Pferde vor dem Office der Postlinie anhielten und mit Waffen in den Fäusten abstiegen. Sie betraten den Vorbau des Hauses und pochten an die Tür. Es dauerte nicht lange, bis hinter einem Fenster ein Licht aufflammte. Ein Riegel wurde entfernt. Die Tür schwang nach innen.
Im selben Moment drangen die Maskierten ungestüm ein und versetzten dem Mann, der geöffnet hatte, einen Schlag über den Schädel. Er sank bewußtlos zu Boden.
Blitzschnell verteilten sich die Eindringlinge im Schalterraum des Abfertigungsgebäudes. Sie richteten ihre Waffen auf zwei verschlafen wirkende Männer, die ihr Nachtlager auf den harten Bänken des Raumes aufgeschlagen hatten und mit bleichen Gesichtern den Maskierten entgegenblickten.

Mildere Form der Lynchjustiz: Ein Dieb wird ausgepeitscht.

Einer von ihnen war ein vierschrötiger Mann mit sauber gestutztem Schnauzbart. Er trug einen matt glänzenden Stern aus Messing auf seinem Hemd.
»Wo sind sie?« fragte einer der Maskierten.
Der Bärtige machte eine unsichere Handbewegung. »Was soll das denn?« Er versuchte, seine Stimme ruhig klingen zu lassen. »Ihr seht doch, daß ich den Stern trage, und ich kann euch garantieren ...«
»Wo sind die drei?« unterbrach der Anführer der Maskierten den Beamten scharf. »Mehr wollen wir nicht wissen.«
»Hört doch zu«, sagte der Beamte. »Sie haben Pferde gestohlen, nun gut, aber wir haben sie geschnappt. Mit der ersten Kutsche bringen wir sie morgen früh ins Gefängnis. Sie werden vor Gericht gestellt ...«
»... und für vier Wochen eingesperrt und danach wieder laufengelassen«, sagte der Maskierte. »Das kennen wir. Aber damit ist Schluß!« Er hob seine Winchester an und zielte genau auf den Kopf des bärtigen Mannes. »Wo?« fragte er nur.
Der Mann deutete mit einer resignierenden Handbewegung auf eine Tür im Hintergrund. Sofort bewegten sich die Eindringlinge weiter, entfernten den Riegel und stießen die Tür auf.

Sie fanden in einer kleinen Kammer drei an Stühlen festgebundene Männer, die tags zuvor mit sechs gestohlenen Pferden aufgegriffen worden waren. Die Maskierten schnürten sie los und schleiften sie hinaus. Die Männer schrien und wehrten sich. Ihnen wurden Knebel in den Mund gestopft, brutale Hiebe mit Gewehrkolben brachen ihren Widerstand.
»Ihr begeht einen großen Fehler, Leute«, sagte der Beamte. »Das ist strafbar, was ihr hier tut. Dafür ist das Gesetz zuständig. Diese Männer haben Anspruch auf einen ordentlichen Prozeß.«
Einer der Maskierten hob sein Gewehr und schlug zu. Der Beamte sank mit dumpfem Stöhnen nach vorn und verlor das Bewußtsein. Auch der dritte Wachmann wurde niedergeschlagen. Dann schleppten die Männer die drei Pferdediebe in die Nacht hinaus.
Milchiges Mondlicht lag auf den Dächern der Stadt. Es war Mitternacht. Niemand hatte bisher etwas von dem Vorfall bemerkt. Die Maskierten führten ihre Gefangenen zum westlichen Stadtrand. Hier stand eine riesige, alte Pinie.
Stricke wurden entrollt. Die Maskierten arbeiteten schnell. Nur wenige Minuten später ritten sie zurück ins Hügelland.
Am nächsten Morgen fand man die drei Pferdediebe tot am Baum hängen. Sie wurden von den Stricken geschnitten und verscharrt. Nach den maskierten Tätern wurde nie gefahndet.
Es war nicht die erste »Halsbandparty« in den Black Hills von Süd-Dakota. Es war auch nicht die letzte. Es war nur ein Fall unter vielen Tausenden. Ausdruck einer besonderen Gerichtsbarkeit, die lange Zeit symptomatisch für den Gerechtigkeitsbegriff in der Denkweise der Frontiersmen im Westen war, der Lynchjustiz.

※

Die Geschichte der Lynchjustiz war jahrzehntelang umstritten und ist auch heute noch nicht bis zur letzten Einzelheit geklärt. Die älteste Erklärung für den Begriff »Lynchjustiz« führt zurück bis ins ausklingende Mittelalter.
Zu jener Zeit gab es in dem kleinen Ort Galway in Irland einen Bürgermeister und Richter namens James Fitzstephen Lynch, der im Jahre 1493 seinen eigenen Sohn verurteilte und hinrichtete.
Die Geschichte erzählt, daß James Lynch seinen Sohn mit dem Auftrag nach Spanien schickte, dort eine Schiffsladung Wein einzukaufen. Der leichtsinnige junge Mann aber verspielte und verpraßte unterwegs das

Geld seines Vaters und erreichte Madrid mit leeren Taschen. Hier suchte er einen spanischen Freund seines Vaters auf, bat diesen erfolgreich um Kredit und erwarb, wie es ihm aufgetragen war, den Wein. Er verpflichtete sich, den Neffen des spanischen Freundes mit nach Irland zu nehmen, wo dieser sich von James Lynch das Geld zurückerstatten lassen sollte.

Aber je näher die Heimat rückte, um so größer wurde die Furcht des jungen Lynch vor dem gestrengen Vater, und er trachtete danach, seinen Leichtsinn und die verhängnisvollen Folgen zu vertuschen. Bei einer günstigen Gelegenheit warf er seinen lästigen Begleiter einfach über Bord.

Als ein Ehrenmann, der den Auftrag seines Vaters vorbildlich ausgeführt hatte, kehrte er heim. Aber der Kapitän des Schiffes hatte die Mordtat beobachtet und berichtete James Lynch darüber.

Dieser reagierte empört und mit Zorn und Erbitterung. Er ließ seinen Sohn sofort in Ketten legen, verkündete ohne Verfahren das Todesurteil, und, als sich kein Henker fand, richtete James Lynch ihn selbst hin.

Der Stadtschreiber von Galway verzeichnete diesen Vorfall folgendermaßen in den »Council-Büchern«:

> James F. Lynch, Bürgermeister von Galway, hängte seinen eigenen Sohn ohne reguläre Gerichtsverhandlung an einem Fensterkreuz seines Hauses auf, wegen Betruges und der Ermordung eines Fremden. Er wollte ein Exempel statuieren, das auch für die Nachwelt ein Beispiel setzen sollte.

※

Historiker, namentlich amerikanische Historiker, bestreiten diese Version als geschichtliche Begründung der »Lynchjustiz« jedoch entschieden. Sie führen diese Art der Strafverfolgung im amerikanischen Westen auf Charles Lynch zurück, einen der Mitbegründer der Stadt Lynchburg in Virginia.

Charles Lynch wurde im Jahre 1736 auf einer Farm geboren, auf deren Platz später Lynchburg entstand.

Sein Vater, ein irischer Bauer, war 1725 in die englischen Kolonien in Nordamerika ausgewandert und hatte es hier zu bescheidenem Wohlstand gebracht.

Charles heiratete am 14. Dezember 1754 und zog mit seiner jungen Frau in den südwestlichen Teil des Campbell County, wo das Ehepaar mit Eifer und Erfolg begann, eine eigene Farm aufzubauen. Gleichzeitig begann der junge Mann, sich politisch zu betätigen.
Kleinere öffentliche Ämter wurden ihm angetragen, und im Jahre 1767 wurde er in das Abgeordnetenhaus von Virginia gewählt. Er war populär, wurde von seinen Mitbürgern respektiert und geachtet und behielt sein Abgeordnetenmandat bis zu jenem Tag, da die Kolonie sich vom britischen Mutterland lossagte und ihre Unabhängigkeit erklärte.
Charles Lynch war einer der Vorkämpfer für diesen Schritt gewesen. Er wurde sofort nach der Unabhängigkeitserklärung Abgeordneter in der gesetzgebenden Versammlung des zum selbständigen Staat proklamierten Virginia. Das Parlament entsandte ihn wenig später als Delegierten des Staates in den ersten Kongreß der dreizehn ehemaligen Kolonien, die sich zu den Vereinigten Staaten von Amerika zusammengeschlossen hatten.
Lynch war überzeugter Quäker, der bei Ausbruch des Unabhängigkeitskrieges mit Großbritannien wegen seiner religiösen Haltung zunächst nicht in die Armee einzutreten brauchte. Lynch arbeitete in der Zivilverwaltung und stellte hier seine Loyalität gegenüber dem jungen Staatenbund voll unter Beweis.
Aufgrund seiner Verdienste bot der Gouverneur von Virginia ihm 1778 den Rang eines Colonels der Miliz an. Lynch akzeptierte und organisierte ein Freiwilligenregiment, bekam die Front aber nie zu Gesicht und war militärisch auch nicht sonderlich aktiv. Statt dessen beschäftigte ihn mehr das unpatriotische Verhalten einiger ebenso geschäftstüchtiger wie skrupelloser Profiteure, die die Unabhängigkeitsarmee belieferten. Unter diesen Männern befanden sich zahllose »Königstreue«, die es sich zur Ehre anrechneten, die Revolutionsarmee der Amerikaner zu schädigen, wo sie nur konnten. So war es ein beliebter »Brauch«, der Miliz der Vereinigten Staaten Pferde zu verkaufen, diese dann bei einer günstigen Gelegenheit wieder zu stehlen, sie schließlich zu den Engländern zu bringen und sie noch einmal zu verkaufen.
Charles Lynch beobachtete dieses Treiben mit wachsender Empörung, genau wie viele seiner Mitbürger. Getan wurde nichts gegen diese Praktiken. Die Behörden waren mit der kriegswichtigen Organisation und Verwaltung überlastet. Charles Lynch war der Meinung, daß es daher seine Pflicht als loyaler Bürger sei, gegen diese Schwindler und Kollaborateure vorzugehen.

Diese Ansicht vertraten auch seine Nachbarn, und zusammen mit den Farmern William Preston, Robert Adams jr. und James Callaway gründete Charles Lynch ein »Gericht«, dessen Vorsitz er selbst übernahm. Mit Hilfe weiterer Gleichgesinnter ließ er Verdächtige einfangen und zu seinem Haus schleppen. Hier führte das Bürgerkomitee des selbsternannten Richters Lynch ein Verhör durch. Die Angeklagten erhielten Gelegenheit, sich zu verteidigen.

Bei kleineren Vergehen verhängte Lynch milde Urteile und ließ die Gefangenen laufen, sofern sie Besserung gelobten und sich bereiterklärten, den angerichteten Schaden wieder gutzumachen.

Schwere Delikte wurden mit neununddreißig Peitschenhieben geahndet, und wenn der Übeltäter sich dann noch immer nicht zu seinen Taten bekannte, keine Reue zeigte und sich weigerte, den Vereinigten Staaten die Treue zu schwören, wurde er gehängt.

Die Hinrichtungen wurden jeweils unmittelbar nach der Verhandlung an einem großen Walnußbaum vor dem Haus von Charles Lynch vollzogen.

Nach dem Krieg wurde Lynchs Vorgehen als Inbegriff eines staatsbürgerlich hochkarätigen Patriotismus gerühmt. Lynch starb als angesehener Mann am 29. Oktober 1796 im Alter von sechzig Jahren. Daß sein Name aufgrund seines eigenwilligen Vorgehens während des Revolutionskrieges Geschichte machen würde, konnte er nicht ahnen.

Im Grunde hatte Charles Lynch die später mit seinem Namen verbundene Gewaltjustiz auch nicht zu verantworten.

Als er seinerzeit beschlossen hatte, das Gesetz in die eigene Hand zu nehmen, hatte Krieg geherrscht. Die ehemaligen Kolonien hatten nach ihrer Lossagung vom Mutterland um ihre Freiheit, um ihre Existenz gekämpft. Lynch hatte diesen Kampf auf seine Weise unterstützt. Er hatte Kollaborateure, Spione und Plünderer, die in dem vom Krieg aufgeriebenen Land ihr Unwesen trieben, verfolgt und unschädlich gemacht. Seine provisorischen Gerichtsverhandlungen hatten formal nicht viel Wert gehabt, sie hatten aber den Angeklagten zumindest eine theoretische Chance gegeben, ihren Kopf zu retten.

Diejenigen, die später in seinem Namen richteten, standen in einer anderen Situation als er und räumten ihren Opfern keine Möglichkeit ein, sich zu verteidigen.

Also ein Mißbrauch des Namens von Charles Lynch?

In gewisser Weise schon.

Tatsache ist, daß die eigenmächtige Gerichtsbarkeit des Charles Lynch

Lynchjustiz in Tombstone, Arizona: Am 22. Februar 1884 hängten Bürger den Straßenräuber John Heith an einem Telegraphenmasten auf.

nach dem Ende des Unabhängigkeitskrieges nur sehr selten auftrat, denn nach Ordnung der Verhältnisse wurden rasch ordentliche Gerichte eingesetzt, die die Strafverfolgung übernahmen. Die Lynchjustiz der Pionierzeit setzte erst mit Beginn der Westwanderung ein. In ihren Anfängen war sie der Versuch der ersten Siedler, fernab jeder Zivilisation und jeder staatlichen Gesetzgebung sich gegen Strauchdiebe, Straßenräuber und Mörder, die ihre Existenz, ihr Überleben in der Wildnis bedrohten, zur Wehr zu setzen.

So gesehen war die Lynchjustiz eine Erscheinung, die es verdient, mit Verständnis betrachtet zu werden, denn in den grenzenlosen Weiten des Westens hatte der Siedler nur dann die Chance, zu bestehen, wenn er alles, was ihn in seinem Dasein bedrohte, gnadenlos beseitigte.

Es gab keine Polizei, die ihn schützte, keine Gefängnisse, die einen Ver-

Lynchjustiz in Colorado: 1868 hängten die Bürger von Denver den notorischen Mörder und Straßenräuber Sanford Dougan nach seiner Ergreifung am nächsten Cottonwoodbaum auf.

brecher in Verwahrung hätten nehmen können. Die einzige Möglichkeit, sich auf Dauer vor einem einmal gestellten Banditen zu schützen, um nicht selbst getötet zu werden, war, den Banditen zu töten. Gleichgültig wie schwer oder gering sein Vergehen war. In der Wildnis wog jede Staftat schwerer.

Im Jahre 1835 trafen sich in Vicksburg, Mississippi, zahlreiche Berufsspieler zu einem Fest. Einer von ihnen, ein Mann namens Cakler, von dem es in einem Zeitungsbericht genauso lakonisch wie vielsagend heißt, er habe »Ärger verursacht«, hatte offenbar den Zorn der Bürger der Stadt so arg gereizt, daß sie ihn am 4. Juli ergriffen und kurzerhand am nächsten Baum aufknüpften.

Die exakten Gründe für dieses Vorgehen sind nicht überliefert. Jedenfalls empörten sich nun die Freunde des Gehenkten und töteten einen angesehenen und beliebten Arzt des Ortes mit ein paar Revolverschüssen, als er sein Haus verließ. Nun aber geriet der Volkszorn erst richtig in Wallung, und die Männer von Vicksburg jagten die Spieler aus der Stadt und hängten diejenigen, die ihnen in die Hände fielen, auf der Stelle auf. Zum erstenmal wurde in der Presse der Begriff »gelyncht« verwendet.

Ein Korrespondent der Illustrierten »Harper's Magazine« schrieb in der Mai-Ausgabe des Jahres 1859:

> Ich kann mich nicht erinnern, den Terminus »Lynchjustiz« jemals vor dem Jahr 1835 gehört zu haben, als die Bürger von Vicksburg sich organisierten und ohne gerichtliche Vollmachten gegen Berufsspieler vorgingen. Sie begründeten dies damit, daß sie an den Grenzen des Gesetzes lebten und für ihre Sicherheit selbst sorgen müßten. Und ich kann mich gut erinnern – ich war damals noch ein Kind –, daß die Erhängung der Vicksburger Spieler in der Presse der Oststaaten eine Sensation war. Von diesem Zeitpunkt an wurden Worte wie »Lynchjustiz« und »lynchen« bekannte, ständig benutzte Begriffe der Umgangssprache.

Bald wurde die »Lynchjustiz« allgemeine Praxis. In den 50er Jahren berichteten fast täglich Zeitungen über Zusammenrottungen von Bürgern und Hinrichtungen von Verbrechern oder zumindest Verdächtigen. Es konnte nicht ausbleiben, daß es zu Willkürakten kam, daß die Rechtfertigung der Lynchjustiz in den schwach besiedelten Wildnisregionen, weitab von allen behördlichen Einrichtungen, weitgehend ihr Alibi verlor.

Richtete sich die Bürgerwut mancher Städte und Regionen zunächst gegen Berufsspieler, kamen bald auch politische Motive ins Spiel. Am Vorabend des Bürgerkrieges waren es vor allem Sklavereigegner aus dem Norden, die Negersklaven im Süden entführten und in die Freiheit brachten, die Opfer der Lynchjustiz wurden. Wurden sie gestellt, mußten sie mit Folterung und Tod rechnen.

*

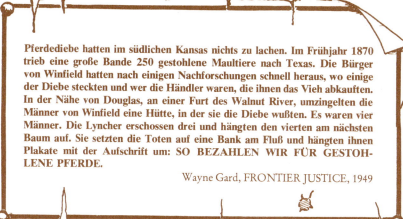

> Pferdediebe hatten im südlichen Kansas nichts zu lachen. Im Frühjahr 1870 trieb eine große Bande 250 gestohlene Maultiere nach Texas. Die Bürger von Winfield hatten nach einigen Nachforschungen schnell heraus, wo einige der Diebe steckten und wer die Händler waren, die ihnen das Vieh abkauften. In der Nähe von Douglas, an einer Furt des Walnut River, umzingelten die Männer von Winfield eine Hütte, in der sie die Diebe wußten. Es waren vier Männer. Die Lyncher erschossen drei und hängten den vierten am nächsten Baum auf. Sie setzten die Toten auf eine Bank am Fluß und hängten ihnen Plakate mit der Aufschrift um: SO BEZAHLEN WIR FÜR GESTOHLENE PFERDE.
>
> Wayne Gard, FRONTIER JUSTICE, 1949

Nach dem Bürgerkrieg weitete sich das »Lynchfieber« auch in Gebieten, in denen das konstitutionelle Gesetz längst vertreten war, weiter aus. Betroffen waren fast alle Verbrechen, vom Mord bis zum Vieh- und Pferdediebstahl. Meist wurde die angebliche Schwäche und Milde der staatlichen Behörden als Begründung herangezogen.

Charakteristisch war dies für die Staaten im Süden an der Grenze zu Mexiko. Die Bevölkerung hier war besonders hitzköpfig und temperamentvoll und mit vorschnellen Aktionen rasch bei der Hand.

In der Nacht zum 26. Februar 1876 lynchten die Männer der Goldrauschstadt Rapid City in den Black Hills einen Mann, der den Farmer Peter Lambert erschossen hatte, um dessen Pferd stehlen zu können. Am 20. Juni 1877 lynchten sie drei Pferdediebe, die sie mit Gewalt ihren Bewachern entzogen.

In Nebraska lynchten Bürger den Mörder und Viehdieb »One-Eyed-Ed«. Am 6. Februar 1884 drangen maskierte Männer in das Gefängnis des Holt County ein, überwältigten den Sheriff und lynchten den gefangenen Pferdedieb Kid Wade.

In Caldwell, Kansas, holten Bürger in einer milden Frühlingsnacht des Jahres 1872 einen Mörder aus dem Gefängnis und erschossen ihn mit seinem eigenen Revolver. Im Mai 1872 wurde während eines Straßenduells in Wellington ein unbeteiligter Bürger getötet. Der Schütze wurde von der aufgebrachten Bevölkerung gelyncht. In der Nacht des 20. April 1876 holten die Männer von Fort Griffin in Texas einen Dieb und Mörder aus dem Gefängnis und henkten ihn.

Wenige Beispiele unter vielen.

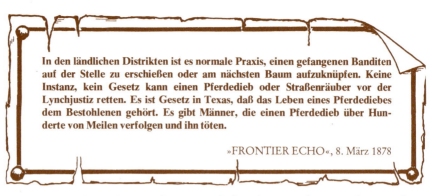

> In den ländlichen Distrikten ist es normale Praxis, einen gefangenen Banditen auf der Stelle zu erschießen oder am nächsten Baum aufzuknüpfen. Keine Instanz, kein Gesetz kann einen Pferdedieb oder Straßenräuber vor der Lynchjustiz retten. Es ist Gesetz in Texas, daß das Leben eines Pferdediebes dem Bestohlenen gehört. Es gibt Männer, die einen Pferdedieb über Hunderte von Meilen verfolgen und ihn töten.
>
> »FRONTIER ECHO«, 8. März 1878

Exemplarisch und besonders typisch für die Lynchjustiz, die mit der Gerichtsbarkeit des Charles Lynch allenfalls noch den Namen gemein hatte, und auch charakteristisch für die offizielle Reaktion der Behörden auf das spontane und eigenmächtige Vorgehen der Bürger, war ein Fall in Arizona, der landesweit für Schlagzeilen sorgte: Die Erhängung von John Heith in Tombstone.

DAS BISBEE-MASSAKER

Der 8. Dezember des Jahres 1883 war ein regnerischer, kühler Tag. An der Theke eines Saloons in dem kleinen Nest Bisbee, das wenige Meilen westlich der Silberminenstadt Tombstone gelegen war, lehnte ein unrasierter, verlottert wirkender Mann, nippte ab und zu an einem Ingwerbier und starrte versonnen durch ein Fenster hinaus in den Regen. Als er gegen Mittag fünf Reiter in langen, wasserfesten Umhängen auftauchen sah, drehte er sich zufrieden um und bestellte ein weiteres Glas Bier.

Er ließ sich seine innere Erregung nicht anmerken, als er trank. Er hatte auf die Reiter gewartet. Sie waren Bekannte von ihm, und daß sie gerade an diesem Tag, um diese Zeit in die Stadt ritten, geschah auf seine Veranlassung.

Die Männer lenkten ihre Pferde durch den knöcheltiefen Morast der Hauptstraße, auf der riesige Pfützen standen. Vor einem Holzgebäude, das über der Tür ein großes, etwas verwittertes Schild mit der Aufschrift »Castaneda-&-Goldwater-Store« trug, hielten sie an und stiegen aus den Sätteln. Sie blickten sich kurz um. Die Straße war menschenleer.

Durch Schlamm und Regenschleier gingen die Männer auf das Gebäude

Am 4. Dezember 1888 lynchten die Bürger von Canon City, Colorado, den Mörder George Wetherell.

zu und betraten den Store. In diesem Moment verließ der Deputy-Sheriff D. T. Smith sein Büro, um sich Zigarren im Store zu kaufen. Er sah die fremden Männer, und er beobachtete, daß sie, als sie die Tür des Geschäftes aufstießen, Gewehre unter ihren Umhängen hervorholten.
John Heith, der den Plan für den Überfall auf das Geschäft ausgeheckt hatte, der sich selbst aber bei dem Unternehmen sorgsam im Hintergrund hielt, stand an der Theke des Saloons und bestellte sein drittes Bier, als auf der Straße Schüsse zu krachen begannen.

Die Banditen hatten geglaubt, leichtes Spiel zu haben. Der Überfall selbst war ohne Schwierigkeiten vonstatten gegangen. Sie wußten nicht, während sie die Ladenkasse ausräumten, daß sie bereits entdeckt waren. Mit 2.500 Dollar Beute verließen sie das Haus. Aber noch bevor sie ihre Pferde erreichten, begannen Schüsse zu krachen. Männer stürmten über die morastige Straße auf sie zu.

Die Banditen erwiderten das Feuer sofort. Immer mehr Bürger wurden durch den Lärm aufmerksam und mischten sich in den Kampf ein.

Mit beispielloser Brutalität schossen sich die Räuber den Weg frei. Sie töteten den Deputy-Sheriff D. T. Smith. Sie erschossen den Mineningenieur J. C. Tapinier, der dem Beamten zu Hilfe eilen wollte. Sie ermordeten die hochschwangere Pensionswirtin Anna Roberts, die, von den Schüssen ans Fenster gelockt, auf die Straße schaute. Dann schwangen sie sich in die Sättel und sprengten aus der Stadt. Der Büchsenmacher Kriegbaum, der Armeescout Indian-Joe und ein weiterer Bürger namens Fred Nolley, die sich ihnen in den Weg stellen wollten, wurden ebenfalls niedergeschossen. Nolley starb wenig später.

Unmittelbar nach diesem blutigen Gemetzel, das in die Geschichte als »Bisbee-Massaker« einging, stellten die aufgebrachten Bürger ein Aufgebot zusammen, das die Verfolgung aufnahm.

Dem Aufgebot schloß sich auch John Heith an, ein stadtbekannter Säufer und Landstreicher, der den Überfall geplant und vorbereitet hatte.

Heith sollte diesen Leichtsinn schnell bereuen. Die fünf Banditen wurden gestellt, und als sie ihren Kumpan unter den Bürgern entdeckten, verrieten sie ihn.

Der Deputy-Sheriff Stewart Hunt verhaftete Heith sofort und brachte ihn und die anderen fünf Banditen ins Bezirksgefängnis in Tombstone.

Geduldig warteten die Bürger von Bisbee den Prozeß ab. Sie waren einfache, biedere, friedliche Leute, keine Kämpfer, keine Rebellen, nicht besonders gewalttätig. Am 9. Februar 1884 wurden die fünf direkt am Überfall beteiligten Mörder zum Tode verurteilt. John Heith, der Anstifter, der sich im Hintergrund gehalten hatte, kam mit einer Gefängnisstrafe davon.

Dieses Urteil versetzte die Bürger von Bisbee, die ihre Toten nicht vergessen konnten, in heiligen Zorn. Für sie hatte sich Heith genauso, wenn nicht mehr schuldig gemacht. Er war in ihren Augen der Haupttäter, auch wenn er nicht mitgeschossen hatte.

Am 22. Februar scharten sich die Männer von Bisbee zusammen, nahmen ihre Waffen, bestiegen ihre Pferde und ritten nach Tombstone. Hier stürmten sie das Gefängnis, überwältigten den County-Sheriff Ward, der sich ihnen entgegenstellte, und holten John Heith aus seiner Zelle. Sie schleppten ihn zu einem Telegraphenmast am Rande der Stadt, fesselten ihm Hände und Füße und legten ihm eine Binde über die Augen.

> Heith bewies in seiner letzten Minute sehr viel Haltung. Als er nach seinem letzten Wunsch gefragt wurde, sagte er: »Schießt mir bitte nicht den Bauch voller Löcher. Ich habe Verwandte in Texas, die meine Leiche sicher nicht gern in Stücken begraben wollen.«
> Als ihm die Schlinge umgelegt wurde, bemängelte er: »Der Knoten muß akkurat unter meinem rechten Ohr liegen.«
>
> Grace McCool, SO SAID THE CORONER, 1968

Nach vollbrachter Tat verließ der Mob Tombstone wieder und ließ Heith hängen. Die Behörden der Stadt ließen ihn vom Mast holen, und noch am gleichen Tag fand eine amtliche Leichenschau statt.

Die Mitglieder dieser »Coroner's Jury« befanden sich in einer nicht ganz einfachen Lage. Nach formellem Recht war die Gefängnisstrafe für Heith ein gerechtes Urteil gewesen. Niemand aber vermochte einzusehen, warum er besser davonkommen sollte als seine Kumpane. So waren selbst die Vertreter der Behörden in Tombstone der Meinung, daß die Lyncher von Bisbee durchaus richtig gehandelt hatten.

Es war jedoch ihre Pflicht, die Todesursache zu protokollieren. Das aber würde zur Folge haben, daß die Staatsanwaltschaft gegen die Rädelsführer des Mobs vorzugehen hatte, was keinesfalls im Sinne der Mitglieder der »Coroner's Jury« war. Sie beschlossen also, zu vermeiden, die wahre Todesursache aktenkundig zu machen. So dauerte es ziemlich lange, bis sich die Kommission über den Wortlaut ihres Berichts einig war.

Der Amtsarzt Dr. George Goodfellow gab das kuriose Ergebnis der Leichenschau vor den Pressevertretern des Countys bekannt:

> Ich bin der Meinung, daß der Tod durch eine Verstopfung der Lunge eingetreten ist, hervorgerufen durch eine intensive Strangulation, die der Tote womöglich selbst, oder die irgend jemand sonst verursacht haben mag.

Diese Haltung ist in den meisten Fällen von Lynchdelikten im Westen als typisch anzusehen. Die fünf Kumpane von John Heith wurden am 8. April 1884 regulär hingerichtet.

JUSTIZ OHNE GNADE

Der amerikanische Historiker James Cutler nennt in seinem Standardwerk »Lynch-Law« das Phänomen Lynchjustiz eine »amerikanische Nationalkrankheit«. Tatsächlich scheint sie ein Charakteristikum für das Wesen, die Mentalität und die Rechtsauffassung der amerikanischen Bevölkerung gerade in den Mittelwest-, West- und Südstaaten gewesen zu sein. Sie spielt in der amerikanischen Justizgeschichte eine so hervorragende Rolle wie in keinem vergleichbaren anderen Land.
Dabei war sie, nachdem ihre Notwendigkeit durch das Vordringen konstitutioneller Gerichte überflüssig geworden war, eine illegale Justiz. Die an ihr Beteiligten machten sich selbst strafbar, verstießen gegen das Gesetz, das sie gerade schützen wollten.
Im Gegensatz zu den Vigilanten, die auf eine konstitutionelle Gerichtsbarkeit zuarbeiteten, sich nach Erreichung dieses Ziels auflösten und die Aufrechterhaltung von Gesetz und Ordnung den dafür bestimmten Behörden überließen, traten Lynchmobs auch und gerade in geordneten, rechtlich gefestigten, vollzivilisierten und erschlossenen Regionen auf.
Der Historiker Cutler stellt zu Recht fest, daß die Lynchjustiz besser ist als gar keine Justiz, ein willkürliches Gesetz besser als gar kein Gesetz. Wo sich jedoch eine staatlich autorisierte Ziviljustiz etabliert hatte, hatte die Lynchjustiz ihre Legitimation verloren. Wurde sie dennoch ausgeübt, war sie eine Opposition gegen geltendes Recht.
Sie war eine Justiz der Gewalt, die meist wenig Rücksicht auf Schuld oder Unschuld des Opfers nahm. Sie richtete sich teilweise sogar gegen staatliche Einrichtungen; es wurde Gewalt gegen Beamte angewandt, die sich dem Mob in den Weg stellten. So wurde die Lynchjustiz mehr und mehr zu einer Art »Rachejustiz«.
Sie entstand, im Gegensatz zur Vigilance-Justiz, unorganisiert. Sie war, ebenfalls im Gegensatz zur Vigilance-Justiz, nicht von sachlichen Überlegungen geleitet, sondern wurde ausschließlich von Emotionen bestimmt. Sie war nicht aufbauend, nicht befruchtend, nicht zukunftsweisend, wie die Vigilance-Justiz. Und die Mobs waren sich der Illegalität

ihres Vorgehens durchaus bewußt. Daher die meist nächtlichen Auftritte, daher die Maskierungen.

Die Lynchjustiz wurde von den Behörden als Massendelikt angesehen, aber nur selten wagte es ein Staatsanwalt, gegen erkannte Lyncher vorzugehen, denn sie hatten die Stimmung der Bevölkerung auf ihrer Seite.

So sehr jedoch die Lynchjustiz selbst in Amerika immer wieder verurteilt wurde, darf doch nicht übersehen werden, daß sie durchaus einige positive Aspekte hatte und geprägt war von dem einzigartigen zeitlichen und geographischen Umfeld, in dem sie zeitweise durchaus eine Existenzberechtigung besaß.

Kritisch wurde die Praxis der Lynchjustiz erst mit dem Auftreten eines Geheimbundes, der diese Art der »Gerichtsbarkeit« in sein ideologisches Konzept miteinbezog. Gemeint ist der Ku Klux Klan.

TERROR UNTER WEISSER KUTTE

Von den Geheimbünden, die im Laufe der Geschichte von sich reden machten, ist der Ku Klux Klan wohl der bekannteste, wenigstens in Europa und Amerika. Die Mitglieder dieser Organisation, die »Klansmen«, haben in den mehr als 100 Jahren, die seit der Gründung des Ku Klux Klan vergangen sind ... einen traurigen Rekord an menschlicher Intoleranz und Rassenhaß aufgestellt.

Prof. Eugen Lennhoff, POLITISCHE GEHEIMBÜNDE, 1968

Der Ausgang des amerikanischen Bürgerkrieges bescherte der herrschenden Bevölkerungsschicht in den unterlegenen Südstaaten einen erheblichen Machtverlust. Ihre ehemaligen Sklaven waren, zumindest theoretisch, gleichberechtigt, und die gnadenlosen Reparationsforderungen der siegreichen Nordstaaten führten zu einem wirtschaftlichen Zusammenbruch des Südens. Sie legten den Keim für einen bis heute nicht völlig überwundenen Haß.

Es herrschten Armut und Arbeitslosigkeit, besonders unter den Offizieren der aufgelösten Südarmee. Meist junge Männer, die voller Ideale in den Kampf gezogen waren und nun gedemütigt und ohne Hoffnung in die ausgeblutete Heimat zurückkehrten.

Nächtliche Versammlung und Kreuzesverbrennung des Ku Klux Klan. Die Lynchjustiz gehörte zur ständigen Praxis dieses nach dem amerikanischen Bürgerkrieg in den Südstaaten gegründeten Geheimbundes, der weite Teile des Landes mit blutigem Terror überzog.

Guerilla-Banden bildeten sich, die in verbissenem Trotz weiter gegen den Norden kämpfen, die den Krieg nicht verloren geben wollten. Banditenbanden schossen aus dem Boden, die plündernd und raubend durch das Land streiften.

Die Söhne der ehemaligen Führungsschicht des Südens versuchten, sich die Zeit des Müßiggangs, zum Nichtstun verdammt, ihrer Bildung und ihrer Mentalität gemäß zu vertreiben. Sie gründeten Geheimbünde.

Zweifellos trug zu dieser Entwicklung der Trotz gegen das rigorose Verbot der Besatzungsverwaltung von politischen Verbindungen bei.

In diesen Geheimbünden wurden Pläne geschmiedet, wurden Utopien entwickelt, wurden Illusionen über eine schicksalhafte Wende gepflegt, wurde die glorreiche Vergangenheit beschworen, um die Niederlage zu verwinden. Geheimbünde entsprachen den romantischen Vorstellungen der Südstaatler, die sich in der Tradition mittelalterlicher Feudalhierarchien sahen, wie Sir Walter Scott sie in seinen Ritter- und Heldensagen beschrieben hatte.

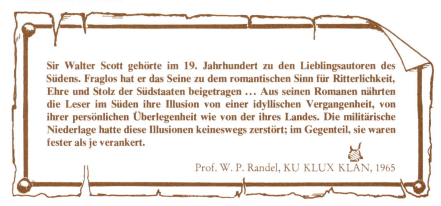

Sir Walter Scott gehörte im 19. Jahrhundert zu den Lieblingsautoren des Südens. Fraglos hat er das Seine zu dem romantischen Sinn für Ritterlichkeit, Ehre und Stolz der Südstaaten beigetragen ... Aus seinen Romanen nährten die Leser im Süden ihre Illusion von einer idyllischen Vergangenheit, von ihrer persönlichen Überlegenheit wie von der ihres Landes. Die militärische Niederlage hatte diese Illusionen keineswegs zerstört; im Gegenteil, sie waren fester als je verankert.

Prof. W. P. Randel, KU KLUX KLAN, 1965

Als sich am Weihnachtsabend des Jahres 1865 sechs arbeitslose ehemalige Konföderiertenoffiziere im Haus des Richters T. M. Jones in Pulaski, Tennessee, trafen, um einen Geheimbund zu gründen, war dies nichts Besonderes, und niemand konnte ahnen, was sich daraus entwickeln würde.

Calvin E. Jones, Frank O. McCord, Richard R. Reed, John B. Kennedy, John C. Lester und James R. Crowe waren die Väter des Ku Klux Klan.

Den Namen entwickelten sie aus dem griechischen Wort »Kuklos« (Ring, Kreis). Da die Gründer allesamt schottischer Abstammung waren, fügten sie das Wort »Clan« hinzu, der Alliteration wegen mit »K« geschrieben. Der Grundstein war gelegt.

Politische oder rassische Motive spielten anfangs keine Rolle. Den Gründern ging es lediglich darum, mit einigen Gleichgesinnten etwas Spaß zu haben. Sie legten eine Rangordnung mit phantastischen Titeln fest, die der Reihenfolge nach lauteten:
1. Groß-Scriba
2. Groß-Zyklop
3. Groß-Magi
4. Groß-Türke
5. Nachtfalke
6. Liktor
7. Ghul

Einen Groß-Scriba gab es anfangs nicht. Frank McCord wurde der erste Groß-Zyklop. Ein Zeremoniell mit Ritterschlag und Treueschwur wurde als Aufnahmeregel festgelegt.

Der Gründungsabend gipfelte damit, daß die sechs ersten Klansmen maskiert mit Bettüchern mehrmals durch die dunklen Straßen von Pulaski ritten.

Dabei zeigte sich ein unerwarteter Nebeneffekt, der die unheilvolle Entwicklung des Ku Klux Klan bereits andeutete. Die abergläubische Negerbevölkerung sah in den Maskenreitern die Geister von im Krieg getöteten Südstaatensoldaten, die zurückkehrten, um Rache zu nehmen.

Die Idee, die selbstbewußt gewordenen, ehemaligen Sklaven mit Hilfe des Mummenschanzes einzuschüchtern, wurde geboren.

Das trug dazu bei, daß der Klan bald großen Zulauf hatte und überall unter der weißen Bevölkerung des Südens starke Zustimmung fand. Man machte sich einen Heidenspaß daraus, Neger mit »Geistererscheinungen« in Angst und Schrecken zu versetzen. Gewalt wurde vorerst nicht angewendet.

Das änderte sich, als 1866 Lawrence E. Davis, ein ehemaliger Colonel der konföderierten Armee, in Athens, Alabama, eine neue Ortsgruppe des Ku Klux Klan gründete, mit eindeutigen Zielsetzungen.

Bereits eine Woche nach der ersten Zusammenkunft verschleppten die neuen Klansmen einen Neger, der Umgang mit einer weißen Lehrerin pflegte. Er wurde ausgepeitscht und verwarnt. Von nun an aber wurde brutale Gewalt selbstverständliche Praxis des Ku Klux Klan. Und als das Jahr 1866 zu Ende ging, hatte sich der Geheimbund geradezu epidemisch in den Südstaaten ausgebreitet.

✻

Den Gründern bereitete die Entwicklung nicht geringe Sorge, aber längst hatten sie die Kontrolle über den Klan verloren. Im April 1866 versuchten sie noch einmal, mit anderen Klan-Führern aus benachbarten Staaten, den Geheimbund in ein ordnendes Korsett zu zwingen. In Nashville traf man sich im Hinterzimmer eines Hotels und formulierte einige verwaschene Grundprinzipien, in deren Kern die Gegnerschaft zur Washingtoner Regierung und die Vorherrschaft der weißen Rasse proklamiert wurde. Man schwor der Gewalt ab. Aber die Brutalisierung des Geheimbundes schritt fort.

> **Der formale Aufbau des Klan war verhältnismäßig einfach: Jeder Staat wurde als Reich bezeichnet und von einem Groß-Drachen regiert, jeder Wahlbezirk als Heerschaftsgebiet, das einem Groß-Titanen unterstand, und jeder Verwaltungsbezirk als Provinz, unter einem Groß-Giganten. Das gesamte Gebiet, in dem der Klan Mitglieder hatte, wurde »Unsichtbares Reich« genannt. Robert E. Lee (Ex-Kommandeur der Südarmee) lehnte das Oberkommando ab, stimmte aber der Wahl des zweiten Kandidaten, Nathan Bedford Forrest, zu. Dieser nahm die Auszeichnung in Nashville an und war der einzige Groß-Hexenmeister (Grand Wizard) in der Geschichte des Klan. Viele andere Hauptfunktionäre – Groß-Drachen, Groß-Titanen, Groß-Giganten – waren ebenfalls ehemalige hohe Offiziere der Konföderierten, was wohl niemanden erstaunen dürfte. Aber ihre Verbindung mit dem Klan wurde erst später bekannt, denn bei der Amnestierung am Ende des Krieges hatten sie geschworen, sämtliche Bundesgesetze zu befolgen und sich nie mehr der Bundesregierung zu widersetzen.**
>
> Prof. W. P. Randel, KU KLUX KLAN, 1965

1869 beschlossen die Führer des Klans, in den Untergrund zu gehen, um der direkten Konfrontation mit den Behörden und Parlamenten auszuweichen. Der Klan wurde zu einer geheimen Terror-Armee, die, maskiert mit weißen Kutten, den Kampf gegen die Besatzungssoldaten aus dem Norden und alle Farbigen aufnahm.

Nacht für Nacht waren die maskierten Reiter unterwegs, holten mißliebige Gegner aus ihren Häusern oder Neger aus ihren Hütten, peitschten sie brutal aus, folterten sie oder hängten sie kurzerhand auf. Allein in South-Carolina fielen zwischen dem Oktober 1870 und dem Juli 1871 insgesamt 227 Personen dem Ku Klux Klan zum Opfer.

Der Klan lynchte Politiker und Journalisten. Er überfiel Negerfarmer und tötete wie eine mächtige, blutrünstige Bestie. Jeder, der sich diesem Treiben in den Weg stellte, wurde brutal beiseite geräumt.

Kein Gericht wagte, gegen die Mitglieder vorzugehen, denn, wenn die Richter und Staatsanwälte dem Bund nicht selbst angehörten, jeder Klangegner mußte um sein Leben bangen.

Der Ku Klux Klan wurde zum Machtfaktor im Süden, der mit der Strategie der Lynchjustiz angetreten war, seine verschrobenen Ziele durchzusetzen. Der Bund ließ sich auch nicht durch die im April 1871 vom Kongreß verabschiedete »Anti-Ku-Klux-Bill« stoppen. Mitglieder des Klan in hohen Staatsämtern, Senatoren, Abgeordnete, Richter und Sheriffs sorgten dafür, daß der Bund ungehindert weiter operieren konnte.

Im Laufe von nur zwei Jahren wurden in Mississippi 35 Neger umgebracht. 1877 wurde der prominente Klangegner Richter Chisholm von fast zweihundert Klansmen gelyncht. Im Mai 1871 ermordeten und vierteilten Mitglieder des Ku Klux Klan in Mississippi einen kleinen Negerjungen und ermordeten einen Augenzeugen der scheußlichen Bluttat. 1875 wurde der Senator Dr. Johnson vom Klan ermordet. Zwischen 1868 und 1871 lynchte der Klan in Florida 235 Menschen.

Der individuelle Terror war dermaßen umfangreich und grauenvoll, daß sich allein damit ein ganzes Buch füllen ließe.

Erst in den 80er Jahren ließ die Attraktivität des Klan nach. Tausende von Menschen waren ihm zum Opfer gefallen. Jetzt zeigte er Zerfallserscheinungen und verlor Macht und Einfluß, auch wenn er bis heute nicht aufgehört hat, zu bestehen.

Die Lynchjustiz wurde durch den Ku Klux Klan zu einer Seuche, die erst in den 20er Jahren dieses Jahrhunderts abebbte.

Sie war eine Justiz der Gewalt, eine Justiz, die keine Chance ließ und in vielen Fällen den Irrtum und den blinden Fanatismus zum Prinzip erhob.

STATISTIK DES SCHRECKENS

Erst in den 80er Jahren des vorigen Jahrhunderts, nach dem Höhepunkt des »Lynchfiebers«, wurde begonnen, über die Lynchjustiz systematisch Buch zu führen. Wieviele der Menschen, die ihr zum Opfer fielen, unschuldig waren, wurde nicht listiert.

Es wurden in den Südstaaten zwischen 1882 und 1903 gelyncht:

Mississippi	334
Texas	324
Louisiana	285
Georgia	269
Alabama	244
Arkansas	200
Tennessee	199
Kentucky	167
Florida	134
South Carolina	117
Missouri	91
Virginia	91
North Carolina	64
West Virginia	46
Maryland	20
	2585

Es wurden in den Weststaaten zwischen 1882 und 1903 gelyncht:

Oklahoma	95
Montana	85
Colorado	64
Nebraska	56
Kansas	51
Kalifornien	41
Wyoming	37
Dakota	35
New Mexiko	34
Arizona	28
Washington	26
Idaho	19
Oregon	19
Iowa	16
Alaska	8
Utah	7
Minnesota	6
Nevada	5
	632

Es wurden in den Oststaaten zwischen 1882 und 1903 gelyncht:

Indiana	52
Ohio	21
Illinois	21
Michigan	8
Pennsylvania	7
Wisconsin	6
New York	2
New Jersey	1
Connecticut	1
Delaware	1
	120

Insgesamt fielen in den Vereinigten Staaten von Amerika in den Jahren zwischen 1882 und 1903 3337 Personen der Lynchjustiz zum Opfer.

(Entnommen James E. Cutler, LYNCH-LAW, 1905)

*Bei Auseinandersetzungen zwischen Familien und Nachbarn,
zwischen Rinder- und Schafzüchtern
wurde die Blutrache zum Gesetz, und das Faustrecht regierte.
(Zeitgenössische Skizze eines Fememordes
aus »The Montana Magazine of History«, 1953).*

Im Zeichen des Colts

DIE FEHDEJUSTIZ

> Eine der frühesten Formen der Strafverfolgung, die die Menschheit kennt, ist die Fehdejustiz, die auf dem biblischen Prinzip »Auge um Auge, Zahn um Zahn« basiert. Die Verpflichtung, einen getöteten Angehörigen zu rächen, war eine Form des Gesetzes, der sich niemand entziehen konnte. Die Regel war einfach: Wer getötet hatte, mußte getötet werden ...
> Viele Siedler im Westen vertraten die Auffassung, daß man seine Differenzen am besten von Mann zu Mann, wenn es notwendig wurde, bei größeren Konflikten, auch mit der Waffe in der Faust austrug.
>
> C. L. Sonnichsen, TEN TEXAS FEUDS, 1957

DER PLEASENT-VALLEY-KRIEG

> In den entlegenen Gebieten war der Grenzer stets darauf vorbereitet, sein Leben mit dem Revolver in der Hand verteidigen zu müssen. Ein zuverlässiges Gewehr, ein ruhiger Zeigefinger und eine sichere Hand waren die beste Ausstattung zur Erlangung eines langen Lebens. Er wußte nie, wann er sich gegen Indianer, mexikanische Straßenräuber oder weiße Desperados behaupten mußte, und mußte daher ständig in Bereitschaft sein, für sein Recht zu kämpfen. Aber diese Gefahren waren geringfügig gegen die erbitterten Auseinandersetzungen, die häufig zwischen Nachbarn und Familien ausbrachen. In so einem Fall versuchte jeder, seine eigenen Fehler im Blut des anderen zu ertränken.
>
> Wayne Gard, FRONTIER JUSTICE, 1949

Mitten in Arizona lag am Fuße der Nordflanke der Mogollon-Berge das Tonto Basin. Ein Tal mit mildem, ausgeglichenem Klima, fruchtbar, wildreich und mit starker Vegetation. Das Gras wuchs hüfthoch, und die fetten Weiden reichten aus für die größten Rinderherden. Es hatte einen Durchmesser von fast siebzig Meilen und war von keines weißen Mannes Fuß betreten worden, bis um 1880 die ersten Cowboys das Tal durchritten und ihm den Namen »Pleasent Valley« gaben, »liebliches Tal«.

Zu dieser Zeit ließ sich der in Boston geborene John D. Tewksbury im Tonto Basin nieder. Am Ufer des Cherry Creek baute er eine Hütte.

Tewksbury war ein älterer, liebenswürdiger Mann, der gewillt war, in dem abgelegenen Tal einen ruhigen Lebensabend zu verbringen.

Er hatte den kalifornischen Goldrausch mitgemacht und schon als junger Mann eine Indianerin geheiratet. Zahllose Anfeindungen als »Squawman« hatte er erleben müssen, und er sehnte sich nach Ruhe und Frieden. Seine Frau hatte ihm drei Söhne geboren, Edwin, John und James, bevor sie gestorben war. John D. Tewksbury hatte in Globe, Arizona, zum zweitenmal geheiratet, eine in England geborene Frau. Mit ihr ließ er sich im Pleasent Valley nieder.

Die Familie züchtete Rinder, schaffte sich einige Schweine an, entwickelte aber keinen großen Ehrgeiz, ihren Landbesitz zu erweitern. Die drei Söhne Tewksburys, Halbindianer, arbeiteten als Cowboys auf Ranches außerhalb des Tales.

Sie blieben nicht lange allein in dem ausgedehnten Tal. Von Kalifornien kommend zog im Herbst des Jahres 1882 die Familie Graham ins Tonto Basin. Die Brüder Thomas, John und William Graham bauten ihre Hütte zehn Meilen entfernt vom Anwesen der Tewksburys. Auch sie galten als friedfertig und verträglich. Auch sie suchten sich Arbeit als Cowboys auf der Ranch eines benachbarten Viehzüchters.

Beide Familien lebten friedlich nebeneinander her, besuchten sich ab und zu, feierten Feste zusammen, und die Tewksbury-Söhne vertranken ab und zu mit den Grahams ihren Lohn in Prescott oder Payson, den am nächsten gelegenen kleinen Ortschaften.

Das Land war groß und frei. Es war Platz darin für alle. Niemand hielt es für erforderlich, Stacheldrahtzäune zu ziehen. So wanderten die Rinderherden der Tewksburys und der Grahams ungehindert über die ausgedehnten Weideflächen.

Anfangs störte sich niemand daran. Im Jahre 1884 aber führte diese Praxis zu einem Konflikt, der den Bruch zwischen den Familien und eine

Sheriff Commodore P. Owens. Energisch und unerschrocken griff er in die Pleasent-Valley-Fehde ein.

verhängnisvolle Entwicklung zur Folge hatte. Das Tal wurde zu klein für die Tewksburys und die Grahams.
Sie beschuldigten sich gegenseitig, sich junge, noch ungebrändete Kälber der jeweils anderen Herde anzueignen.
Dieses, im Grunde geringfügige Mißverständnis, wuchs sich zu einem erbitterten Streit aus.
Die Grahams und die Tewksburys ließen ihre Brandzeichen amtlich registrieren und beobachteten von da an jede Aktivität des Nachbarn

mit Mißtrauen. Mehrfach standen sich die Familien vor Gericht gegenüber, immer mit wechselnden Rollen, mal als Kläger, mal als Angeklagte. Fruchtlose Streitereien, die zu keinem Ergebnis führten und den Haß zwischen den Grahams und den Tewksburys noch förderten.

Inzwischen waren weitere Farmer ins Pleasent Valley gezogen, und es dauerte nicht lange, bis sich eine Front quer durch das Tal zog und sich unter den neuen Siedlern Sympathien und Antipathien für oder gegen die eine oder andere Familie bildeten. Dabei waren die Tewksburys in der schlechteren Position. Die Tewksbury-Söhne waren Mischlinge, was sie in den Augen der meisten kleinbürgerlichen und indianerfeindlichen Westwanderer suspekt machte.

Dafür schlossen sich den Grahams die fünf Söhne des Farmers und Viehzüchters Mark Blevans besonders eng an, der sich unweit der Grahams niedergelassen hatte, sich selbst aber aus dem Konflikt heraushielt.

John, Charles, Hampton, Sam und Andy Blevans waren in Arizona keine unbeschriebenen Blätter. Sie waren mehrfach mit dem Gesetz in Konflikt geraten. Besonders Andy Blevans, der aus der ersten Ehe des alten Mark stammte und sich manchmal auch Andy Cooper, nach dem Mädchennamen seiner Mutter, nannte, war ein hartgesottener Desperado. In Oklahoma wurde er wegen illegalem Whiskyhandel mit Indianern gesucht, in Texas gab es einen Haftbefehl gegen ihn wegen eines Mordes. Er bestritt vom Tonto Basin aus seinen Lebensunterhalt mit Viehdiebstahl.

Noch ging man sich aus dem Weg. Aber die Atmosphäre im Tonto Basin war vergiftet. Die Nervosität unter den Gegnern wuchs. 1886 schoß Ed Tewksbury den Vormann des Ranchers Jim Stinson nieder, der ihn des Pferdediebstahls beschuldigte. Noch im gleichen Jahr strebte der Konflikt zwischen den Grahams und den Tewksburys einer gewaltsamen Eskalation zu.

In Flagstaff, nördlich des Tonto Basin, hatten die Brüder A. A. und P. P. Daggs ihre Niederlassung. Sie waren die größten Schafzüchter Arizonas und steckten in nicht unerheblichen Schwierigkeiten. Ihre Herden waren dermaßen angewachsen, daß sie befürchteten, für einen großen Teil ihrer Tiere im kommenden Winter keine Weideflächen mehr zu finden.

Sie hatten schon lange grundsätzlich ihr Interesse an den fetten Weiden des Tonto Basin bekundet, hatten hier aber nicht Fuß fassen können.

Das Weidegebiet war traditionelles Rinderland. Sämtliche Viehzüchter in der Umgebung des Tales und im Tal selbst hatten sich bislang beharrlich geweigert, den Schafen den Zugang zum Pleasant Valley zu gewäh-

In der Weidefehde zwischen den Familien Tewksbury und Graham im Pleasent Valley, Arizona, wurde die Blutrache zum Gesetz. Am 2. August 1892 wurde Tom Graham, das letzte lebende Mitglieder der Graham-Sippe, von hinten erschossen.

ren. Im Herbst des Jahres 1886 witterten die Daggs-Brüder eine Chance. Sie waren über die Fehde zwischen den Grahams und den Tewksburys unterrichtet und hofften, daraus Kapital schlagen zu können.

Es gelang ihnen, die Tewksburys zu Verhandlungen zu bewegen und sie zu überzeugen, daß sie, wenn sie den Schafherden ihre Weidegebiete zur Verfügung stellten, nicht nur auf leichte Weise sehr viel Geld verdienen, sondern auch den verhaßten Grahams eins auswischen konnten.

Es wurde ein Vertrag geschlossen, und die Herden der Daggs-Brüder setzten sich in Bewegung.

Als sich die Schafe dem Tonto Basin näherten, war die Aufregung unter den Viehzüchtern des Tales groß, und die Graham-Familie begriff durchaus, gegen wen diese Herausforderung gerichtet war.

Die Grahams sammelten ihre Freunde um sich und beschlossen, hart zu kontern. Als die ersten Schafe ins Tal getrieben wurden, begann der Kampf.

Wochenlang ritten des Nachts maskierte Männer durch das Pleasent Valley und töteten wahllos Schafe, mißhandelten die Herdenwächter und jagten Herden davon. Anfang Februar 1887 ermordete Andy Blevans einen Schafhirten, einen Navajo-Indianer.

Als der Frühling begann, bedeckten soviele Schafkadaver die Weiden der Tewksburys, die das Massenschlachten nicht hatten verhindern können, daß die Daggs-Brüder den kärglichen Rest ihrer Herden schleunigst abzogen. Die Tewksburys waren vorerst unterlegen, und sie hatten sich den Haß sämtlicher Rinderzüchter des Landes zugezogen. Sie standen nun fast völlig allein.

Ende Juli 1887 ritt Mark Blevans von seiner Ranch zu einem Nachbarn. Er interessierte sich, ebenso wie der alte John D. Tewksbury, nicht für die Fehde seiner Söhne. Aber um solche feinen Unterschiede kümmerte sich längst niemand mehr. Irgendwo auf seinem Weg krachte aus dem Hinterhalt ein Schuß. Mark Blevans stürzte tot aus dem Sattel. Die Graham-Partei hatte ihren ersten Toten. Der Täter wurde nie gestellt. Was blieb, waren nur Verdächtigungen, die dem Haß neue Nahrung gaben.

Es war am 10. August 1887, als Hampton Blevans finster entschlossen war, den Mord an seinem Vater zu rächen. Für ihn stand fest, daß nur ein Mitglied des Tewksbury-Klans als Täter in Frage kam.

Zusammen mit sieben Begleitern ritt er an jenem Tag zur alten Middleton-Ranch, einer verlassenen Hütte, die von den Tewksbury-Brüdern häufig als Weidequartier benutzt wurde.

Es war um die Mittagszeit, als sie den verrotteten Bau erreichten und ihre Pferde zügelten.

»Hallo!« rief Hampton Blevans. »Ist jemand im Haus?«

Jim Tewksbury trat aus der Tür. Groß, hager, sehnig, die Haut dunkel wie gegerbtes Leder, das Gesicht düster, indianisch geschnitten, ausdruckslos. In der Rechten hielt er locker eine Winchester 73.

»Tag, Jim«, sagte Blevans. »Allein hier?«

»Ja.«

»Wir sind lange herumgeritten«, sagte Blevans. »Verdammt heißer Tag heute. Wir könnten was zu Essen und einen Schluck Wasser vertragen.«

»Kann sein«, sagte Jim Tewksbury. Seine feindselige, lauernde Haltung

Nacht für Nacht waren in den texanischen Zaunschneiderkriegen maskierte Männer unterwegs, die die Stacheldrahtzäune, die das einstmals offene Weideland teilten und den freien Zugang zu den wenigen Wasserstellen versperrten, zerstörten.

änderte sich nicht. Er stand scheinbar lässig da, aber seine Muskeln waren gespannt wie bei einem wilden Tier, das zum Sprung ansetzt.

»Hier gibt es nichts für euch«, sagte er. »Ihr müßt weiterreiten. Am besten zu den Grahams, dort gehört ihr doch hin.«

»Nicht sehr freundlich«, sagte Hampton Blevans. »Ich weiß nicht, was von einem Mann zu halten ist, der das Gebot der Gastfreundschaft nicht kennt.«

Jim Tewksbury antwortete nicht. Blevans zog sein Pferd herum. Seine Begleiter warfen zornige Blicke auf das Halbblut im Türrahmen und schickten sich an, ihm zu folgen.

In diesem Moment beugte Hampton Blevans sich vor und zog sein Gewehr aus dem Scabbard. Er drehte sich halb im Sattel um.

Das war das letzte, was er in seinem Leben tun konnte. Jim Tewksbury hob seine Winchester nur leicht an und schoß von der Hüfte aus. Hampton Blevans wurde von der Kugel mitten ins Gesicht getroffen und

stürzte mit blutüberströmtem Schädel, der nur noch eine Masse aus Knochensplittern, Gehirn und Blut war, aus dem Sattel.
Seine Begleiter rissen ihre Revolver aus den Holstern und erwiderten augenblicklich das Feuer.
Jim Tewksbury duckte sich und warf sich rücklings in den Schutz der Hütte. Er robbte zu einem Fenster und eröffnete von hier aus das Feuer.
Tom Tucker, einer von Blevans Freunden, wurde vom Einschlag einer Kugel, die sich tief in seine Lunge bohrte, auf den Hals seines Pferdes geworfen. Blut quoll aus seinem Mund. Ihm schwanden die Sinne. Er konnte sich trotzdem festhalten und davonpreschen. Hinter ihm schoß Jim Tewksbury John Paine, einen weiteren Partner der Blevans, aus dem Sattel. Die anderen Männer ergriffen die Flucht.
Einige Tage später ritt County-Sheriff Mulvenon aus Prescott mit einem Aufgebot ins Pleasant Valley, um den Mörder von Hampton Blevans und John Paine festzunehmen.
Er fand keine Spur. Er fand keine Zeugen, und er fand keinen Täter. Er stieß auf eine Mauer des Schweigens und mußte unverrichteter Dinge umkehren. Das Gesetz der Fehde schloß die konstitutionelle Justiz aus. Sheriff Mulvenon sah das Tonto Basin im tiefsten Frieden. Die verfeindeten Gruppen hielten still, schützten sich gegenseitig, um ihrem eigenen Gesetz, dem Gesetz der Blutrache, folgen zu können.
Kaum hatte das Aufgebot das Tal wieder verlassen, machte sich der jüngste Graham-Bruder, William Graham, getrieben von seinen Rachegelüsten auf, um nach den Tewksburys zu suchen, die sich nach der Schießerei zwischen Jim Tewksbury und Hampton Blevans in die Berge zurückgezogen hatten und sich auf einen Kampf vorbereiteten.
William Graham gelangte nicht weit. Unterwegs begegnete ihm James D. Houck, ein Schafhirte, der ein Angestellter der Daggs-Brüder gewesen war und im vergangenen Winter zu jenen Schafherdenwächtern gehört hatte, die von der Graham-Partei vertrieben worden waren. Zu diesem Zeitpunkt allerdings war er Deputy-Sheriff des Apache County. Ein erklärter Freund der Tewksbury-Brüder.
Houck erklärte William Graham, kaum daß er seiner ansichtig wurde, für verhaftet, worauf der hitzköpfige junge Mann seinen Revolver herausriß und auf den Beamten schoß. Houck zögerte nicht, zurückzufeuern. Er traf William Graham tödlich. Das Blutvergießen ging weiter.

*

Kurz nach diesem Zwischenfall kehrten die Tewksbury-Brüder auf ihre Ranch am Cherry Creek zurück. Sie wußten, daß sie nach allem, was vorgefallen war, mit Aktionen der Graham-Familie und ihrer Anhänger rechnen mußten, und sie nahmen sich in acht. Trotzdem wurden sie überrumpelt.

Am 2. September ritten die Gebrüder Graham und die Blevans-Brüder zur Tewksbury-Ranch. Weit entfernt vom Haus stiegen sie von den Pferden ab und pirschten sich zu Fuß durch das dichte Buschland am Flußufer an das Haus heran. Sie hatten es gerade erreicht, als John Tewksbury und ein Angestellter, William Jacobs, den Stall verließen.

Andy Blevans beobachtete sie von seiner Deckung aus, hob seelenruhig sein Gewehr an die Schulter, zielte kurz und feuerte zweimal. Tödlich getroffen stürzten die beiden Männer auf dem Hof nieder. Sekunden später hatten die Grahams mit ihren Freunden das Ranchhaus umzingelt, und eine Stunden währende Schießerei begann, die keiner Gruppe Vorteile brachte.

Das Feuergefecht wurde nur für kurze Zeit unterbrochen, als aus dem offenen Stall die Schweine der Tewksburys auf den Hof liefen und sich an den Leichen zu schaffen machten. Die Witwe John Tewksburys verließ trotz des Geschoßhagels das Haus und begrub die beiden Toten. Danach wurde der Kampf fortgesetzt. Am Abend näherte sich ein Aufgebot von schwerbewaffneten Männern unter Führung des Richters John Meadows aus Payson. Die Grahams und die Blevans' flüchteten durch das Buschgebiet am Fluß und entkamen unerkannt.

Die Tewksburys, die nicht daran dachten, sich die Verpflichtung zur Rache durch die Behörden aus der Hand nehmen zu lassen. schwiegen sich eisern über die Angreifer aus. Richter Meadows konnte nicht mehr tun, als die beiden Toten wieder ausgraben lassen und mitnehmen. Er wußte, daß er den Regeln der Fehde machtlos gegenüberstand.

Bereits zwei Tage später, am 4. September, erfuhr die Auseinandersetzung in dem siebzig Meilen vom Tonto Basin entfernten Holbrook im Nachbardistrikt eine überraschende Beeinflussung.

Andy Blevans, der gefährlichste Mann der Graham-Partei, besuchte an diesem Tag seine hier lebende Stiefmutter. Es existierte im Apache County, zu dem Holbrook gehörte, ein Haftbefehl wegen Pferdediebstahls gegen ihn, aber der örtliche Beamte wagte nicht, gegen den kaltblütigen, skrupellosen Banditen vorzugehen. So vergnügte Andy Blevans sich zunächst im Saloon der kleinen Stadt und protzte unverhohlen mit der Ermordung von John Tewksbury und William Jacobs.

Die Sonne stand tief im Westen, als sich am Abend dieses Tages ein einsamer Reiter dem Ort näherte. Ein äusserst bizarr und pittoresk wirkender Mann mit schulterlangem Haar, silbernen Knöpfen an der Weste und den ledernen Chaps, grossen mexikanischen Sporen und einem sorgfältig gestutzten Schnauzbart. Er trug seinen Revolver in einem auffällig tiefgeschnallten Holster.

Es war der neue Sheriff des Apache County, der sich erst kurze Zeit im Amt befand und auf dem Wege war, die ehrenamtlichen Geschworenen seines Distrikts aufzusuchen und sie vom Beginn der Sitzungswochen des County-Gerichts zu unterrichten.

Sein Name war Commodore Perry Owens. Er hatte als ehemaliger Trailboss grosse Rinderherden in die Viehstädte von Kansas getrieben, und um seine Schussschnelligkeit rankten sich Legenden. Legenden, die bisher nicht bestätigt worden waren.

Owens, der vor seiner Wahl versprochen hatte, den Distrikt von Verbrechern rigoros zu säubern, hatte bisher wenig Aktivität gezeigt, und manche begannen, ihn für einen Stutzer und Dandy zu halten, der den Mund einfach zu voll genommen hatte.

Owens sagte nicht viel, als er erfuhr, dass Andy Blevans sich in der Stadt aufhielt. Er holte sein Gewehr und ging mit ruhigen Schritten die Strasse hinunter zum Haus von Blevans' Stiefmutter.

Andy Blevans hatte den Beamten bereits gesehen und sein Pferd geholt, um die Stadt zu verlassen. Aber bevor er aufbrechen konnte, erreichte Owens das Haus und blieb auf der Strasse stehen.

Er forderte Andy Blevans auf, herauszukommen und sich zu ergeben. Blevans antwortete zunächst nicht, fragte dann zurück, was gegen ihn vorläge und versuchte, Zeit zu gewinnen, Zeit, in der seine Brüder John und Sam und sein Schwager Moses Roberts Positionen beziehen konnten, von denen aus sie den einsamen Sheriff ins Kreuzfeuer nehmen konnten.

Commodore P. Owens durchschaute die Absicht und blieb eiskalt. Als sich ihm die Möglichkeit bot, den Kampf zu eröffnen, zögerte er keine Sekunde und riss damit das Heft der Situation an sich.

Sheriff Owens tötete Andy Blevans, kaum dass der Desperado an der Tür auftauchte, mit einem einzigen, blitzschnell hingeworfenen Schuss. Er setzte John Blevans mit einem Schuss in die Schulter ausser Gefecht, tötete Sam Blevans und erschoss Moses Roberts, der aus dem Haus stürmte und mit dem Revolver auf ihn feuerte.

Äusserlich völlig unbeeindruckt stand Owens auf der Strasse, über der eine stinkende Pulverdampfwolke schwebte. Keine Minute war vergangen. Der Kampf war vorbei. Owens hatte nicht einmal eine Schramme davongetragen. Drei Männer waren tot und einer verwundet. An Owens Reputation zweifelte niemand mehr.

> Der Vertrauenskredit, den wir Sheriff Owens einräumen müssen, kann gar nicht groß genug sein. Es verlangt schon mehr als ein normales Maß an Mut und Entschlossenheit von einem Mann, ganz allein zu einem Haus zu gehen, in dem sich, wie er weiß, vier hartgesottene Desperados befinden, und sie aufzufordern, sich zu ergeben.
>
> »SAINT JOHNS HERALD«, 9. September 1887

> Besonders die Kinder waren geprägt von der Furcht, die um sie herum herrschte, und reagierten übernervös. Ich erinnere mich an einen Tag, als ich mit zwei anderen Männern schwerbewaffnet auf eine Hütte am Tonto-Fluß zuritt und ein kleines Mädchen, vielleicht fünf Jahre alt, mit einem weißen Porzellankrug zum Haus gehen sah. Als das Kind uns entdeckte, ließ es den Krug fallen, stieß einen Schrei aus und rannte – nicht etwa zum Haus, wie es für ein Kind normal gewesen wäre – zum Flußufer, um sich hier zu verstecken. Es rief immer wieder: »Daddy! Hier kommen Männer, die uns umbringen wollen!«
> Es wußte bereits, daß seine Anwesenheit im Haus den Vater daran gehindert hätte, das Risiko eines Schußwechsels auf sich zu nehmen und es in einem Versteck außerhalb des Hauses besser aufgehoben war.
> Glücklicherweise war der Vater ein besonnener Mann, der nicht sofort das Feuer eröffnete. Aber das kleine Mädchen verließ sein Versteck erst, als die Mutter ihm versicherte, daß keine Gefahr drohe.
>
> Frederick R. Burnham, SCOUTING ON TWO CONTINENTS, 1926

Durch das entschiedene Eingreifen von Sheriff Owens hatten die Graham-Brüder einige ihrer wichtigsten Mitstreiter verloren. Trotzdem setzte sich die Fehde fort. Der Haß der Grahams war groß, und sie überfielen in blindem Zorn am 17. September abermals die Tewksbury-Ranch. Das Unternehmen scheiterte. Mit zwei Verwundeten, von denen einer später starb, mußten die Grahams sich zurückziehen.

Nun war der Höhepunkt der Auseinandersetzungen erreicht, und Sheriff William Mulvenon aus Prescott griff hart durch. Vor Sonnenuntergang ritt er mit einem Aufgebot am 21. September in das Tonto Basin ein. Bei Perkins-Store, einem Handelsposten mitten im Tal, stellte er John Graham und Charles Blevans.

»Ihr seid verhaftet«, sagte Mulvenon. »Legt eure Waffen ab.«

Er zielte mit einer doppelläufigen Schrotflinte auf die Männer. Sie versuchten trotzdem, ihre Revolver zu ziehen. Mulvenon drückte beide Läufe gleichzeitig ab.

Als sich der Pulverdampf verzogen hatte, lagen die Männer tot am Boden. Eine halbe Stunde später umstellte das Aufgebot die Graham-Ranch. Tom Graham aber hatte sich aus dem Staub gemacht. Mulvenon konnte nur einige der engsten Freunde der Familie festnehmen. Dann ritt er weiter zu den Tewksburys und verhaftete auch sie.

In Handschellen brachte er die beiden feindlichen Parteien nach Payson, wo Richter John Meadows die Verhaftungen bestätigte und die Einweisung der Männer ins Bezirksgefängnis von Prescott verfügte.

Danach entspannte sich die Lage ein wenig. Vorläufig war dem Blutvergießen Einhalt geboten. Aber die Fehde war nicht beendet. Der Haß schwelte weiter.

Nur ein Mitglied der kämpfenden Parteien befand sich noch auf freiem Fuß. Tom Graham, dreiunddreißig Jahre alt. Seine beiden Brüder waren tot. Auch Tom Graham sann auf Rache. Aber als er in Phoenix die siebzehnjährige Farmertochter Anne Melton kennenlernte, vergaß er die blutige Fehde im Tonto Basin. Er fühlte sich sicher, zumal die Tewksburys hinter Gittern saßen. Am 8. Oktober heiratete Tom Graham auf der Farm der Eltern seiner jungen Braut nahe bei Tempe, einer Kleinstadt östlich von Phoenix.

Zehn Tage später wurde er von County-Sheriff Mulvenon verhaftet und nach Prescott ins Gefängnis gebracht. Es dauerte einige Tage, bis er gegen eine Kaution in Höhe von 3.000 Dollar freigelassen wurde. Als er das Gefängnis verließ, mußte er erfahren, daß kurz zuvor bereits die Tewksburys auf freien Fuß gesetzt worden waren. Sie hatten sich sofort nach Holbrook begeben, um dort sämtliche Munitionsvorräte im örtlichen Store aufzukaufen. Ein böses Zeichen.

Tom Graham zog es vor, nicht ins Pleasant Valley zurückzukehren. Er blieb bei seiner Frau in Tempe und tat gut daran. Anfang November 1887 wurde einer seiner engsten Freunde, der Farmer Al Rose, von den Tewksburys erschossen.

Einen Monat später erhob die Grand-Jury in Prescott Anklage wegen Mordes an Hampton Blevans gegen die Brüder Ed und Jim Tewksbury. Sämtliche anderen Vorfälle blieben vor einer gesetzlichen Verfolgung verschont. Es fehlten die Beweise. Das Gesetz des Schweigens funktionierte. Es schützte auch Tom Graham, gegen den erst gar kein Verfahren eingeleitet wurde.

Die Regeln der Fehdejustiz funktionierten auch noch im Juni 1888, als die Tewksbury-Brüder vor die Schranken des Gerichts hintreten mußten. Aus Furcht vor der Blutrache fanden sich keine Zeugen. Das Ergebnis des Verfahrens war ein Freispruch aus Mangel an Beweisen.

Trotzdem verließ Jim Tewksbury am Ende des Jahres die Szene. Er war an Tuberkulose erkrankt und starb am 4. Dezember in Globe bei seiner Schwester.

Jetzt waren nur noch Ed Tewksbury und Tom Graham übrig. John Blevans, der einzige noch lebende der Blevans-Brüder, saß im Gefängnis.

Die Fehde schien endgültig vorbei zu sein. Aber das schien nur so. Zwar versuchte Ed Tewksbury nicht mehr, Schafe ins Tonto Basin zu holen, und Tom Graham blieb mit seiner jungen Frau dem Tal am Fuße der Mogollons fern. Aber die Blutrache war damit nicht vergessen.

Vier Jahre ließ sich Tom Graham nicht mehr im Pleasent Valley blicken. Dann kehrte er im Juni 1892 zurück, um sein Vieh, das in der Zwischenzeit von einem Partner versorgt worden war, zu holen und das Tal endgültig zu verlassen. Er kam unbewaffnet und zog mit seinen Rindern ab, ohne daß etwas passierte.

Zwei Monate später, am 2. August, war Graham mit einer Wagenladung Getreide von seiner Farm aus nach Tempe unterwegs. Am Rand der Straße lauerten ihm zwei Männer auf und schossen ihn in den Rücken.

Drei Kinder, die die Tat zufällig beobachtet hatten, und der sterbende Graham, behaupteten, einer der beiden Mörder sei Ed Tewksbury gewesen.

Er wurde verhaftet und zunächst in Tucson, später in Phoenix eingesperrt. Am 14. Dezember 1893 wurde das Hauptverfahren wegen Mordes gegen ihn eröffnet. Man gab ihn bereits verloren. Ed Tewksbury aber verfügte erstaunlicherweise plötzlich über sehr viel Geld, dessen Herkunft niemals geklärt wurde. Er engagierte sich den besten und teuersten Anwalt Arizonas.

Am 23. Dezember erfolgte der Schuldspruch und die Verkündung des Todesurteils. Aber sein Verteidiger entdeckte Verfahrensmängel und konnte eine Revision erwirken.

Am 2. Januar des Jahres 1895 wurde das zweite Verfahren eröffnet. Das Interesse an Tewksburys Fall war nicht mehr groß. Es gab inzwischen andere, wichtigere Dinge. Das Gericht stand nicht mehr unter dem Druck der Öffentlichkeit. Als Ed Tewksbury am 6. Februar gegen eine Kaution aus der Haft entlassen wurde, war dies bereits eine Vorentscheidung. Am 12. März 1896 schließlich wurde das Verfahren gegen ihn niedergeschlagen. Er war endgültig frei. Der Mord an Tom Graham wurde nie geklärt.

Ed ging zurück ins Pleasent Valley. Sein Vater, John D. Tewksbury, war inzwischen gestorben, und er traf nur auf Feinde. So verließ er das »liebliche Tal«, in dem sich inzwischen zahlreiche Siedler niedergelassen hatten, endgültig und ging nach Globe, wo er es erstaunlicherweise, trotz seiner Vergangenheit, zum Deputy-Marshal brachte.

Aber ihm war nicht mehr viel Zeit beschieden. Im Gefängnis hatte er sich mit Tuberkulose infiziert. So starb der letzte Beteiligte an einer der blutigsten und längsten Privatfehden der amerikanischen Pioniergeschichte am 4. April 1904 an dieser tückischen Krankheit. Er nahm viele ungeklärte Geheimnisse und offene Fragen mit ins Grab.

Mit seinem Tod endete nicht nur unwiderruflich ein klassischer Konflikt zwischen zwei verfeindeten Familiengruppierungen, der beispielhaft für zahllose ähnliche Auseinandersetzungen im amerikanischen Westen steht, sondern zugleich auch eine Fehde zwischen Rinder- und Schafzüchtern, deren Kämpfe die Pionierzeit erschütterten und bis in unser Jahrhundert andauerten.

GEWALT IST DAS GESETZ

> Wenn es irgendwo Konflikte gab, wenn eine Fehde ausbrach, präparierte sich die Bevölkerung gegen mögliche Gefahren. Kleine Jungen gingen mit umgeschnallten Colts in die Schule. Priester trugen geladene Revolver unter der Soutane. Die meisten Frauen bewaffneten sich, denn sie konnten schießen, und sie schossen gut und schnell. Die an der Fehde unbeteiligten Bürger bedauerten das Blutvergießen, dessen Zeugen sie wurden, aber sie hüteten sich davor, sich einzumischen.
>
> C. L. Sonnichsen, TEN TEXAS FEUDS, 1957

Cowboys beim Viehauftrieb. Die Weidereiter betrachteten sich als die unumschränkten Herren des Landes. Als Heimstättensiedler und Schafzüchter in die riesigen Rinderzuchtgebiete eindrangen, brachen blutige Privatkriege aus.

Die Feindschaft zwischen Rinder- und Schafzüchtern im amerikanischen Westen war ein tief verwurzelter Konflikt zwischen zwei grundverschiedenen Welten.

Auf der einen Seite stand eine urwüchsige, autonome Männergesellschaft mit fest umrissenen, hochgesteckten Ehrbegriffen, die Cowboys, eine elitäre Reiteraristokratie, die sich als unumschränkte Herren der weiten Ebenen betrachteten, nur ihresgleichen akzeptierten und niemanden sonst neben sich duldeten.

Auf der anderen Seite standen die Schafhirten als eine isolierte Kaste. Nicht nur, daß sie häufig mexikanischer Abstammung waren, also einer nur sehr gering geachteten Volksgruppe angehörten. Ihre Tätigkeit machte sie zu Ausgestoßenen in einer Gesellschaft, in der die Rinderzucht dominierte und nur der Reiter als vollwertiger Mann galt. Dagegen taten Schafhirten ihre Arbeit meist zu Fuß – eine im Westen geradezu verachtungswürdige Fortbewegungsart –, oder bestiegen allenfalls Maulesel. Sie trugen selten Waffen, das Zeichen des freien Mannes, und wichen gewalttätigen Auseinandersetzungen, die für den Cowboy schon bei der geringfügigsten Verletzung seines Stolzes die Regel waren, meistens aus.

Hinzu kam, daß sie den scharfen, penetranten Geruch der Schafe annahmen, der sie brandmarkte und ihre Umgebung mit Abscheu und Ekel erfüllte. Nicht selten wurden ihnen, da sich aus den genannten Gründen Frauen von ihnen fernhielten, sexuelle Beziehungen zu den Schafen nachgesagt, die sie zu versorgen hatten.

Aber der latent vorhandene Haß zwischen beiden Gruppen hatte noch weitaus gewichtigere, existenziellere Ursachen.

Die Auseinandersetzungen zwischen Rinder- und Schafzüchtern, durch die emotionellen Abneigungen aufgeheizt, betrafen in erster Linie die Nutzung des »freien« Weidelandes. Es ging um jene Grasgebiete, die zur öffentlichen Domäne gehörten, von den Großranchern aber stillschweigend für ihre Rinderherden genutzt wurden. Gebiete, auf die auch die Schafzüchter Anspruch erhoben, formell mit nicht mehr Berechtigung als die Rancher. Die Rinderzüchter aber hatten ein gutes Argument, den Schafherden das Eindringen in die traditionellen Rindergebiete zu verwehren.

Schafe vernichteten die Weidegebiete. Sie fraßen das Gras stets bis unmittelbar zum Boden ab, so daß die Weiden buchstäblich kahlgefressen wurden und keine Nahrung mehr für Rinderherden boten. Zudem zerstörten sie mit ihren kleinen, scharfen Hufen die Wurzeln der Vegetation, so daß es Jahre dauerte, bis eine solche Weidefläche sich regeneriert hatte.

Ein Journalist schrieb 1899: »Eine grasende Schafherde ist in der Lage, gewaltige Weidegebiete total zu zerstören. Ich sah Quadratmeilen von Land, das aussah, als sei ein Feuersturm darüber hinweggefegt. Es wird Jahre dauern, bis das von den Schafen vernichtete Gras wieder wächst. Die hier ansässigen Rinderzüchter müssen für ihre Tiere neues Weideland suchen, was nicht einfach sein wird.«

So war es kein Wunder, daß überall da, wo die grauweißen Wollrücken am Horizont auftauchten, Panikstimmung unter den Ranchern ausbrach und aus einer verzweifelten Sorge um die Existenz der eigenen Viehherden erwachsender Haß freigesetzt wurde.

Das geschriebene, das konstitutionelle Gesetz, das den Schafzüchtern die gleichen Rechte einräumte wie den Ranchern, zählte in diesem Fall nicht mehr. Was zählte, war nur das Gesetz des Überlebens, war das Recht des Stärkeren.

Um die Schafzüchter zu vertreiben und einzuschüchtern, schickten die Großrancher, die wie Fürsten über ganze Landstriche herrschten, Nacht für Nacht maskierte Reiter aus, die über die Schafherdencamps herfielen, Schafe abschlachteten und Hirten ermordeten. Bis in die 20er Jahre unseres Jahrhunderts hinein dauerten die Kämpfe zwischen Rinder- und Schafzüchtern an. (Ein zeitgenössischer Holzschnitt aus Harper's Weekly, 1877.)

Rinderzüchter schickten nachts maskierte Männer aus, die die Eindringlinge vertreiben sollten. Schafhirten wurden totgeschlagen, Herden wurden in Stampeden versetzt oder abgeschlachtet.

Nur selten erhielten die Schafhirten gesetzlichen Schutz, nur selten gingen Kommunalbehörden, die ohnehin meist mit den Rinderzüchtern sympathisierten, gegen die Täter vor. Es herrschten die Regeln der Fehde, in der jeder Mann sein eigener Hüter zu sein hatte, wobei die Schafhirten der Gewalt der kampferprobten Rindermänner nichts entgegenzusetzen hatten.

Dabei kam es nur selten zu personalisierten Privatfehden, wie es im Tonto Basin zwischen zwei Familiengruppierungen der Fall war. Dort hatte eine ursprünglich reine Familienfehde lediglich durch das Zuwandern von Schafherden zusätzliche Schärfe und Brisanz erhalten.

Generell sah der Rinderzüchter in einem Schafhirten eine Persönlichkeit minderen Wertes, einen nichtsatisfaktionsfähigen Untermenschen, der es nicht wert war, daß man sich näher mit ihm befaßte.

Diese Einstellung führte zu einer schier unglaublichen Kette blutrünstiger Taten, zu sinnloser Gewalt, ausgeführt mit fanatischer Brutalität.

1869 versuchte ein Schafzüchter, sich im Brown County im Staate Texas zu etablieren. Er fand eines Morgens über dreihundert seiner Schafe mit durchschnittenen Kehlen in den Corrals liegen.

Von da an kam es in Texas regelmäßig zu Gewaltakten gegen Schafzüchter. Dutzende von Hirten wurden erschlagen oder mißhandelt. Tausende von Schafen wurden erschossen, über Klippen gejagt, in Flüssen ertränkt oder durch Brandstiftung getötet.

Die blutigen Auseinandersetzungen zwischen Rinder- und Schafzüchtern breiteten sich geradezu epidemisch aus. Sie begannen in den Gebieten der traditionellen Rinderzucht – Texas, Arizona, New Mexico –, und erfaßten bald auch nördlichere Territorien und Staaten. Überall, wo Schafzüchter auftauchten und versuchten, Fuß zu fassen, bildeten Rancher eine tödliche Front gegen sie. Und je mehr sich die Schafzucht ausbreitete, je größer die Schafherden wurden, die schon bald an Kopfstärke die Rinderherden übertrafen, um so verbissener wurde die Bekämpfung der Schafzüchter, um so brutaler wurden die Gewaltakte, um so gnadenloser der Terror.

Wenige Beispiele dokumentieren, was im amerikanischen Westen zu jener Zeit nahezu an der Tagesordnung war.

Am 10. September 1894 überfielen maskierte Cowboys in Wyoming eine Schafherde, töteten auf bestialische Weise einen Hirten und jagten 3800 Schafe über eine Klippe in einen Abgrund, wo die Tiere, die nicht sofort tot waren, jämmerlich verendeten.

1899 stürmten maskierte Reiter ein Herdencamp am Snake River, Wyoming, jagten die mexikanischen Hirten mit Peitschenhieben davon und feuerten blindlings in die Herde. Über 900 Schafkadaver bedeckten danach die Weide.

Und auch das Ende der Zeit, die man den »Wilden Westen« nennt, ließ die Feindseligkeiten nicht abebben. Die Privatkriege der Rinderzüchter, die bald feststellen mußten, daß sie mit dem Rücken an der Wand standen, daß ihre gewaltigen, scheinbar so unangreifbaren Reiche zerbröckelten, dauerten auch nach Beginn unseres Jahrhunderts weiter an.

Im Jahre 1900 jagten Cowboys eine Herde von 4000 Schafen in Colorado in eine Schlucht. In den Sommermonaten des Jahres 1902 töteten Ranchmannschaften in Wyoming Tausende von Schafen und ihre Hirten, und im Jahre 1904 begannen einige Rancher gar damit, in mehreren Staaten Gruppen von Mordschützen zu organisieren, die systematisch Jagd auf Schafherden machten und Tiere abschlachteten.

Aber die Schafzüchter waren jetzt nicht mehr so hilflos und ohnmächtig dem Terror ausgeliefert wie noch wenige Jahre zuvor. Sie hatten sich mittlerweile ebenfalls organisiert, bildeten starke Verbände und übten auf Parlamente und Behörden zunehmend Druck aus, so daß nun mehr und mehr eine gezielte Strafverfolgung der Täter einsetzte. Schafzüchterverbände setzten hohe Belohnungen für die Ergreifung von Gewalttätern aus.

Dennoch ging der Krieg zwischen den Gruppen weiter. Noch im Jahre 1920 überfielen Cowboys in Colorado eine Schafherde, erschossen 150 Tiere und trieben mehr als 1500 Schafe über eine Klippe in den Blue Mountains. Im gleichen Jahr wurden Wasserlöcher in Schafweidegebieten mit Strychnin vergiftet.

Dann flauten die Auseinandersetzungen ab. Sie waren, insgesamt genommen, die längsten und blutigsten Privatfehden der amerikanischen Geschichte. In den letzten Jahren waren sie zunehmend nur noch ein Überlebenskampf der Viehzüchter gewesen, die vergeblich versucht hatten, ihre Welt in die neue Zeit hinüberzuretten.

Die Cowboys gingen unter, die Zeit ging über sie hinweg. Die meisten großen Ranches verschwanden sang- und klanglos. Wo sie weiterexistierten, wurden sie häufig in Aktiengesellschaften umgewandelt, in Industriebetriebe, die nichts mehr gemein hatten mit den alten Rinderreichen der Großrancher, die das Land als erste besiedelt hatten.

Die Schafzüchter aber blieben. Sie, die Geschlagenen, Verachteten, waren am Ende die Sieger. Die Zeit hatte für sie gearbeitet.

*

Andere Konflikte, die zu blutigen Privatkriegen führten, entstanden mit dem Aufkommen des Stacheldrahts, der, wie das Vordringen der Schafzucht, das Ende einer Epoche einleitete.

Die Freiheit der Menschen im Westen, ihre absolute Eigenverantwortlichkeit für all ihr Tun, ihre Individualität schlechthin, war auch und gerade von dem Land symbolisiert worden, in dem sie lebten, von der »freien Weide«, die sich grenzenlos zu den Horizonten dehnte. Der Stacheldraht schuf Grenzlinien, signalisierte damit den Beginn einer neuen Zeit. In seinem Gefolge zogen die Heimstättensiedler in den Westen. Sie verdrängten die Großrancher, die wie ungekrönte Könige über gewaltige Ländereien geherrscht hatten. Sie rissen mit ihren Pflügen das Weideland auf, bauten Getreide und Kartoffeln an und nahmen den riesigen Rinderherden den Lebensraum. Sie brachten die industrielle Zivilisation in die westlichen Ebenen, in die Steppen, Prärien und Täler. Und wie immer in Perioden der Umwälzung, kämpfte die alte Welt genauso beharrlich wie vergeblich um ihr Überleben und trug dabei selbst zu ihrem Untergang bei.

Es begann damit, daß die Hochkonjunktur der Rinderzucht, die nach dem Bürgerkrieg eingesetzt hatte, um 1880 zu Ende ging. Der Umfang der Herden der meisten Ranchbetriebe hatte nahezu beängstigende Ausmaße angenommen, was entscheidend auf die Preise drückte. Der Profit wurde bei den herkömmlichen Bewirtschaftungsmethoden zu gering. Der Platz für die riesigen Rinderherden wurde immer knapper. Die Versorgung der Tiere mit Gras und Wasser war gefährdet. Es galt, die Besiedelung eines Landstrichs so dünn wie möglich zu halten, um die vorhandenen Vorräte der Natur nicht mehr als nötig aufteilen zu müssen.

Jedes Wasserloch wurde in den häufig von Dürreperioden heimgesuchten südlichen Staaten wie ein Schatz gehütet. Das ungestüme Eindringen von Kleinranchern und Siedlern, die nach dem Heimstättengesetz das freie Regierungsland in Besitz nahmen, machte die Lage bedrohlich.

So begannen die Rancher damit, ihre Weidegebiete, vor allem ihre Wasservorräte, einzuzäunen. Allein die im Texas-Panhandle gelegene »Frying Pan Ranch« bestellte im Jahre 1882 für 39 000 Dollar Stacheldraht, um ein Gebiet von über 100 000 Hektar einzuzäunen.

Die Prinzipien der Gemeinnützigkeit, nach denen bislang in Notzeiten Nachbarn untereinander zusammengehalten und sich gegenseitig geholfen hatten, nach denen vorhandene Vorräte an Gras und Wasser, ungeachtet ihrer Lage, für alle dagewesen waren, wurden über Bord geworfen. Damit waren Konflikte vorprogrammiert, denn häufig genug gab es in weiten Landstrichen nur wenige Wasserstellen, deren Lage auf das Gebiet einer einzigen Ranch konzentriert war. Früher hatten diese Vorräte ungehindert von allen genutzt werden können. Von nun an verhinderten Stacheldrahtwälle den freien Zugang zum Wasser und brachten damit Kleinsiedler und Heimstätter in eine verzweifelte Lage, setzten ihre Viehherden dem Verdursten aus.

Begreiflicherweise löste diese Entwicklung Empörung unter den Betroffenen aus, die »Zaunschneiderkriege« begannen.

Nacht für Nacht ritten maskierte Männer über die Weiden, zerschnitten Stacheldrahtzäune, trieben Rinderherden zum Wasser, tränkten sie, kehrten auf ihre Weiden zurück und brachten an den Zäunen Tafeln an, die davor warnten, den Draht zu erneuern.

Am 9. August 1883 druckte die Zeitung »Galveston News« einen Text, den ein Rancher eines Morgens an seinem niedergerissenen Zaun entdeckt hatte:

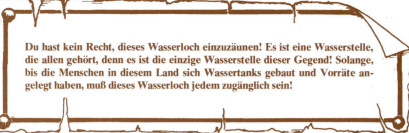

Du hast kein Recht, dieses Wasserloch einzuzäunen! Es ist eine Wasserstelle, die allen gehört, denn es ist die einzige Wasserstelle dieser Gegend! Solange, bis die Menschen in diesem Land sich Wassertanks gebaut und Vorräte angelegt haben, muß dieses Wasserloch jedem zugänglich sein!

Im Tom Green County in Texas wurden in einer einzigen Nacht im Jahre 1883 neunzehn Meilen Stacheldraht zerschnitten. Cowboymannschaften formierten sich und bewachten schwerbewaffnet die Zäune. Keine Nacht verging ohne Schießerei, und wenn der Tag anbrach, gab es entweder frische Gräber oder zerstörte Zäune, manchmal beides.

Ein Abgeordneter brachte allen Ernstes eine Gesetzesvorlage im Parlament ein, nach der alle Zaunschneider festzunehmen, in einem mit Tausenden von Meilen Stacheldraht umgebenen Gebiet unterzubringen und mit Scheren auszustatten seien. Dann, so meinte er, hätten sie Gelegenheit, nach Herzenslust Zäune zu zerschneiden, ohne weiteren Schaden anzurichten. Eine Zeitung machte mit der Schlagzeile auf:

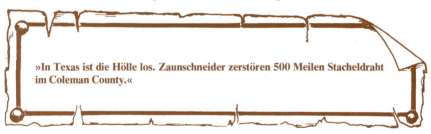

»In Texas ist die Hölle los. Zaunschneider zerstören 500 Meilen Stacheldraht im Coleman County.«

Texas-Ranger beendeten den Konflikt schließlich durch entschlossenes Eingreifen. Behörden verboten die Errichtung von Zäunen auf regierungseigenem Land, unterstrichen das Recht der Heimstätter zur Besetzung der freien Gebiete. Aber das kurze Aufflackern der Zaunschneiderkriege hatte bereits das Sterben einer sozialen Ordnung dokumentiert, das Ende des Wilden Westens.

In dieser Phase der Götterdämmerung der amerikanischen Pionierzeit, waren Weidekriege jedweder Art zwischen Ranchern und Kleinsiedlern charakteristisch. Heimstätter und Großgrundbesitzer kämpften um die Macht, kämpften darum, wem die Zukunft gehören sollte. Das geschriebene Gesetz spielte dabei so gut wie keine Rolle, denn das Gesetz bestimmte der Sieger.

DIE JOHNSON-COUNTY-FEHDE

> Die in den 90er Jahren des vorigen Jahrhunderts ausbrechende heftige Konfrontation zwischen dem Großkapital und der stetig wachsenden Zahl sozial Minderbemittelter, war kein nationales und erst recht kein für den amerikanischen Westen spezifisches Problem. Aber in den Weiten des Westens, wo die individualistischen Traditionen besonders stark waren, traten die Gegensätze außergewöhnlich scharf hervor.
> Das Vordringen der Eisenbahnen und Telegraphenleitungen durchbrach die Isolation in den weiten Ebenen, in denen bislang wenige einzelne, wirtschaftlich starke Personen dominiert hatten. Konflikte konnten nicht ausbleiben und brachen mit elementarer Gewalt hervor. Besonders die Invasion der Viehzüchter im Johnson County in Nord-Wyoming legt beredtes Zeugnis dafür ab.
>
> David Lavender, THE AMERICAN WEST, 1965

Der Mond stand wie eine silberne Scheibe über den westlichen Hügeln, als in der Nacht des 20. Juli 1889 zehn Männer auf zwei dicht nebeneinander liegende Farmen zuritten.

Es war eine schwüle Nacht. Ein Gewitter lag in der Luft. Über den Salbeisträuchern, die hier und da in der Ebene wucherten, hatten sich Mückenschwärme zu dichten, schwirrenden, wild zuckenden Gebilden zusammengeballt.

Die Reiter hielten ihre Pferde im Schutz einer Gruppe hoher Pinien an und zogen sich Halstücher vor die Gesichter. Dann stiegen sie aus den Sätteln und gingen zu den Häusern hinüber. Sie trugen große Hüte, die sie tief in die Stirn gezogen hatten, und knöchellange Staubmäntel. In den Händen hielten sie kurzläufige Winchesterkarabiner.

In einer Koppel brüllten verschlafen ein paar Rinder. Hinter dem Fenster eines Hauses ging ein Licht an. Die Gruppe teilte sich. Fünf Maskierte bewegten sich zu einem Gebäude, vor dem ein Schild mit der Aufschrift »Trading Post« angebracht war. Die anderen fünf gingen zu der flachen Hütte, die einen etwas verwahrlosten Eindruck machte.

Sie pochten gegen die Tür. Als sich im Haus nichts rührte, traten sie die Tür ein und stürmten ins Innere.

Wenig später schleppten sie eine fast unbekleidete Frau heraus. Sie schrie, weinte und wehrte sich heftig. Aber sie wurde zu den Pinien ge-

schleift, wo die Männer ihre Pferde stehengelassen hatten. Hier wurde ihr eine Schlinge um den Hals gelegt. Derweil holten die anderen Vermummten aus dem zweiten Haus einen Mann.
Er wehrte sich nicht. Er stolperte willenlos zwischen seinen Mördern her und ließ sich, kreidebleich und schweigend, den rauhfaserigen Strick umlegen. Gleichzeitig wurden er und die Frau an den Bäumen hochgezogen. Eine Zeitlang wanden sie sich krampfartig in den Schlingen. Nur nach und nach wurden ihre zuckenden Bewegungen schwächer. Ihr Röcheln verstummte. Dann hingen sie still. Das Mondlicht fiel auf ihre verzerrten Gesichter und spiegelte sich in ihren weitaufgerissenen, starren Augen. Sie waren tot.
Die Maskierten bestiegen ihre Pferde und ritten in die Nacht davon, während hinter ihnen in der Ferne der Donner eines sich nähernden Gewitters dumpf rollte.
Mit diesem Lynchmord begann einer der letzten großen Weidekriege in der amerikanischen Pionierzeit, die Johnson-County-Fehde in Wyoming, deren Ursachen freilich erheblich tiefer lagen.

*

Im Jahre 1862 war das Heimstättengesetz der Vereinigten Staaten in Kraft getreten, das den Grundstein für eine systematische Besiedlung der weiten westlichen Ebenen nach dem Ende des Bürgerkrieges 1865 legte.
Das Gesetz, das während des Krieges mit dem Süden verabschiedet worden war, hatte nicht nur dem jahrelangen Drängen der stetig wachsenden Farmerlobby nachgegeben, es hatte auch politische Wirkungen zeitigen sollen. Die Nordstaaten hatten sich mit ihm die Unterstützung all jener Bürger sichern wollen, die im Innern des nordamerikanischen Kontinents ihre Chance für den Aufbau einer Existenz sahen. Es war in seiner politischen Zielrichtung gegen die regierungsfeindlichen Großgrundbesitzer, vor allem in den Südstaaten, gerichtet.
Die Rechnung ging auf. Das liberale Gesetz, das jedem Siedler, der Bürger der Vereinigten Staaten war oder zumindest einen Eid auf die Verfassung abgelegt hatte, ein Stück Land von 160 Acres (64,74 Hektar) Größe gegen eine geringe Eintragungsgebühr kostenlos übereignete, vorausgesetzt, er verpflichtete sich, es fünf Jahre lang zu bebauen und zu kultivieren, änderte die Besitzstrukturen im amerikanischen Westen grundlegend.
Bis zur Verabschiedung dieses Gesetzes war es Usus gewesen, daß ein

Mann, der in den Westen zog, sich dort niederließ, wo es ihm gefiel, daß er gewaltige Landgebiete einfach in Besitz nahm und zu seinem Eigentum erklärte. Es war niemand da, der etwas dagegen einwenden konnte, und wenn, dann wurde er verjagt. Behörden waren weit. Das Land gehörte dem, der sich darauf behaupten und es gegen Anfeindungen jeglicher Art sichern konnte. Auf diese Weise entstanden regelrechte Privatkönigreiche, ohne daß jemals Besitztitel für die Ländereien vergeben wurden.

Mit Verabschiedung des Heimstättengesetzes, setzte automatisch ein Verfall dieser riesigen Besitzungen ein, die niemals amtlich registriert worden waren.

Die Kleinsiedler und Farmer drangen vehement in die westlichen Regionen der USA ein und pochten auf ihre Rechte. Sie nahmen die Gebiete in Besitz, die bis dahin von fast allmächtigen Großranchern als Eigentum betrachtet worden waren. Die Behörden gaben den Heimstättern recht, und es konnte nicht ausbleiben, daß es hier und da zu blutigen Auseinandersetzungen kam und das Recht des Stärkeren, nämlich des Großranchers, über das geschriebene Gesetz, das die Farmer unterstützte, obsiegte. Jedoch die Flut der Einwanderer aus Europa, die nach und nach ins Landesinnere sickerten, riß nicht ab. Bald mußten die ehemaligen Herren des Landes erkennen, daß sie mehr und mehr in die Minderheit gerieten.

Manche mochten dies nicht einsehen. Hatten sie nicht das Land von den Indianern freigekämpft? Hatten sie nicht als erste die Zivilisation in den Westen getragen?

Die Großrancher begannen, sich die Syndikaten zusammenzuschließen, zu Interessenverbänden, die eine starke Lobby gegen die Ausbreitung der Heimstätter bildete. Sie übten auf Parlamente und Behörden Druck aus, um die Rechte der Farmer und Siedler wieder einzuengen.

Im Jahre 1872 gründeten die großen Viehzüchter Wyomings die »Wyoming Stock Grower's Association«, einen mächtigen, kapitalkräftigen Verband, der im Laufe der Jahre mehr und mehr zu einem Instrument der Machterhaltung für die Großrancher des Staates wurde.

Die Viehzüchterfraktion stellte traditionell die Abgeordneten und Senatoren Wyomings, die dem Verband selbstverständlich auch angehörten, und auch der Gouverneur des Staates stand eindeutig auf ihrer Seite. Es wurde intensiv daran gearbeitet, ein Erstarken der Heimstätterbewegung in Wyoming zu unterbinden.

Obwohl die Bemühungen erheblich und der Einfluß des Rancherverbandes beträchtlich waren, zogen immer mehr Siedler ins Land und ließen sich in den ausgedehnten Ranchgebieten, besonders im fruchtbaren, klimatisch günstigen Johnson County nieder. Um 1890 war der Zuwachs der Heimstättensiedler und Kleinrancher bereits so stark, daß die Viehzüchter ihre Machtpositionen gefährdet sahen.

Die Siedler stellten die Mehrheit der Bevölkerung im Staat, und sie widersetzten sich mehr und mehr behördlichen Schikanen, verlangten die Einhaltung der gesetzlichen Bestimmungen und pochten auf ihre Rechte.

Reibereien zwischen den Gruppen blieben nicht aus, und die Viehzüchter gedachten nicht, das selbstbewußte Auftreten der Heimstätter widerspruchslos hinzunehmen, zumal sie noch immer wirtschaftlich und politisch stärker waren. Die Entwicklung im Johnson County steuerte unaufhaltsam auf eine gewaltsame Eskalation zu.

Es begann damit, daß die Rinderzüchter versuchten, die Heimstätter in eine Position der Gesetzlosigkeit, der Illegalität zu drängen. Es wurde behauptet, die Siedler seien durchweg »Rustler«, Viehdiebe, die systematisch Rinderdiebstahl betreiben. Damit war die Basis geschaffen, die nötig war, um unter einem Anschein von Legalität gegen die Heimstätter vorgehen zu können. Eine gezielte und gnadenlos geführte Einschüchterungskampagne begann, die aber nur als erste Phase in einem brutalen Vernichtungskampf gegen die Kleinsiedler gedacht war.

In der Nacht des 20. Juli 1889 überfielen zehn maskierte Männer zwei dicht nebeneinander liegende Anwesen von Heimstättern in der Nähe des Städtchens Sweetwater. Die allein lebenden Besitzer wurden kurzerhand gehängt. Es handelte sich um eine Frau namens Ella Watson, die auch den Spitznamen »Cattle Kate« trug, da sie ab und zu den Cowboys der umliegenden Ranches als Prostituierte zur Verfügung stand und sich auf diese Weise einen Nebenverdienst verschaffte. Ihr Nachbar war ein Farmer namens James Averill, der in seinem Haus einen kleinen Handelsposten und eine Posthalterei betrieb. Beiden wurden Viehdiebstähle vorgeworfen. Bewiesen wurden die Anschuldigungen nicht.

Der brutale Mord erregte die Gemüter im Johnson County stark. Einige prominente Bürger Wyomings wurden als Anstifter der Tat unter Anklage gestellt. Aber auf rätselhafte Weise verschwanden Zeugen, und das Verfahren wurde aus Mangel an Beweisen eingestellt.

Nach Meinung der Großrancher zeigte der Lynchmord allerdings kaum Wirkung. Kein Siedler verließ das Land. Im Gegenteil. Es ließen sich

James Averill, wegen angeblichen Viehdiebstahls am 20. Juli 1889 von bezahlten Mördern der Ranchergenossenschaft Wyomings gelyncht.

immer neue Heimstätter nieder. So entschloß man sich, massiver gegen die Siedler vorzugehen.

Am 4. Juni 1891 klopften drei Männer an die Tür des Pferdezüchters Tom Waggoner. Sie gaben sich als US-Deputy-Marshals aus und behaupteten, einen Haftbefehl für Waggoner zu haben. Der Pferdezüchter hielt das alles für ein Mißverständnis. Er ritt arglos mit den drei Männern mit, deren Ausweise gefälscht waren.

Am 12. Juli wurde seine Leiche gefunden. Waggoner hing in einer abgelegenen Schlucht an einem Baum und war bereits von Aasvögeln übel zugerichtet worden.

Es wurden Nachforschungen angestellt, die aber nicht sonderlich intensiv geführt wurden. Wenig später wurden die Ermittlungen eingestellt.

Damit hatten die Justizbehörden abermals deutlich gezeigt, auf welcher Seite sie standen. Sie hatten mit ihrem Verhalten der Viehzüchtervereinigung gewissermaßen einen Freibrief für weitere Gewaltaktionen gegen die Kleinrancher und Heimstättensiedler ausgestellt. Wer bis jetzt noch nicht begriffen hatte, wie die Machtverhältnisse im Staat gelagert waren, dem gingen nun die Augen auf.

Ella Watson, genannt »Cattle Kate«. Eines der ersten Opfer der Johnson-County-Fehde.

Die Großrancher begannen, einen regelrechten Privatkrieg gegen die Farmer zu organisieren. In Cheyenne, der Hauptstadt Wyomings, trat die »Wyoming Stock Grower's Association« zu einem geheimen Treffen zusammen, an dem auch Politiker und Vertreter der Behörden teilnahmen. Das Ergebnis dieser Zusammenkunft war die Schaffung eines Kampffonds, in den beträchtliche Summen eingezahlt wurden, die zur

Nathan D. Champion (X), links, einer der erbittertsten Gegner der Viehzüchtergenossenschaft Wyomings. Der Farmer trat mehrfach vor Gericht als Zeuge für die Machenschaften der bezahlten Revolvermänner der Großrancher auf. Am 9. April 1892 wurde er ermordet.

Finanzierung des Feldzuges gegen die Heimstätter dienen sollten. Der Aufbau einer Privatarmee wurde beschlossen.

Am 1. November 1891 drangen im Morgengrauen bewaffnete Männer in eine Hütte am Powder River ein, in der sie die Farmer Nathan Champion und Ross Gilbertson wußten. Sie hatten es besonders auf Champion abgesehen, der mehrfach gegen Gefolgsleute der Viehzüchter vor Gericht aufgetreten war.

Champion wurde im Bett überrascht. Trotzdem gelang es ihm, seinen Revolver zu ziehen und auf die Eindringlinge zu schießen. Verletzt

W. G. »Red« Angus, Sheriff im Johnson County, Wyoming. Erfolgreich setzte er sich gegen die brutale »Invasion« der Viehzüchter zur Wehr.

konnten sie entkommen. Einen von ihnen aber identifizierte Champion als den Revolvermann Joe Elliott, der als »Weidedetektiv« der Großrancher fungierte.

Der Sheriff des Johnson County, W. G. »Red« Angus, ein aufrechter, unbestechlicher, tapferer Mann, der ehrlich bemüht war, sein Amt unparteiisch auszuüben, verhaftete Elliott und brachte ihn vor Gericht. Aber das Bezirksgericht in Buffalo ließ den Killer gegen Hinterlegung einer Kaution wieder frei. Elliott verließ Wyoming, und das Verfahren gegen ihn wurde eingestellt.

Am 30. November 1891 befand sich der Farmer J. A. Tisdale mit einem Einspänner auf dem Weg zu seiner Farm. Er war in Buffalo gewesen, um Weihnachtsgeschenke für seine Kinder einzukaufen. Es war spät

Frank Wolcott, Rechtsanwalt und Rancher. Im Auftrag des Viehzüchterverbandes von Wyoming organisierte er den Privatkrieg im Johnson County und warb eine Garde von Revolvermännern an, mit denen er die Heimstättensiedler vertreiben wollte.

geworden, und es war bereits dunkel, als er den Rückweg antrat. Unterwegs tauchten zwei Männer vor ihm auf und schossen ihn vom Bock des Wagens.

Die Bluttat war nicht ohne Zeugen geblieben. Einer der Mörder wurde eindeutig als der ehemalige Sheriff und Revolvermann Frank H. Canton identifiziert.

Canton, eine korrupte, zwielichtige Kreatur, hatte sich schon häufig als käuflicher Mörder profiliert. Sheriff Angus nahm ihn fest. Erbittert und empört mußten er und die Farmer des Countys jedoch mitansehen, wie das Bezirksgericht Canton, trotz der erdrückenden Beweise, gegen Kaution freiließ. Der Kampf gegen die Heimstättensiedler wurde nun auf allen Ebenen geführt, und Männer, die bisher aus dem Hintergrund operiert hatten, fühlten sich nun sicher genug, um aus dem Zwielicht herauszutreten.

*

Er hieß Frank Wolcott. Er war dick, stiernackig und kurzbeinig und

hatte ein glattes, arrogantes Gesicht. Er war Rechtsanwalt, besaß eine Ranch im Johnson County und hatte es in der US-Armee einst bis zum Major gebracht. Obwohl seitdem viel Zeit vergangen war, ließ er sich noch immer mit seinem früheren Rang anreden.
Wolcott war ein führendes Mitglied der »Wyoming Stock Grower's Association«. Er hatte die Aufgabe übernommen, die Organisation des Kampfes gegen die Farmer im Land zu leiten.
Anfang 1892 empfing er in der Geschäftsstelle der Viehzüchtervereinigung in Cheyenne den texanischen Revolvermann Tom Smith. Er gab ihm den Auftrag, nach Texas zu reisen und dort eine Söldnertruppe anzuheuern. Mit einem Koffer voller Dollarnoten verließ Smith wenig später Wolcotts Office und bestieg einen Zug nach Süden.
Anfang April kehrte er zurück. Er hatte Erfolg gehabt. Im Auftrag »Major« Wolcotts charterte er in Denver, Colorado, für seine Killerbrigade einen Sonderzug und fuhr nach Wyoming. Der offene Krieg gegen die Farmer des Landes konnte beginnen. Smith hatte den rauhbeinigen Männern, die ihn begleiteten, einen Sold von täglich fünf Dollar und zusätzlich »Abschußprämien« für jeden toten Farmer zugesagt.
Der Sonderzug erreichte Cheyenne am 5. April 1892. Hier stieg Wolcott selbst zu, zusammen mit dem Mörder Frank Canton und weiteren Revolvermännern, die in Colorado, Montana und Idaho engagiert worden waren. Besetzt mit fast fünfzig hartgesottenen, bis an die Zähne bewaffneten Killern, dampfte der Zug noch am selben Tag ins Innere Wyomings weiter.
Die private Invasion der Großrancher ins Farmland spielte sich buchstäblich unter den wohlwollenden Augen der Behörden ab. Der Gouverneur von Wyoming, Dr. Amos Barber, war über jeden Schritt der Viehzüchter genauestens informiert. Bereits am 23. März hatte er dem Rancherverband für sein gewaltsames Vorgehen offiziell Schützenhilfe gegeben. Er hatte den Kommandanten der Nationalgarde angewiesen, ohne seine ausdrückliche Order keinesfalls möglichen Hilfeersuchen kommunaler Behörden Folge zu leisten, egal was passierte. Das war nicht nur ein eklatanter Bruch der Staatsverfassung, das bedeutete auch freie Bahn für die Revolvermänner der Großrancher. Sie waren damit vor dem Eingreifen der Nationalgarde sicher.
Als am 5. April der Sonderzug Cheyenne verließ, schnitten Mitstreiter der Viehzüchter überall im Farmland die Telegraphenleitungen durch und zerstörten damit sämtliche Nachrichtenverbindungen. Die Killerarmee hatte alle Trümpfe in der Hand.

Die T. A. Ranch im Johnson County, Wyoming. Hier endete der Privatfeldzug der Großrancher gegen die Farmer in einem der letzten Weidekriege der Pioniergeschichte. Von Sheriff Angus und einem großen, aus Farmern bestehenden Aufgebot in die Enge getrieben, ergab sich hier am 13. April 1892 die Revolvermannschaft des Viehzüchterverbandes.

Wolcotts und Cantons Plan war perfekt. Die Stadt Buffalo, der Verwaltungssitz des Johnson Countys, sollte eingenommen, Sheriff Angus und seine Gehilfen sollten ermordet werden. Dann sollten kleinere Patrouillen das Land systematisch durchstreifen, sämtliche Farmer des Johnson Countys erfassen, mitsamt ihren Familien töten und die Anwesen niederbrennen.
In der kleinen Stadt Caspar verließen die Mörder den Zug, sattelten ihre in Viehwaggons mitgeführten Pferde und ritten zur fünfzig Meilen ent-

Frank H. Canton, käuflicher Mörder und Revolvermann. Er führte die Killermannschaft der Großrancher ins Johnson County.

fernten Ranch von Senator John N. Tisdale, der die Invasion tatkräftig unterstützt hatte.

Unterwegs erreichte sie die Nachricht, daß Vieh gestohlen worden sei und die Diebe sich auf der K. C. Ranch am Powder River aufhielten.

Diese Nachricht kam Wolcott und Konsorten gerade recht. Sie änderten ihren Plan, und statt weiter zur Tisdale-Ranch und von dort aus nach Buffalo zu reiten, lenkten sie ihre Pferde zum Powder River.

Morgennebel hingen über dem Fluß, als am 9. April die Reiterhorde die kleine Ranch erreichte. Die Bewohner des Hauses erhoben sich gerade von ihrem Nachtlager, als draußen das Anwesen umzingelt wurde.

Im Haus befanden sich die Farmer Nat Champion – der bereits einmal einem Mordanschlag entgangen war – und Nick Ray. Außer ihnen waren die Trapper Ben Jones und William Walker anwesend, die hier nur für

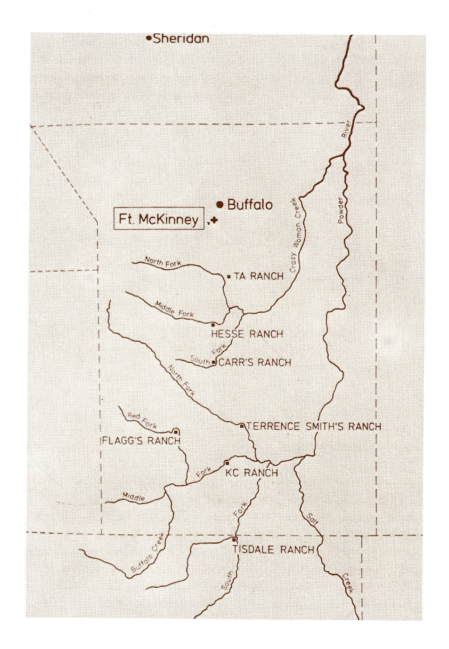

Das Johnson County in Wyoming. Bis 1892 war es Schauplatz des letzten großen Weidekrieges der Pionierzeit zwischen Viehzüchtern und Heimstättensiedlern. (Zeichnung: W. Gringmuth).

eine Nacht Station gemacht hatten und an diesem Morgen weiterreiten wollten.

Jones verließ als erster das Haus, um Wasser am Fluß zu holen. Zwischen dem Dickicht am Flußufer wurde er niedergeschlagen und gefesselt. Nach einiger Zeit erschien William Walker, um seinen Freund zu suchen. Auch er wurde überwältigt.

Schließlich tauchte Nick Ray auf dem Hof auf und rief nach den beiden Männern. Da eröffneten die Mörder das Feuer.

Von mehreren Schüssen getroffen, stürzte Ray zu Boden. Nat Champion schloß im Haus sofort die Tür, nahm sein Gewehr und erwiderte das Feuer. Nick Ray lebte noch. Er schleppte sich unter Schmerzen zum Haus zurück. Champion zog ihn ins Innere, aber während er sich verbissen verteidigte und es ihm gelang, die Angreifer, die sich in großer Überzahl befanden, auf Distanz zu halten, starb Ray an den schweren Verletzungen.

Der Kampf dauerte Stunden. Am Nachmittag tauchte unvermittelt ein Wagen auf. Auf dem Bock saßen der Farmer Jack Flagg und sein Stiefsohn Lorenzo. Die Killer versuchten, die beiden zusätzlichen Zeugen festzuhalten, aber die Männer konnten entfliehen. Sie trugen die Nachricht von dem Überfall auf Nat Champion und dem Auftreten fremder Revolvermänner von Farm zu Farm. Zur gleichen Zeit war ein Nachbar der K. C. Ranch, der Farmer Terrence Smith, auf den Kampf aufmerksam geworden. Er sattelte sein Pferd und ritt nach Buffalo, um Sheriff Angus zu unterrichten.

Wolcott schien zu ahnen, daß sein Konzept ins Wanken geriet. Er trieb seine Leute zur Eile an. Es gelang den Männern, die Hütte in Brand zu stecken. Nat Champion mußte das Haus schließlich verlassen und wurde gnadenlos zusammengeschossen.

Neben den rauchenden Trümmern der Farm nahmen die Mörder ihre Abendmahlzeit ein. Dann brachen sie nach Buffalo auf.

Sie ritten die ganze Nacht, aber als am nächsten Morgen, dem 10. April, die Sonne aufging, mußte Wolcott erfahren, daß sein Plan gescheitert war. Der Abstecher zum Powder River hatte zuviel Zeit gekostet. Die Farmer und County-Sheriff Angus waren gewarnt.

Ein Bote aus Buffalo ritt den Söldnern entgegen und berichtete, daß ein Mordanschlag auf Angus fehlgeschlagen war. Der Überfall auf Nat Champion und Nick Ray dagegen war bereits im ganzen County bekannt. Aus allen Himmelsrichtungen waren empörte Farmer unterwegs in die Stadt.

Wolcott ließ seine Revolvermänner sofort abdrehen. Während er und seine Kumpane die T. A. Ranch, das Anwesen eines weiteren Mitstreiters, ansteuerten, um dort zunächst die Entwicklung abzuwarten, vereidigte Sheriff Angus auf dem Vorbau des Generalstores von Buffalo über hundert Bürger und Farmer als Deputy-Sheriffs.
Vergeblich hatte er zuvor versucht, nach Cheyenne zu telegraphieren, Hilfe anzufordern. Die Leitungen waren zerstört. So telegraphierte er an den Sheriff des Nachbarcountys und versuchte, über diesen Weg den Kommandanten der Nationalgarde zu erreichen. Der aber stellte sich taub und beharrte auf der Anweisung des Gouverneurs.
Angus handelte jetzt allein. Er traf kühl und entschieden die Vorbereitungen zur Verteidigung der Stadt, tatkräftig von den Bürgern und Farmern, die an diesem Morgen Buffalo erreichten, unterstützt.
Als bekannt wurde, daß die Revolvermannschaft zum Rückzug geblasen hatte, brach Jubel aus. Sheriff Angus ließ sofort die Pferde satteln. Mit einem vierzig Mann starken Aufgebot machte er sich auf, die Banditen in die Enge zu treiben.
Die Invasion der Viehzüchter war zusammengebrochen. Angus umzingelte mit seinem Aufgebot am nächsten Morgen die T. A. Ranch, in der die Killer sich verschanzt hatten.
Von überall eilten ihm Farmer zu Hilfe, so daß er bald mehr als zweihundertfünfzig Männer um sich geschart hatte, mit denen er gegen die Ranch vorging, um die Mörder zur Aufgabe zu zwingen.
Da erreichte am 13. April US-Kavallerie unter Führung von Colonel J. J. Van Horn aus Fort McKinney den Schauplatz des Kampfes. Ohne weiteren Widerstand gaben Wolcott, Canton und ihre Männer auf. Der Kampf war zu Ende.
Die Rinderzüchter schienen auf der ganzen Linie verloren zu haben. Nicht nur, daß ihr Plan, unter den Farmern des Landes ein blutiges Massaker anzurichten, fehlgeschlagen war, sie waren bloßgestellt und hatten ihr Gesicht verloren. Zumindest schien es so.
Daß der Triumph der Heimstätter übereilt war, zeigte sich schon bald, als Sheriff Angus ein Telegramm an Gouverneur Barber schickte, in dem er die sofortige Überführung der Mörder von Nat Champion und Nick Ray ins Johnson-County-Gefängnis verlangte. Der Gouverneur lehnte dieses Ansinnen ab. Er beließ die Gefangenen weiterhin unter militärischer Bewachung und schützte sie damit vor den zuständigen Ermittlungsbehörden.
Angus war machtlos gegen diese Entscheidung, und die Farmer begrif-

fen, daß sie noch längst nicht gewonnen hatten, daß die Rancher zwar ihren Privatkrieg vorerst verloren, ihre Machtstellungen aber behauptet hatten.
Trotzdem hatte sich die Position der Heimstätter verbessert; denn es gab zwei Zeugen für den Mord an Ray und Champion. Die beiden Trapper Jones und Walker waren wie durch ein Wunder mit dem Leben davongekommen. Wolcott hatte beide unerklärlicherweise nach dem Niederbrennen der Hütte am Powder River freigelassen, ihnen allerdings auferlegt, Wyoming schleunigst zu verlassen.
Im Mai tauchten sie plötzlich wieder im benachbarten Natrona County auf und redeten in Kneipen und Spielhöllen unverhohlen über ihre Beobachtungen.
Sheriff Angus hörte schon bald davon, und ihm kam auch zu Ohren, daß der Viehzüchterverband bereits Vorbereitungen traf, die beiden gefährlichen Zeugen mundtot zu machen.
Angus entwickelte eine fieberhafte Aktivität, um die beiden Männer in Gewahrsam zu bekommen und sie als Augenzeugen für den Prozeß gegen die Mörder, zu dem es früher oder später kommen mußte, zu erhalten.
Er telegraphierte an Sheriff Rice im Natrona County und bat ihn um Hilfe. Rice sorgte dafür, daß die Trapper den nächsten Zug nach Buffalo bestiegen. Aber nun setzte von seiten der Großrancher ein dramatisches Rennen ein, um zu verhindern, daß Jones und Walker ihr Ziel erreichten und für Angus aussagen konnten.
Noch während der Reise versuchten Revolvermänner des Viehzüchterverbandes, sich an die beiden heranzumachen und sie umzubringen. Das Unternehmen mißlang, aber es führte zumindest dazu, daß Jones und Walker ihre Fahrt in Crawford unterbrechen mußten. Sie ließen sich in Schutzhaft nehmen. Die Rancher hatten Zeit gewonnen, Zeit, die sie zu nutzen wußten. Bevor die beiden Männer wieder freigelassen werden konnten, tauchte aus Omaha in Nebraska ein US-Deputy-Marshal namens Hepfinger auf, der einen Haftbefehl vorlegte, demzufolge die beiden Trapper in Nebraska wegen illegalem Indianerhandel gesucht wurden.
Bevor Sheriff Angus oder sein Kollege Rice etwas unternehmen konnten, hatte Hepfinger mit seinen beiden Gefangenen bereits einen Zug bestiegen und verließ Wyoming.
Der einflußreiche Viehzüchterverband hatte schnell reagiert. Hepfinger war bestochen worden, und der Haftbefehl für Jones und Walker war

gefälscht. In Omaha setzte das Gericht sie auch sofort wieder auf freien Fuß. Aber sie waren nun weit weg von Wyoming, weit weg vom Johnson County. Es war niemand mehr da, der sie schützte.
Was aus ihnen geworden ist, wurde nie geklärt. Nachdem sie in Omaha das Gerichtsgebäude verlassen hatten, verschwanden sie spurlos. Es gab keine Zeugen mehr.
Am 6. August 1892 fand in Cheyenne die Gerichtsverhandlung gegen die bezahlten Mörder statt. Das Verfahren wurde am 10. August vertagt, und die Mörder wurden vorerst freigelassen. Sie blieben frei. Sie wurden nie bestraft. Im Januar 1893 wurde das Verfahren endgültig eingestellt.
Danach ging die »Wyoming Stock Grower's Association« brutal daran, die ganze Affäre zu vertuschen. Zeitungen wurden unter Druck gesetzt, Journalisten wurden eingeschüchtert. Letzte Zeugen tauchten auf rätselhafte Weise unter. Wer noch etwas über die Fehde wußte, zog es vor zu schweigen, um zu überleben.
Die Abrechnung der Farmer kam bei den nächsten Wahlen. Hier zeigte sich endgültig, wer in Wyoming die Stärkeren waren.
Die Republikanische Partei, die die Rancher unterstützt hatte, erlitt eine vernichtende Niederlage. Vertreter der Farmer und Heimstätter zogen in Kongreß und Senat ein.
Der Kampf war beendet. Die Großrancher fügten sich in die Tatsache, daß sie das Rad der Zeit nicht zurückdrehen konnten. Sie lernten, daß ihre Macht Grenzen hatte, daß sie nicht mehr die Herren des weiten Landes waren. Sie lernten mit den Farmern zu leben. Die Tage der Fehdejustiz waren vorbei.

Der Sheriff wurde zur Repräsentanz für das Gesetz in der amerikanischen Pionierzeit. (Skizze des berühmten Westernmalers Frederick Remington, veröffentlicht 1888 im »Century Magazine«.)

Der Stern des Gesetzes

SHERIFFS, MARSHALS, TEXAS RANGERS

> In der amerikanischen Geschichte findet sich keine zweite Gestalt, die so sehr mit einem heroischen Glorienschein versehen worden ist, über die gleichzeitig aber außer Legenden, romantischen Verzerrungen und verzeichneten Mythen nur sehr dürftige Informationen verbreitet worden sind, wie den Sheriff. Die Tatsachen über ihn sind weitgehend unbekannt ...
>
> Sein Gesicht liegt im Schatten. Seine Augen glänzen wie Stahl. An der Seite trägt er im tiefgeschnallten Holster einen Sechsschüsser. Die Sonne spiegelt sich auf dem Abzeichen an seiner Weste.
>
> Das ist der Sheriff, wie er tief in den Herzen von Generationen verankert ist. Ein Image, das weltweit von Büchern, Comics, Film, Fernsehen und anderen Massenkommunikationsmitteln gezeichnet wird.
>
> Wer sich mit den vorhandenen Dokumenten befaßt, die die Entwicklung des Gesetzes an der Grenze aufzeigen, wird zu sehr differenzierten Schlußfolgerungen kommen ... Auf der Suche nach der Wahrheit über die Gesetzesvertreter im Westen, muß man zwangsläufig das oberflächliche Heldenportrait überwinden und zerstören.
>
> Frank Richard Prassel, THE WESTERN PEACE OFFICER, 1972

HELDEN STERBEN FRÜH ...,
... LEGENDEN LEBEN EWIG

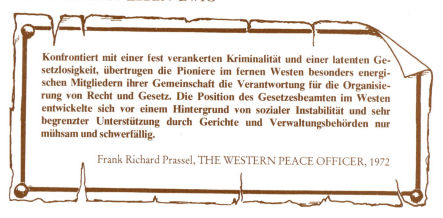

Konfrontiert mit einer fest verankerten Kriminalität und einer latenten Gesetzlosigkeit, übertrugen die Pioniere im fernen Westen besonders energischen Mitgliedern ihrer Gemeinschaft die Verantwortung für die Organisierung von Recht und Gesetz. Die Position des Gesetzesbeamten im Westen entwickelte sich vor einem Hintergrund von sozialer Instabilität und sehr begrenzter Unterstützung durch Gerichte und Verwaltungsbehörden nur mühsam und schwerfällig.

Frank Richard Prassel, THE WESTERN PEACE OFFICER, 1972

Er hieß Dallas Stoudenmire. Er war knapp einen Meter neunzig groß und fast zwei Zentner schwer. Seine Schultern waren breit. Wo er hinschlug, wuchs kein Gras mehr. Seine Augen waren grau wie Pulver und seine Lippen so schmal »wie eine Messerschneide«. Er zog seinen Revolver schneller als ein menschliches Auge es fassen konnte. Ihn umgab die Eiseskälte des Todes.
Am 12. April 1881 stieg er vor dem Agenturgebäude der »Butterfield-Overland-Linie« in El Paso, Texas, aus der Postkutsche.
Es war Mittag. Der Himmel war bewölkt. Der Wind, der von Westen duch die Straßen strich, war noch kühl.
Der magere Stationsagent der Kutschengesellschaft stand auf der Schwelle des Agenturgebäudes. Er zupfte nervös an seinen grauen Ärmelschonern und schob dann die randlose Brille auf seiner spitzen Nase gerade. Neugierig starrte er den großen Fremden an.
Stoudenmire trug einen eleganten Gehrock. Über die Weste spannte sich eine goldene Uhrkette. Er stellte eine schwere Reisetasche aus buntem Teppichstoff neben sich auf den hölzernen Gehsteig. Mit lässiger Handbewegung zog er eine schwarze Zigarre aus der Brusttasche seines Jacketts, biß die Spitze ab, spuckte sie ungeniert auf die Gehsteigplanken und schob die Zigarre zwischen die Lippen.
»Haben Sie Feuer?« fragte er den Stationsagenten.
Hastig näherte sich der Angestellte, riß ein Zündholz an und hielt das Flämmchen an das Ende der Zigarre des Fremden.
»Bitte sehr, Sir.«

Dallas Stoudenmire, Polizeichef von El Paso. Er ging als »Revolvermarshal« in die Geschichte ein und begründete durch sein Auftreten und Handeln die Legende vom furchtlosen, schnellschießenden Polizisten der Pionierzeit mit.

»Ich bin Stoudenmire«, sagte der andere. »Schon mal gehört?«
Der Agent nickte.
»Gut«, sagte der Hüne. »Dann wissen Sie, warum ich hier bin. Wo finde ich den Bürgermeister?«
»Immer geradeaus die Straße hinunter, Sir,« sagte der Agent. »Das Rathaus ist nicht zu verfehlen.«
»Danke.« Der andere nahm seine Reisetasche hoch und schritt davon. Der Stationsagent blickte ihm nach. Er wußte, warum dieser große Mann gekommen war. Bald wußte jeder in El Paso, daß er da war. Viele sahen ihn eine halbe Stunde nach seiner Ankunft vom Rathaus zum Büro des City-Marshals hinübergehen. Auf dem linken Aufschlag seines Gehrocks trug er jetzt ein großes, wappenförmiges Abzeichen aus purem Silber. In seiner Rocktasche steckte die Ernennung zum Polizeichef von El Paso.

Stoudenmire hatte, wie schon häufiger in früheren Jahren seines Lebens, dem Hilferuf von Stadtvätern Folge geleistet, die der Gesetzlosigkeit in ihrem kommunalen Bereich nicht mehr Herr wurden.

In Städten wie El Paso prallten zwischen 1880 und 1900 die auch im amerikanischen Westen immer vehementer fortschreitende Zivilisation mit der nach und nach aussterbenden spezifischen Kriminalität der ersten Frontier-Jahre zusammen. Die Bürger, die bereits nicht mehr zur ersten Generation der Pioniere gehörten, waren diesen Konflikten nicht gewachsen. Sie brauchten Männer wie Stoudenmire, die die Kämpfertraditionen der frühen Westwanderung verkörperten.

Im Jahre 1880 hatte die Gewaltkriminalität in El Paso eine beängstigende Spitze erreicht. Binnen eines Jahres hatte die Stadtverwaltung vier Marshals eingestellt und sie nach kurzer Zeit wieder entlassen müssen, weil sie entweder versagt oder sich als korrupt erwiesen hatten.

Siebenundfünfzig Menschen waren bei Schießereien, Schlägereien und Messerstechereien ums Leben gekommen. Mehr und mehr Gesetzlose strömten in die Stadt, in der das Recht seine Basis verloren hatte.

Eine besonders hervorstechende Rolle unter denen, die die Bürger von El Paso terrorisierten, spielten die Brüder Jim, Felix, Frank und John Manning. Sie besaßen eine Kneipe in der Stadt und außerhalb von El Paso eine Ranch. Regelmäßig hielten sie sich mit ihren Cowboys in der Stadt auf und veranstalteten wüste Saufgelage, die stets mit Schlägereien und Schießereien endeten.

Als Dallas Stoudenmire nach El Paso kam, stand ihm ein schweres Stück Arbeit bevor. Seine Aufgabe, die Ordnung in der Stadt wieder herzustellen, war jedoch nicht ungewöhnlich für ihn. Er war ein Abenteurer, der alle Voraussetzungen für sein Amt mitbrachte.

Am 11. Dezember 1845 war er im Macon County, Alabama, geboren worden. Er war sechzehn Jahre alt, als der Bürgerkrieg zwischen den Nord- und den Südstaaten ausbrach. Stoudenmire meldete sich freiwillig in die konföderierte Armee. Vier Jahre später mußte der Süden kapitulieren.

Wie für viele junge Männer, die von den Idealen der Südstaatenkonföderation geprägt waren, war auch für Stoudenmire diese Niederlage ein schwerer persönlicher Schlag. Verbittert verließ er die USA und ging nach Mexiko. Hier diente er als Söldner in der Leibwache des Kaisers Maximilian. Er konnte nach dessen Sturz vor den siegreichen Revolutionären des Benito Juarez flüchten und kehrte 1867 nach Texas zurück. Für kurze Zeit versuchte er sich als Farmer, hatte jedoch keinen Erfolg und bewarb sich um Aufnahme in das Grenzbataillon der Texas Rangers. Er brachte es bis zum Sergeant.

1874 nahm er seinen Abschied und ließ sich in Mentz, Texas, als Stellmacher nieder. Das größte Hindernis aber, ein bürgerliches Leben zu führen, war für ihn seine tödliche Begabung im Umgang mit dem Revolver. Im Verlauf von Streitereien erschoß Stoudenmire drei Männer im Duell, und so gab er im Jahre 1877 seine Werkstatt auf und begann einen rastlosen Weg kreuz und quer durch Texas. Er verdiente sein Geld an Spieltischen, beteiligte sich an Pferderennen und übernahm hier und da das Amt des Town-Marshals. Er begann zu trinken und suchte die Geborgenheit, die er in seinem unsteten, gefährlichen Leben vermißte, in den Armen von zweifelhaften Frauen.

Dallas Stoudenmire wußte, was ihn in El Paso erwartete, als er sein neues Office bezog. Er wußte, daß ihm in der Bürgerschaft kaum jemand ernsthaft eine Chance einräumte, in seinem neuen Amt sehr alt zu werden, und er war sicher, daß im Ernstfall niemand eine Hand für ihn rühren würde.

Bereits drei Tage, nachdem er in El Paso eingetroffen war, wurden ihm die von Kugeln zerfetzten Leichen zweier Mexikaner vor die Füße gelegt. Fast jeder in El Paso wußte, daß die beiden Mexikaner wenige Tage zuvor auf der Suche nach gestohlenem Vieh gewesen waren, das von Gefolgsleuten der Manning-Brüder geraubt worden war. Man wußte, wo die Mörder zu suchen waren.

Am gleichen Abend versuchte der Constable Gus Krempkau einen der mutmaßlichen Mörder, einen Cowboy der Manning-Ranch namens John Hale, festzunehmen. Als Hale den Beamten sah, zog er seinen Revolver und schoß ihn ohne zu zögern nieder.

Stoudenmire nahm gerade im Globe-Restaurant sein Abendbrot ein, als er den Schuß hörte. Er erhob sich von seinem Tisch und ging auf die Straße hinaus. Er sah den Constable im Staub liegen und den Mörder mit dem rauchenden Revolver auf dem Gehsteig stehen. Augenblicklich zog Stoudenmire seine Waffe und schoß.

Seine erste Kugel verletzte einen unbeteiligten Zuschauer. Mit dem zweiten Schuß traf er John Hale genau in die Stirn.

Im selben Moment eröffnete ein Kumpan Hales, George Campbell, das Feuer auf den Marshal. Stoudenmire schwenkte seinen Revolver herum und feuerte die Trommel leer.

George Campbell schrie auf, als die erste Kugel ihn in den Fuß traf. Die zweite zerschmetterte sein rechtes Handgelenk. Blutüberströmt ging

Campbell zu Boden, und Stoudenmire tötete ihn mit einem weiteren Schuß.

Der Kampf hatte keine zehn Minuten gedauert. Stoudenmire lud seinen Revolver nach, kehrte in das Restaurant zurück und setzte seine Mahlzeit fort, als sei nichts geschehen.

Die Bürgerschaft von El Paso hörte die Nachricht vom entschiedenen Auftreten des neuen Polizeichefs mit gemischten Gefühlen. Wie würden die Manning-Brüder und ihre Freunde darauf reagieren? Würden sie ihren Zorn an der Stadt auslassen?

Zwei Abende nach der Schießerei befand sich Dallas Stoudenmire zusammen mit seinem Schwager S. M. Cummings, den er zum Deputy ernannt hatte, auf einem Rundgang durch das Kneipenviertel der Stadt. Da eröffnete ein Freund der Manning-Brüder, der Saloon-Besitzer Bill Johnson, aus einem dunklen Hofeingang das Feuer auf die Beamten. Stoudenmire und Cummings schossen zurück und töteten Johnson mit acht Kugeln. Sekunden später brach die Hölle los. Mehrere Cowboys der Manning-Ranch stürmten aus Seitengassen heraus und begannen zu schießen. Stoudenmire blieb eiskalt und schlug die ganze Bande in die Flucht, ohne auch nur eine Schramme davonzutragen.

Danach forderte er Texas Rangers an, und von Stund an herrschte Ruhe in El Paso. Stoudenmire hatte vorerst gesiegt. Für die nächsten zehn Monate stabilisierte sich die Situation in der Stadt. Es gab kaum noch Schießereien. Die Straßen waren auch nachts sicher.

Stoudenmire aber begann sich zu langweilen. Er war nun selbst sehr häufig in Saloons und Bordellen zu finden. Viele Bürger begannen sich die Frage zu stellen, ob sie den Revolvermarshal überhaupt noch benötigten.

Im Februar 1882 verließ Stoudenmire für kurze Zeit El Paso. Kaum war er fort, besetzten die Brüder Manning mit ihrem wilden Anhang wieder die Saloons und Spielhöllen der Stadt. Als Stoudenmire zurückkehrte, mußte er seinen Schwager, den Deputy-Marshal S. M. Cummings, auf dem Friedhof besuchen. Die Brüder Felix und Jim Manning hatten ihn umgebracht. Stoudenmire schwor Rache, und die zaudernden, ängstlichen Stadtväter, die ihm den Marshal-Stern geradezu aufgedrängt hatten, befürchteten nun, daß El Paso zum Schauplatz einer Privatfehde zwischen Stoudenmire und den Mannings werden würde. Für sie war klar, daß die Manning-Brüder als Sieger daraus hervorgehen würden, denn Stoudenmire stand allein. Sie fürchteten die spätere Rache der Mannings, wenn sie den Marshal weiter unterstützten.

Die Hauptstraße von El Paso, Texas. Das weiße Kreuz bezeichnet die Stelle, an der Marshal Stoudenmire ermordet wurde.

Der Stadtrat beschloß, als »Versöhnungsgeste« den Manning-Brüdern gegenüber, den Marshal zu entlassen.

Stoudenmire ging – und kehrte am 27. Mai zurück. Er hatte das Amt des US-Deputy-Marshals für den westlichen Distrikt von Texas übernommen und schlug sein Hauptquartier in El Paso auf. Sofort nahm er seinen Kampf gegen die Manning-Brüder wieder auf. Aber er agierte glücklos, zumal er in immer stärkere Abhängigkeit vom Alkohol geriet.

Am späten Abend des 18. September 1882 war er völlig betrunken, als er auf der Hauptstraße von El Paso mit den Brüdern Felix und Jim Manning zusammenstieß.

Nach kurzem Wortwechsel griff Stoudenmire zum Revolver. Aber Felix Manning war schneller und schlug mit seiner Waffe auf den US-Marshal ein. Dann schoß Manning. Seine Kugel warf Stoudenmire zu Boden, ohne ihn jedoch zu verletzen. Ein dickes Papierbündel in Stoudenmires Brusttasche hatte das Geschoß aufgefangen.

Stoudenmire feuerte nun ebenfalls und traf Felix Manning in die rechte

Hand. Der Marshal richtete sich auf, aber Felix Manning stürzte sich trotz seiner Verletzung auf den riesigen Mann, konnte ihm die Waffe entreissen und klammerte sich an seinen Armen fest.

Stoudenmire war wehrlos, als Jim Manning ihm die Mündung seines Revolvers hinter das linke Ohr setzte und ihm kaltblütig eine Kugel in den Kopf jagte.

Einsam verblutete der Beamte im Strassenstaub. Erst am nächsten Morgen wurde seine Leiche fortgeräumt, und nun zeigte sich, wie gross die Furcht in El Paso vor den Mördern war. Wider besseres Wissen stellte der Leichenbeschauer bei der Überprüfung des toten Marshals fest: »Dallas Stoudenmire wurde von einem 44er oder 45er Geschoss getötet, abgefeuert von unbekannter Hand.«

Stoudenmire war der Vertreter einer aussterbenden Gruppe von Männern gewesen, die geglaubt hatten, dass der Revolver das Gesetz ersetzen konnte. Sie leisteten der Legendenbildung vom einsamen Kämpfer für Recht und Ordnung Vorschub. Die meisten aber endeten wie Stoudenmire, von einer heimtückischen Kugel getroffen, allein, jämmerlich, verlassen. Ihre Zeitgenossen fürchteten sie, trauerten ihnen selten nach. Sie betrachteten sie vielmehr mit einer Art Hassliebe. Wurden sie gebraucht, holte man sie. Hernach aber sah man sie gern wieder ziehen. Sie waren für ihre Mitbürger ein notwendiges Übel, nicht mehr. Die Nachwelt baute ihnen Denkmäler, aber sie hinterliessen kaum mehr als einen Hauch von Pulverdampf.

✳

Die Vertretung des Gesetzes im amerikanischen Westen bewegte sich im wesentlichen auf drei voneinander unabhängigen Ebenen.

Im kommunalen Bereich war der Marshal die bestimmende Persönlichkeit. Auf Kreis-Ebene (County) hatte der Sheriff die polizeiliche Gewalt. Für die Bundesgesetzgebung in den Staaten der USA waren US-Marshals und ihre Deputies zuständig.

Die Amtsbezeichnungen und Kompetenzverteilungen der Beamten hatten ihre Wurzeln im mittelalterlichen England.

Im 10. Jahrhundert tauchte zum erstenmal der Titel »Shire-Reeve« auf. Diese Amtsträger waren Beauftragte des Königs und vertraten in den englischen Grafschaften als Statthalter oder Vögte die staatliche Macht. Sie waren die Vorläufer der Sheriffs, die als Polizeichefs von Countys (Bezirken) sowohl geographisch als auch praktisch ähnliche Aufgaben wie die mittelalterlichen Grafschaftsvögte hatten.

Das Office eines typischen Sheriffs der amerikanischen Pionierzeit in Arizona, 1890.

Zur gleichen Zeit bürgerte sich für den örtlichen Schutzmann und Untergebenen des Sheriffs die Bezeichnung »Constable« ein, ein vom lateinischen »Comes Stabuli«, dem »Stallmeister«, herkommender Ausdruck.
Als um 1800 im amerikanischen Westen die ersten Siedler daran gingen, Männer aus ihren Reihen mit der Organisierung von Sicherheit und Ordnung zu beauftragen, wurden die alten englischen Amtsbezeichnungen übernommen. In der Verfassung des Staates Nevada steht zu diesem Punkt zu lesen: »Gesetzesbeamte sind die Sheriffs für die Counties und die Constables, Marshals und Policemen für Städte und Siedlungen.«
Ihre Aufgabe war es, die öffentliche Sicherheit zu gewährleisten und für die Unversehrtheit der sich bildenden Gemeinschaft Sorge zu tragen.
In den ersten Jahren der Westwanderung spielte dabei der Sheriff die dominierende Rolle, was im Fehlen einer kommunalen Zivilisation begründet war. Städte oder Ansiedlungen gab es kaum. Die ersten Siedler ließen sich überall dort nieder, wo das Land gut war, mindestens auf Büchsenschußweite vom nächsten Nachbarn entfernt. Sie begnügten sich mit der Einrichtung von Handelsposten, ohne zunächst an den Aufbau

von geschlossenen Gemeinden zu denken. Somit gab es anfangs keine örtlichen Gesetzesvertreter im Westen. Die Regierungen der Staaten und Territorien teilten das Land lediglich in große Bezirke ein und verlangten von den Bürgern dieser Distrikte, daß sie einen Mann mit der Organisierung eines geordneten Rechtswesens beauftragten, den Sheriff.

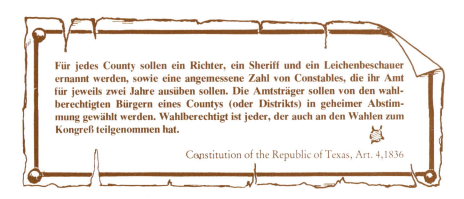

Für jedes County sollen ein Richter, ein Sheriff und ein Leichenbeschauer ernannt werden, sowie eine angemessene Zahl von Constables, die ihr Amt für jeweils zwei Jahre ausüben sollen. Die Amtsträger sollen von den wahlberechtigten Bürgern eines Countys (oder Distrikts) in geheimer Abstimmung gewählt werden. Wahlberechtigt ist jeder, der auch an den Wahlen zum Kongreß teilgenommen hat.

Constitution of the Republic of Texas, Art. 4, 1836

Bald schon wurde es in allen Staaten und Territorien des amerikanischen Westens zur Regel, daß Sheriffs für eine vierjährige Amtszeit von der Bevölkerung gewählt wurden. Sie ernannten in eigener Verantwortung ihre Deputies (Gehilfen) und Constables.
Mit stetig fortschreitender Besiedelung entstanden um die ersten Handelsposten in der Wildnis herum Niederlassungen. Kleine Städte bildeten sich. Im Zuge dieser Entwicklung zeigte sich bald, daß der Sheriff eines großflächigen Countys kaum in der Lage war, sich um die individuellen kommunalen Probleme der teilweise fernab von seinem Amtssitz gelegenen Ortschaften zu kümmern.
Es wurde notwendig, örtliche Amtsträger zu ernennen. Die Position des Marshals wurde geschaffen, eine zunächst etwas verschwommene Position, denn niemand war anfangs in der Lage, die Aufgaben des Town-Marshals genau zu umreißen. Es kam alsbald zu Auseinandersetzungen zwischen Sheriffs, Constables und Marshals, und es bedurfte einige Jahre, bis endgültige Abgrenzungen zwischen den Amtsträgern von den Parlamenten der Staaten festgelegt werden konnten, Jahre, in denen Erfahrungen für den Aufbau eines wirkungsvollen Polizeisystems in den westlichen Staaten gesammelt wurden.
So entschied die gesetzgebende Versammlung von Oklahoma im Jahre 1890:

> Der Marshal ist der Chef der Stadtpolizei. Er hat zu jeder Zeit das Recht und die Befugnis, Verhaftungen auszuführen oder anzuordnen und jeden, der gegen die Ordnung und die Gesetze des Staates oder einer Stadt verstoßen hat, einem ordentlichen Gericht zuzuführen.

In der Praxis entwickelte sich auf diese Weise ein brauchbarer, funktionstüchtiger Kompetenzrahmen für die verschiedenen Vertreter der Exekutive.

Der Sheriff blieb Polizeichef des Countys, ohne aber in den Amtsbereich des Marshals eingreifen zu dürfen. Er stand weiter dem Bezirksrichter als Vollstreckungsbeamter zur Verfügung, trug die Verantwortung für das Bezirksgefängnis und fungierte in vielen Fällen auch als Henker. Zu seinen Amtspflichten gehörte schließlich die Einziehung der Steuern des Countys. Aus diesen Einnahmen bezog er auch sein Salär – in der Regel ein 5-%-Anteil –, das unter Umständen beträchtlich sein konnte. So hatte der berüchtigte Sheriff Johnny Behan aus dem Cochise County in Arizona jährliche Einnahmen von über 40 000 Dollar. Ein anderer Sheriff in Arizona, John Slaughter, konnte in manchen Monaten Einkünfte von mehr als 4600 Dollar verbuchen.

Über 100 000 Sheriffs, Deputy-Sheriffs und Constables gab es im Verlauf der amerikanischen Pioniergeschichte. Die wenigsten hinterließen deutlich sichtbare Spuren in den Geschichtsbüchern. Aber diese wenigen prägten das oberflächliche Bild, das bis auf den heutigen Tag von den Gesetzesvertretern des Wilden Westens verbreitet wird.

Einer von ihnen war Pat Garrett, Sheriff im Lincoln County, New Mexiko, der den berühmt-berüchtigten Billy the Kid von hinten erschoß. Einer von ihnen war auch Bat Masterson, Sheriff im Ford County, Kansas, zur Zeit der großen Rindertrails. Einer von ihnen war ebenfalls Bill Tilghman, der als Marshal von Dodge City, US-Marshal unter Richter Parker und Sheriff des Lincoln Countys in Oklahoma fast zwanzig Jahre lang für Schlagzeilen sorgte.

Einer jener Sheriffs, deren Namen nicht in der Anonymität versanken, war auch John Horton Slaughter, der in Louisiana geboren wurde, später in der konföderierten Armee diente und bei den Texas Rangers seine Sporen als Gesetzesvertreter erwarb. 1879 trieb er eine Rinderherde nach Arizona und ließ sich nördlich von Tucson nieder, um eine Ranch zu gründen.

Sheriff John Horton Slaughter.

Slaughter war nur mittelgroß, wortkarg und schmächtig, aber energisch und furchtlos. 1886, als er fünfundvierzig Jahre alt war, kandidierte er für das Amt des Sheriffs im Cochise County und wurde gewählt. Er amtierte acht Jahre und tötete im Verlauf dieser Zeit in Ausübung seiner Pflicht zwölf Männer im Duell.

Legenden entstanden um den schweigsamen Sheriff, der sich in seiner Amtsführung von niemandem beeinflussen ließ und von der mexikanischen und der indianischen Bevölkerung genauso akzeptiert und geachtet wurde wie von den weißen Bürgern.

Nach zwei Amtsperioden trat er zurück und widmete sich seiner Ranch, auf der er im Jahre 1922 starb.

Slaughter, Masterson, Garrett und Tilghman waren Beamte, die für ihre

Sheriff Pat Garrett, New Mexico. Er erschoß den jungen Revolvermann Billy the Kid.

Nachwelt den typischen Western-Sheriff repräsentierten. Ihre Geschichte erhielt gleichsam Allgemeingültigkeit und trug zur Ausbreitung der Legende vom energischen, schweigsamen, kaltblütigen, schußschnellen und schlagstarken Einzelgänger bei.

Weniger bekannt ist die politische Abhängigkeit, in der sich die meisten Sheriffs befanden. Nach dem Ende des Bürgerkrieges bildeten sich auch in den schwach besiedelten Regionen des Westens Gruppierungen der großen amerikanischen Parteien, der Republikaner und Demokraten. Wer öffentliche Ämter bekleiden wollte, kam an dieser Tatsache nicht vorbei. Das galt nicht nur für Richter, Staatsanwälte, Stadträte, Bürgermeister und Abgeordnete, das galt auch für die Sheriffs.

So verlor der US-Deputy-Marshal Chris Madsen, der fünfundzwanzig

James Butler »Wild Bill« Hickok. Bis zu seinem frühen Tod – er wurde von hinten erschossen – schrieb er als Guerillakämpfer, Treckführer, Scout, Abenteurer, Weiberheld, Killer, blutrünstiger Sheriff und Revolvermarshal an einem blutigen Kapitel der amerikanischen Pioniergeschichte mit.

Jahre lang im Dienst für das Gesetz gestanden hatte, seinen Posten im Jahre 1916, weil er keiner Partei angehörte.

Die Sheriffs Slaughter und Garrett waren Mitglieder der Demokratischen Partei und wurden von ihr als Kandidaten aufgestellt und im Wahlkampf unterstützt. Als Pat Garrett Billy the Kid erschossen und sich dadurch unpopulär gemacht hatte, wurde er von seiner Partei gestürzt, die einen anderen Kandidaten an seiner Statt nominierte. Als Garrett daraufhin versuchte, als Unabhängiger zu kandidieren, unterlag er.

Gleiches galt für die City-Marshals. Ein Revolvermann wie Ben Thompson hätte nie Polizeichef von Austin, der Hauptstadt von Texas, werden können, wäre er nicht von der Demokratischen Partei auf den Schild gehoben worden, die den ehemaligen Zuchthäusler, Berufsspieler und Killer zum Kandidaten gemacht hatte.

US-Deputy-Marshal Chris Madsen. Ein eisenharter, unbestechlicher Beamter, der selten für Schlagzeilen sorgte, sich aber im Dienst für das Gesetz aufopferte.

Auch unter den Marshals profilierten sich Männer, deren Geschichte fälschlicherweise als charakteristisch für die städtischen Polizeichefs angesehen wird. Ben Thompson war einer unter ihnen, auch Wild Bill Hickok, der Marshal von Abilene, und Dallas Stoudenmire. Alle drei wurden bezeichnenderweise von hinten erschossen.

Männer wie sie gehörten zur Klasse der sogenannten »Revolvermarshals«, Männer, die im Grunde selbst einen desperaten Charakter hatten, die ihre Amtsautorität nicht vom Gesetz ableiteten, sondern nur auf die Schnelligkeit stützten, mit der sie ihre Revolver handhabten. Sie versuchten paradoxerweise mit den Mitteln des Faustrechts dem konstitutionellen Gesetz Nachdruck zu verleihen, häufig mit kurzfristigem Erfolg. Auf Dauer aber erzeugte ihr Rezept, Gewalt gegen Gewalt zu setzen, nur immer neue Aggressionen und sorgte nicht für einen dauer-

Bill Tilghman, Sheriff, Marshal, US-Marshal.

haften Rechtsfrieden. Sie gingen früher oder später an ihrem eigenen Gewaltprinzip zugrunde.

Dennoch prägten sie das Bild, das sich die Nachwelt von den Marshals im amerikanischen Westen machte. Männer wie Tom Smith, der Vorgänger Wild Bill Hickoks als Marshal von Abilene, die während ihrer Amtszeit nicht einen Schuß abfeuerten, sorgten so gut wie nie für Schlagzeilen und wurden vergessen. Dabei waren es gerade sie, die dem Gesetz, und damit der Zivilisation, in den kleinen Städten tief in der Wildnis eine Basis verschafften, die auf spektakuläre Auftritte verzichteten und für ein Monatsgehalt zwischen fünfzig und zweihundertfünfzig Dollar lediglich ihre Pflicht taten.

Betont werden muß aber, daß auch sie keine Polizeibeamten im europäischen Sinn waren. Sie vertraten ein unkonventionelles Gesetz mit un-

Ben Thompson als City-Marshal von Austin, Texas. Der Revolvermann, Berufsspieler und ehemalige Zuchthäusler ging wie die meisten Männer seiner Art an seinem eigenen Gewaltprinzip zugrunde.

konventionellen Methoden in einem einzigartigen geographischen Umfeld mit eigenwilligen Menschen. Trotzdem arbeiteten sie vielfach effizienter als die heutige wohl durchorganisierte Polizei mit Beamten mit geregelter Arbeitszeit und Pensionsberechtigung. Sie arbeiteten rund um die Uhr, allein auf sich gestellt, ohne einen mächtigen Verwaltungsapparat im Rücken.

Das Gesetz wurde nicht automatisch respektiert. Es war nur so stark wie die Persönlichkeit des Beamten, der es vertrat. Das erforderte den täglichen Nachweis von Zivilcourage. Unterlief ihm ein Fehler, entzogen ihm seine Mitbürger das Vertrauen. Dann war er arbeitslos, ohne soziale Absicherung. Keiner von ihnen erlangte geschäftsträchtige Publizität.

Unbekannt geblieben sind auch die meisten US-Marshals, obwohl sie den höchsten Rang in der Hierarchie der Gesetzesbeamten vertraten.

Bear River, Wyoming, 1868. In Kistenbretterstädten wie dieser, weitab von allen behördlichen Institutionen, regierte das Faustrecht.

Der Spielraum des US-Marshals war jedoch ausschließlich auf die Gesetzgebung der Bundesbehörden beschränkt, die außerhalb des Amtsbereichs der Town-Marshals und County-Sheriffs lag, damit auch weitgehend entfernt von den populären bürgernahen Problemen.
Vergehen gegen die US-Post, gegen Armee- und Regierungseinrichtungen unterlagen der Kompetenz der US-Marshals genauso wie die Überwachung der Staatsgefängnisse und Indianerreservationen.
Ausnahmen gab es nur dort, wo ein Territorium der USA noch nicht

Dodge City, Mainstreet. In der »Queen of Cowtowns« von Kansas versuchten Revolvermänner und Abenteurer wie Bat Masterson als Polizeichefs das Gesetz durchzusetzen.

den Status eines Vollmitglieds der Vereinigten Staaten besaß. In diesen Gebieten lag die volle Polizeigewalt beim US-Marshal, der mit seinen Deputies sämtliche Beamten auf Kreis- und Ortsebene ersetzte und dem zuständigen Bundesrichter unterstellt war. Klassisches und bekanntestes Beispiel dafür war Oklahoma, in dem eine kleine Armee von US-Deputy-Marshals gegen die letzten Gesetzlosen des Wilden Westens kämpfte.

US-Marshals wurden von den Gouverneuren der Staaten und Territorien vorgeschlagen und vom Präsidenten der USA, später vom Justizminister, ernannt. Nachdem auch dieses Amt mehr und mehr in das Ränkespiel der politischen Parteien gezerrt wurde, verlor es um die Jahrhundertwende nach und nach seine Reputation. Dagegen breitete sich die Legende um die Sheriffs und Town-Marshals mehr und mehr aus. Sie wurden zu Symbolfiguren für das Gesetz in der Pioniergeschichte Amerikas, die die Leistung der Westwanderer, der Bürgergemeinschaften, der Vigilanzkomitees und der ersten Richter in den Hintergrund drängten.

Um die Marshals und Sheriffs in ihrem Kampf gegen Gewalt und Kriminalität zu unterstützen, beschlossen einige Stadtverwaltungen besondere städtische Verordnungen, die den örtlichen Verhältnissen und den praktischen Erfordernissen angepaßt waren. 1868 erließ der Stadtrat von Green River in Dakota eigene Stadtgesetze, die die Stellung des Marshals ebenso regelten wie den Alkoholausschank, die Prostitution, das Glücksspiel und die Geschwindigkeiten von Reitern und Pferden und Wagen im Straßenverkehr. (Beinecke Book and Manuscript Library, Yale University.)

John Selman, Deputy-Sheriff in El Paso, Texas. Selbst ein desperater Charakter wie viele Beamte in der Pionierzeit. Ein Berufsspieler, hemmungsloser Trinker und Abenteurer, der 1896 den Rechtsanwalt und ehemaligen Revolvermann John Wesley Hardin hinterrücks ermordete.

Die Entstehung des Gesetzes im Westen war ein komplizierter, von individuellen Bedürfnissen der Gemeinschaft der Frontiersmen geprägter Prozeß, nicht das Werk Einzelner. Sheriffs, Marshals und US-Marshals waren nur ausführende Vertreter eines Rechtssystems, das von Pionieren aufgrund praktischer Erfahrungen geschaffen worden war. Viele der Beamten versagten, das System aber funktionierte und überdauerte sie.

John Marshall, Polizeichef von El Reno, Oklahoma. Einer der vielen unbekannten Town-Marshals, die ohne großes publizistisches Aufsehen ihre Pflicht taten und dem Gesetz in der Wildnis des amerikanischen Westens eine Grundlage schufen.

DIE TEXAS RANGERS

Ich werde die Texas Rangers einmal beschreiben, wie sie wirklich sind: Zunächst einmal braucht ein Ranger ein gutes Pferd, einen soliden Sattel, einen doppelreihigen Patronengurt, einen zuverlässigen Karabiner, einen Revolver und einen Haufen Munition.

Er benötigt besonders strapazierfähige Kleidung, am besten aus Wildleder oder festem, dauerhaftem Stoff, außerdem einen breitkrempigen Hut im mexikanischen Stil, ein festes Oberhemd, hochhackige Stiefel und Sporen, dazu eine hüftkurze Jacke, so daß er sie bequem während des Reitens im Sattel tragen kann.

Ein richtiger Texas Ranger erträgt Kälte, Hunger und alle Strapazen ohne zu murren, er wird seinen Freunden und Kameraden in der Stunde der Gefahr jederzeit beistehen, und er wird mit ihnen alles teilen, die Decke genauso wie den letzten Krümel Tabak.

A. J. Sowell, RANGERS AND PIONIERS OF TEXAS, 1884

Die Stadtpolizei von Colorado Springs. Bereits 1885 hatte die Stadtverwaltung beschlossen, den Town-Marshal und seine Deputies, die bis zu diesem Zeitpunkt, wie es üblich war, Zivilkleidung getragen hatten, mit Uniformen auszustatten.

Der heutige Staat Texas und weitere Gebiete des amerikanischen Südwestens waren um das Jahr 1800 noch immer im Besitz des ehemaligen spanischen Vizekönigreichs, der Republik Mexiko. Mexikanische Großgrundbesitzer, *Hazienderos*, Nachfahren alter spanischer Familien, die einst mit den *Konquistadores* ins Land gekommen waren, beherrschten das kaum besiedelte Gebiet, das sie aufgrund von Schenkungen spanischer Könige als ihr Eigentum betrachteten. Es gab nur wenige Siedlungen, in denen mexikanische Regierungsbeauftragte, *Alcaldes*, residierten. Im Jahre 1820 vereinbarte der Landmakler Stephen F. Austin mit der mexikanischen Regierung, amerikanische Siedler nach Texas zu holen.

Stephen Austin, der »Vater von Texas«. Er holte die ersten amerikanischen Siedler nach Texas und schuf die Grundlagen für die Entstehung der Texas-Ranger-Truppe.

Austin war besessen von seiner Idee. Er reiste durch die östlicher gelegenen Staaten und ließ durch Boten die Nachricht von kostenlosem, erstklassigem Siedlungsland verbreiten.

Er hatte Erfolg. Noch im gleichen Jahr zogen die ersten Trecks nach Texas. Weiße Siedler steckten Land ab und begannen, den Boden zu kultivieren.

Schon bald aber wuchs den mexikanischen Behörden die Einwandererschwemme über den Kopf. Sie versuchten, die Flut der Neusiedler zu stoppen. Vergeblich.

Schickanöse Gesetze wurden erlassen, die die Siedler diskriminierten und zu Menschen zweiter Klasse degradierten. Gleichzeitig wurden die Steuern für die Einwanderer ständig angehoben.

Trotzdem strömten immer mehr Amerikaner in die weiten Ebenen von Texas, und die Mexikaner gerieten schon nach kurzer Zeit in die Minderheit. Nichtsdestotrotz versuchten sie, die Neuankömmlinge zu dominieren.

Ein Amerikaner besaß in Texas keinerlei Rechte. Er hatte auch keinen Anspruch auf den Schutz des mexikanischen Gesetzes, das ohnehin nicht sehr stark vertreten war. Das führte dazu, daß mexikanische *Bandoleros* immer wieder die weißen Siedlungsgebiete heimsuchten, Hütten niederbrannten, Siedler ausplünderten und Menschen töteten, ohne daß die Be-

Samuel Houston, der ersten Gouverneur von Texas. Er sorgte für den Ausbau der Ranger-Truppe.

hörden dagegen einschritten. Zudem wurden die Amerikaner immer stärker von marodierenden Comanchenhorden bedrängt, die nicht daran dachten, ihre angestammten Heimatgebiete kampflos den Weißen zu überlassen.

Die Kolonisten Stephen Austins aber beabsichtigten nicht aufzugeben. Die Willkür der mexikanischen Behörden weckte ihren Widerstand. Sie schlossen sich immer fester zusammen, verweigerten schließlich die Zahlung der Steuern und begannen, sich gegen Mexiko zu organisieren.

Zwischen 1823 und 1826 kam ein Prozeß in Gang, der durch die Intoleranz der mexikanischen Regierung gefördert wurde und schließlich zur gewaltsamen Lösung der Provinz Texas von Mexiko führte.

In dieser Zeit schufen die amerikanischen Siedler eine eigene milizähnliche Schutztruppe, die ihre Heimstätten bewachte und gegen mexikanische Plünderer und Comanchenbanden verteidigte.

Diese Männer, die sich freiwillig zur Verfügung stellten und auf den weiten »Ranges« (wörtl.: Weidegebiete) Patrouille ritten, wurden »Ranger« genannt. Schon bald erlangten sie einen legendären Ruf. Sie profilierten sich als entschlossene, furchtlose Kämpfer, die binnen kurzer Zeit selbst den Comanchen, deren die Mexikaner nie Herr geworden waren, Respekt einflößten, denn sie machten sich deren ureigene Kampfgebräuche und Taktik zu eigen und schlugen die Indianer mit eigenen Mitteln. Bei den verschreckten Mexikanern erhielt die Truppe alsbald den Beinamen »Los Diablos Tejanos«, die texanischen Teufel.

Die Ranger wurden zu einer festen Einrichtung, zu einer Institution, die den Stolz der Texaner und ihr Drängen auf Eigenständigkeit und Eigenstaatlichkeit symbolisierte.

Als im Jahre 1835 die Grundsätze einer provisorischen Verfassung für eine selbständige texanische Republik niedergelegt wurden, die nach einer Abspaltung von Mexiko gegründet werden sollte, hieß es darin:

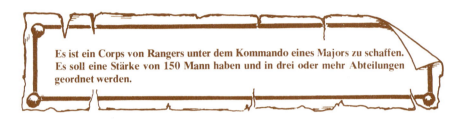

Es ist ein Corps von Rangers unter dem Kommando eines Majors zu schaffen. Es soll eine Stärke von 150 Mann haben und in drei oder mehr Abteilungen geordnet werden.

Ein Jahr später riefen Stephen Austin und sein Mitstreiter Samuel Houston die Republik von Texas aus und erklärten die Unabhängigkeit von Mexiko. Die mexikanische Regierung versuchte daraufhin, die Revolution blutig niederzuschlagen, aber die Armee unter General Santa Ana wurde von den Texanern am Jacinto vernichtend besiegt. Texas war damit ein selbständiger Staat.

Die neue Republik prosperierte. Immer neue Siedler strömten ins Land, Städte und Straßen entstanden, sowie ein Verwaltungsnetz.

Der Ranger-Truppe fiel beim Aufbau des Landes ein wichtiger Part zu. Die Gefahr durch die Comanchen war nicht gebannt, und immer wieder stießen mexikanische Guerillas über die Grenze nach Texas vor, um zu brennen, zu rauben und zu morden und die junge Republik in ihren Grundfesten zu erschüttern. Die Ranger wurden zum Garant der Sicherheit des Staates. Sie ersetzten für lange Zeit kommunale und staatliche Gesetzesbeamte und entwickelten sich so zu einer halbmilitärisch organisierten Polizeitruppe. Im Jahre 1838 waren die Ranger auf mehr als 840 Mann angewachsen, die in 15 Kompanien eingeteilt waren.

Sie lebten in kleinen, schwerpunktmäßig verteilten Forts, trugen militärische Ränge und übernahmen Armeeaufgaben – wie die Bekämpfung der Indianer. Gleichzeitig aber vertraten sie die Gesetze der Republik Texas, machten Jagd auf Viehdiebe und Straßenräuber, auf Mörder und andere Kriminelle.

Sie trugen keine Uniform, lediglich ein Abzeichen – eine Münze, aus der das Symbol des Staates Texas, ein fünfzackiger Stern, ausgestanzt worden war. Sie unterwarfen sich keinem Drill, keiner soldatischen Disziplin. Sie waren Individualisten, die sich nur der gemeinsamen Sache, dem gemeinsamen Ziel und dem Zwang der Notwendigkeit fügten. Ihre Kommandanten waren lediglich »*primus inter pares*«, erste unter gleichen, und bezogen ihre Autorität durch ihre persönliche Qualifikation. Ihre Befehle waren eher kollegialer Art. Jeder Rangerführer wußte, daß sich seine Männer keinerlei disziplinarischem Druck beugten. Was zählte, war nicht der Rang, sondern die Leistung. Diesem Prinzip unterwarfen sich auch die Offiziere. Eine einmalige Erscheinung.
In diesem Sinn repräsentierten die Ranger den typischen texanischen Pionier, der stolz auf seine Freiheit war, sich jeglichem Zwang widersetzte und sein Handeln und Tun ausschließlich in eigener Verantwortung bestimmte.
Die texanische Bevölkerung erkannte sich in den »Ein-Stern-Reitern« wieder, was die ungeheure Popularität und Verbundenheit der Ranger-Truppe mit den Siedlern, die oft genug den rauhen Reitern Leben und Existenz verdankten, erklärte.

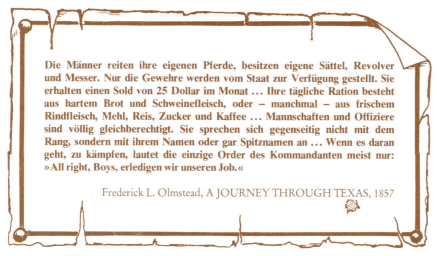

Die Männer reiten ihre eigenen Pferde, besitzen eigene Sättel, Revolver und Messer. Nur die Gewehre werden vom Staat zur Verfügung gestellt. Sie erhalten einen Sold von 25 Dollar im Monat ... Ihre tägliche Ration besteht aus hartem Brot und Schweinefleisch, oder – manchmal – aus frischem Rindfleisch, Mehl, Reis, Zucker und Kaffee ... Mannschaften und Offiziere sind völlig gleichberechtigt. Sie sprechen sich gegenseitig nicht mit dem Rang, sondern mit ihrem Namen oder gar Spitznamen an ... Wenn es daran geht, zu kämpfen, lautet die einzige Order des Kommandanten meist nur: »All right, Boys, erledigen wir unseren Job.«

Frederick L. Olmstead, A JOURNEY THROUGH TEXAS, 1857

Im Jahre 1845 streckte Mexiko noch einmal seine Fühler nach Texas aus und versuchte, die erlittene Schlappe von 1836 wieder zu revidieren. Truppen rückten heran, in einer Stärke, der Texas allein nicht gewachsen war. Gouverneur Samuel Houston suchte um Hilfe bei der Regierung der USA nach. Nachdem Texas im Dezember 1845 den Vereinigten Staa-

Jack Hayes, ein Texas Ranger der ersten Stunde. Der ehemalige Landvermesser schlug legendäre Schlachten gegen Comanchen und Mexikaner.

ten als 28. Staat beigetreten war, marschierten US-Truppen zum Rio Grande und stellten sich der mexikanischen Invasion entgegen. Ein dreijähriger blutiger und verbissen geführter Krieg zwischen Mexiko und den Vereinigten Staaten begann.

In diesem Krieg spielten die Texas Rangers eine hervorragende militärische Rolle. Zusammen mit dem Oberkommandierenden der amerikanischen Armee, General Zachary Taylor, überschritten sie den Rio Grande, stießen tief ins Innere von Mexiko vor, eroberten Mexiko City und nahmen den Staatspräsidenten gefangen. Damit war der Krieg entschieden. Im Februar 1848 trat Mexiko das Territorium von Texas und weitere Gebiete endgültig an die Vereinigten Staaten ab.

Von nun an beschränkte sich die Rolle der Texas Rangers im Wesentlichen auf die Bekämpfung der Indianer und mehr und mehr auf die Grenzsicherung. Außerdem standen sie als Hilfstruppe für County-

Alexander »Big Foot« Wallace, einer der berühmtesten Texas Rangers.

Sheriffs und Town-Marshals zur Verfügung. Rangers hatten jedoch keine individuelle Polizeigewalt. Sie durften nur auf ausdrückliches Ersuchen und mit Zustimmung der kommunalen Beamten tätig werden. Der einsame Ranger, der als Banditenjäger durch die Ebenen von Texas reitet, ist eine Legende. Ranger traten fast nie einzeln, sondern meist in ganzen Kompanien auf. Sie griffen auf Anordnung des Gouverneurs nach dem Bürgerkrieg in die Weidefehden und die Zaunschneiderkriege ein und kämpften gegen Schmuggler und Viehdiebe an der Grenze zu Mexiko.
Ihre Leistungen im texanischen Freiheitskampf aber prägten in der Bevölkerung das eigentliche Bild der Ranger.
Jeder einzelne Ranger ist in die Geschichte von Texas eingegangen. Wie John Coffee »Jack« Hays, ein am 28. Januar 1817 in Tennessee geborener Landvermesser, der 1837 nach Texas zog, um dort zu siedeln, sich in

James B. Gillett. Der ehemalige Cowboy war als Texas Ranger der Schrecken aller Viehdiebe an der mexikanischen Grenze. Er mehrte seinen Ruhm als Sheriff mehrerer Counties in Texas und als Polizeichef von El Paso und beendete sein Leben friedlich als Viehzüchter.

Auseinandersetzungen mit Indianern einen Ruf als unerschrockener, taktisch geschickter Kämpfer erwarb, 1840 zum Captain einer Texas-Ranger-Kompanie ernannt wurde und von da an einige legendäre Indianerschlachten schlug. Er war einer der ersten, der seine Leute mit den neuartigen, viel bespöttelten Colt-Revolvern ausrüsten ließ und diesen Waffen damit zum Durchbruch verhalf. 1841 besiegte er mit nur 120 Männern in einer der spektakulärsten Schlachten der texanischen Geschichte am Enchanted Rock 1200 Comanchen, es war die größte Comanchenstreitmacht, die sich jemals zum Kampf gegen die weißen Eindringlinge zusammengefunden hatte.

Hays wurde zum Volkshelden. Während des Krieges mit Mexiko brachte er es zum Colonel und gehörte zu den ersten, die in Mexiko City einmarschierten. 1848 lockte ihn der Goldrausch nach Kalifornien. Hier wurde er schon bald darauf zum Sheriff gewählt, kehrte später in seinen eigentlichen Beruf als Landvermesser zurück und gehörte zu den Grün-

Texas Ranger und Sheriff August M. »Gus« Gildea.

dern der kalifornischen Stadt Oakland. Als er am 25. April 1883 starb, waren in Texas zahllose Städte und ein County nach ihm benannt worden.

Gleiches gilt für »Big Foot« Alexander Wallace, einen zweihundertfünfzig Pfund schweren Hünen, der 1836 nach Texas kam, um den Mörder seines Bruders zu suchen, der danach beschloß, zu bleiben, schließlich im Ranger-Regiment von Jack Hays landete und zu einem der gefürchtetsten Indianerkämpfer wurde.

Auch James Buchanan Gillett war einer jener Ranger, die noch heute in Texas unvergessen sind. Ein 1856 geborener Cowboy, dessen Vater vier Jahre lang Oberkommandierender der Texas Rangers gewesen war. Er trat 1875 in die Ranger-Truppe ein und machte den Grenzschmugglern am Rio Grande das Leben sauer. Als die Texas Rangers am 19. Juli 1878

Texas Ranger W. E. »Ebb« Riggs bei der Festnahme eines neunfachen Mörders in Kilgore, Texas.

in Round Rock den Eisenbahn- und Postkutschenräuber Sam Bass stellten, war er beteiligt. Er folgte 1882 Dallas Stoudenmire im Amt des City-Marshals von El Paso und zog sich erst im Jahre 1900, nachdem er mehrmals Marshal und Sheriff in verschiedenen Städten und Counties gewesen war, aus dem öffentlichen Leben zurück. Er gründete eine Ranch und wurde ein erfolgreicher Geschäftsmann und Rinderzüchter, der im Juni 1937 in Temple, Texas, als hochangesehener Mann starb.

Nach dem amerikanischen Bürgerkrieg wurde die Ranger-Truppe mehrmals reformiert und immer wieder personell reduziert, auch die Aufgabenstellung und Kompetenzen wurden eingeschränkt. Der legendäre Ruhm aber, den die Truppe in den Gründerjahren von Texas erworben hatte, blieb erhalten, bis heute.

Die E-Kompanie des Texas-Ranger-Grenzbataillons in Alice, Texas, 1892.

1935 wurden die Texas Rangers dem Department für öffentliche Sicherheit unterstellt und der »State Highway Police« beigeordnet. Die Truppe, die heute hauptsächlich grenzpolizeiliche und polizeiergänzende Aufgaben wahrnimmt, aber fest in der Tradition der ersten Ranger verankert steht, ist klein geworden. Es gibt nur noch 82 Ranger. Jeder einzelne wird vom Gouverneur persönlich ernannt. Wer sich für diese Truppe bewirbt, muß besonders qualifiziert sein und mindestens eine achtjährige Dienstzeit als hervorragender Polizeioffizier oder Sheriff nachweisen können. Mitglied der Texas Rangers zu sein, ist noch heute eine Prestigefrage, denn noch immer stimmt das, was der Gouverneur von Texas, Preston Smith, in seinem Vorwort zu dem Buch »Pictorial History of the Texas Rangers« 1969 schrieb:

> Die Geschichte der Texas Rangers ist gleichbedeutend mit der Geschichte des »Lone Star Staates«. Die Ranger schrieben zahlreiche Kapitel der texanischen Geschichte ... Sie sind die älteste und berühmteste Organisation ihrer Art in der Welt, und die Männer, die ihr angehören, sind noch heute das, was auch die ersten Ranger waren, »a special breed of men«, eine ganz besondere Sorte Männer.

Abb. links: Sternförmiges Abzeichen eines Deputy-Sheriffs aus schwerem Sterling-Silber, ca. 1885.

Rechts: Deputy-Sheriff-Abzeichen aus Bronze, ca. 1870.

Abzeichen von städtischen Polizeichefs in der amerikanischen Pionierzeit, ca. 1890.

Links: Das silberne Abzeichen des Polizeichefs der Goldrauschstadt Deadwood, Süd-Dakota. Rechts: Das Abzeichen eines indianischen Reservationspolizisten aus Oklahoma.

◀ *Deputy-Sheriff-Abzeichen in der ursprünglichen Wappenform, die auf die mittelalterlichen Schilde englischer Ritter zurückgeht, aus Cheyenne, Wyoming, ca. 1895.*

▼ *Das Abzeichen eines US-Deputy-Marshals unter Richter Parker, dem Todesrichter der Pionierzeit. Die Beamten in Oklahoma fochten einen erbitterten Kampf gegen die letzten Banditen des Wilden Westens.*

*Zeitgenössischer Holzschnitt eines Postkutschenüberfalls.
Privatdetektive führten erbitterte
und meist erfolgreiche Kleinkriege gegen Straßenräuberbanden.
(Denver Public Library.)*

Männer, die niemals schlafen

DIE DETEKTIVE

> Der Kriminelle im Wilden Westen ... ist jederzeit bereit, ohne jede Rücksichtnahme um sein Leben zu kämpfen. Der Mann, der ihn jagt, tut gut daran, sein Pulver trockenzuhalten.
> Erzählungen aus dem weiten Westen haben einen sensationellen Klang, und die Erlebnisse dort scheinen packender und farbiger zu sein als die Geschehnisse in den zivilisierteren Oststaaten. Tatsache aber ist auch, daß das Leben der Detektive im Westen unglaublich hart und gefährlich ist und selten etwas von der Romantik der Western-Novellen, die überall verbreitet werden, hat.
> Die Detektive in den unwegsamen Bergen und den riesigen Ebenen in der Mitte des Kontinents müssen nicht nur große Erfahrungen und einen ausgeprägten Scharfsinn besitzen, um den Gesetzlosen gewachsen zu sein. Sie müssen auch in erheblichem Maß persönlichen Mut aufbringen und jederzeit bereit sein, ihr Leben zu riskieren und sich gesuchten Banditen zum Kampf Mann gegen Mann zu stellen. Von ihnen wird mehr verlangt als von den meisten beamteten Polizisten. Es ist eine harte Geschichte, aber so sehen die Fakten nun einmal aus. Sie sprechen für sich selbst.
>
> D. J. Cook, HANDS UP, 1882

SIE NANNTEN IHN »DAS AUGE«

Der Herbstwind strich kühl über die Ebenen des Staates Indiana, auf die sich der Abend senkte, als drei Männer in langen, mausgrauen Staubmänteln die Bahnstation der kleinen Stadt Seymour betraten. Sie mischten sich betont unauffällig unter die wartenden Fahrgäste auf dem Bahnsteig und bestiegen wenig später den Zug der »Ohio-&-Mississippi-Railroad-Company«.

> Die bekannteste Privatorganisation zur Verbrechensbekämpfung entstand um 1850 in Chicago. Allan Pinkerton sammelte seine ersten Erfahrungen als Privatdetektiv mit den großen Eisenbahngesellschaften des Mittelwestens, die zu seinen bevorzugten Klienten zählten.
> Die Pinkertons übernahmen Aufträge auf dem ganzen amerikanischen Kontinent. Sie bewachten Buffalo Bill's Wild West Show, sie spürten John Wesley Hardin, den Killer, in Florida auf, sie leiteten erfolgreich die Fahndung nach dem Mörder Albert Horsely, der den Gouverneur von Idaho, Frank Steunenberg, umgebracht hatte, sie ergänzten oft genug die Fahndungslisten der Behörden mit wichtigen Informationen über gesuchte Kriminelle, lange bevor die Bundesbehörden ihre bürokratischen Schwierigkeiten überwunden hatten. Trotzdem waren die Detektive Pinkertons wegen ihrer Methoden häufig Objekte öffentlicher Kritik.
>
> Frank R. Prassel, THE WESTERN PEACE OFFICER, 1972

Während der Zug in die Nacht hinausfuhr, kletterten die drei Männer von einer Außenplattform aus auf die Waggondächer, bewegten sich nach vorn und stiegen über den Tender der Lokomotive in den Führerstand. Hier zogen sie Revolver unter ihren Mänteln hervor und zwangen den Lokführer und den Heizer, den Zug auf freier Strecke zu stoppen. Aus einem nahen Waldgürtel ritten weitere Männer heran. Gemeinsam brachen sie den Frachtwaggon der »Adams-Express-Company« auf und raubten aus zwei Geldschränken insgesamt fast 45 000 Dollar. Der Zug konnte kurz darauf seine Fahrt fortsetzen. Es hatte keine Verletzten gegeben. An jenem Abend des 6. Oktober 1866 hatte der erste Eisenbahnüberfall in den USA stattgefunden.

In den folgenden Tagen und Wochen waren die Zeitungen Amerikas erfüllt von Meldungen über diesen unglaublichen Vorgang, der einige Jahre später bereits zu einer regelmäßigen Erscheinung geworden sein sollte, der das öffentliche Interesse kaum noch Tribut zollte.

Wenige Tage nach dem Überfall trafen Beauftragte der beraubten »Adams-Express-Company« in Indiana ein, die die etwas hilflos agierenden örtlichen Behörden unterstützen sollten. Es handelte sich um Angestellte der Privatdetektei Allan Pinkerton aus Chicago, denen ein legendärer Ruf vorauseilte. Angeführt wurden sie vom Junior-Chef der Agentur, William Pinkerton.

Tatsächlich gelang es den Detektiven schon bald, die Täter zu identifizieren. Der Überfall war nicht ohne Zeugen geblieben, Zeugen, die die Pinkerton-Männer aufspürten und gründlich verhörten.

William A. Pinkerton (Mitte), der älteste Sohn des Gründers der berühmtesten Privatdetektei der Welt, Allan Pinkerton. Flankiert von zwei Eisenbahndetektiven der Agentur, Pat Connell (links) und Sam Finley (rechts).

Ihre Ermittlungen ergaben, daß es sich bei den Räubern um die Brüder John, Simeon, Clinton, Frank und William Reno handelte. Söhne eines biederen, wohlangesehenen Farmers, die als blutjunge Männer während des Bürgerkrieges auf seiten der Südstaaten in Guerilla-Banden gekämpft hatten.
Die Spur, die die Pinkerton-Detektive aufgenommen hatten, wurde nicht

John Reno, Anführer der ersten Eisenbahnräuber Amerikas. Die Pinkerton-Detektive machten die Bande dingfest. Aufgebrachte Bürger holten die Reno-Brüder am 11. 12. 1868 aus dem Gefängnis von New Albany, Indiana, und lynchten sie.

kalt. Kurz nach dem Zugüberfall, raubte die Bande im benachbarten Staat Missouri die Kasse des Finanzamtes des Daviess Countys aus und erbeutete 22 065 Dollar. Die Detektive, die auch hier sofort ihre Ermittlungen aufnahmen, stellten rasch fest, daß die Renos ihre Hauptquartier in Seymour aufgeschlagen hatten und von zahlreichen Sympathisanten geschützt wurden. Die übrige Bevölkerung hingegen wurde eingeschüchtert und war übelstem Terror ausgesetzt. Selbstherrlich und mit kaum zu überbietender Dreistigkeit beherrschten die Reno-Brüder und ihre Kumpane das kleine Städtchen und erstickten gewaltsam jeden Widerstand.

So unglaublich es klingt: Niemand wagte, gegen sie vorzugehen. Das Land war schwach besiedelt. Es gab nur wenige Behörden. Die Bürger waren allein auf sich gestellt und den brutal auftretenden Banditen nicht gewachsen. Auch die Pinkerton-Detektive konnten nicht auf Unterstützung durch behördliche Einrichtungen rechnen, sondern mußten sich auf ihre eigenen Methoden verlassen.

William Pinkerton schickte Mittelsmänner in die Stadt und ließ sich über die Gewohnheiten der Renos, die das gesamte Leben im Ort kontrollierten, und ihres Anführers, John Reno, unterrichten. Dann charterte er in Cincinnati einen Zug, den er mit sechs entschlossenen Männern bestieg, und fuhr nach Seymour.

Als der Zug in die Station einrollte, standen John Reno und einige seiner Kumpane auf dem Bahnsteig, um Ankunft und Abfahrt der verkehrenden Züge zu überwachen. Pinkerton und seine Männer sprangen aus ihrem Abteil, kaum daß der Zug gehalten hatte, stürzten sich auf den überraschten Banditen, überwältigten ihn und schleppten ihn unter den Augen seiner verblüfften Leute in den Zug, der sofort in rasendem Tempo die Station wieder verließ. Die ganze Aktion hatte keine zwei Minuten gedauert.

Es nützte nichts, daß John Renos Brüder sofort ihre Bande zusammentrommelten und die Verfolgung aufnahmen. Das ebenso spektakuläre wie charakteristische Husarenstück der Pinkertons war geglückt. John Reno wurde nach Missouri gebracht, dort wegen Banküberfalls vor Gericht gestellt und zu vierzig Jahren Zwangsarbeit verurteilt.

Allerdings war die Annahme, die Bande zerstören zu können, indem man ihr den Kopf raubte, irrig gewesen. Frank Reno übernahm sofort die Führung, die Raubzüge gingen weiter.

Im Februar 1868 überfielen die Renos die Harrison-County-Bank in Magnolia, Iowa. Sie erbeuteten 14000 Dollar. Auch weiterhin operierte die Bande mit Drohungen und Einschüchterungen gegenüber der Bevölkerung, um sich vor Verfolgungen durch das Gesetz abzusichern. Trotzdem gelang es Pinkerton und seinen Männern, Ende März die Räuber festzunehmen und ins Gefängnis von Council Bluff einzuliefern. Damit hatten die Privatdetektive abermals den Behörden ihre Überlegenheit demonstriert.

Es war ein altes Gefängnis, und die Beamten von Council Bluff waren in keiner Weise für die Bewachung von so gefährlichen Verbrechern gerüstet.

Am Morgen des 1. April waren die Banditen verschwunden. In der Rückwand ihrer Zelle befand sich ein großes Loch. Daneben hatten sie mit Holzkohle auf die Wand geschrieben: »April, April!«

Kurz darauf schlugen sie wieder zu: Am 22. Mai 1868 überfielen sie in der Nähe von Marshfield einen Zug der »Jefferson, Missouri-&-Indianapolis-Eisenbahn« und erbeuteten die gewaltige Summe von 96000 Dollar in Gold und Wertpapieren.

Die Erregung in der Bevölkerung wuchs, nicht nur wegen der Unverfrorenheit der Gangster, auch wegen der Untätigkeit der wenigen und schwachen Behörden. Das öffentliche Interesse und die Hoffnungen der Bürger richteten sich nun in erster Linie auf die Detektive der Pinkerton-Agentur.

William Pinkerton zögerte nicht, mit unkonventionellen Methoden auf sein Ziel zuzuarbeiten. Durch Mittelsmänner ließ er Frank Reno die Nachricht zukommen, daß die »Adams-Express-Company« einen Transport von über 100 000 Dollar in Gold plane.

Der Köder war ausgeworfen, die Banditen griffen zu. In der fraglichen Nacht hielten Frank Reno und seine Männer den angeblich so reich beladenen Zug an. Als sie die Tür des Express-Waggons aufbrachen, erlebten sie eine herbe Überraschung. Statt solider Goldbarren, befanden sich Pinkerton-Detektive darin, die sofort das Feuer eröffneten.

Verwundet flüchteten die Banditen nach einer wilden Schießerei in die Nacht, verfolgt von gnadenlosen Jägern, die ihre Chance witterten, die Reno-Bande endgültig vernichten zu können.

Die Nachricht von der verheerenden Niederlage der Renos machte rasch die Runde, und neben den Pinkerton-Detektiven und Vertretern der Behörden jagten Angehörige von spontan gebildeten Bürgerwehren die geschlagenen Räuber, um Rache zu nehmen.

Das Lynchfieber ergriff die Menschen, und bevor die Detektive die Banditen stellen konnten, waren bereits fünf Angehörige der Reno-Bande von aufgebrachten Bürgern eingefangen und auf der Stelle gehängt worden.

Die Erregung war verständlich. Ungeachtet des individuellen Terrors, den die Bande auf Farmer und Bewohner kleiner Ortschaften ausgeübt hatte, waren bei den letzten Überfällen zahlreiche Menschen verletzt und sogar getötet worden.

Den Pinkerton-Detektiven gelang es am 22. Juli 1868, William und Simeon Reno dingfest zu machen. Unter starkem Polizeischutz wurden sie ins Gefängnis eingeliefert und dort Tag und Nacht bewacht, um sie vor der aufgebrachten Bevölkerung zu schützen.

Währenddessen ermittelten die Detektive Pinkertons weiter. Allan Pinkerton, der Gründer und Chef der Detektei, griff nun selbst in den Fall ein, nachdem geklärt war, daß sich die übrigen Bandenmitglieder nicht mehr in den USA befanden. Sie waren nach Kanada geflüchtet und hielten sich in der kleinen Stadt Windsor auf.

Mit einem Empfehlungsschreiben des Präsidenten Andrew Johnson in der Tasche reiste Allan Pinkerton nach Kanada und erwirkte beim dortigen General-Gouverneur die Auslieferung der Räuber.

County-Sheriff Thomas J. Fullenlove. Er war für das Gefängnis von New Albany verantwortlich, in dem die Reno-Bande auf ihren Prozeß wartete. Er konnte die Lynchjustiz nicht verhindern.

In Handschellen brachte Pinkerton Frank Reno, Michael Rogers, Miles Ogle, Albert Perkins und Charles Spence aus Kanada mit und lieferte sie ins County-Gefängnis von New Albany ein. Sein Gefangenentransport glich einem Triumphzug. Er und seine Leute hatten auf der ganzen Linie gesiegt. Aber der Fall war noch nicht abgeschlossen.
Ein eisiger Nordwestwind strich von den Bergen heran, und der Schnee lag hoch, als in der Nacht des 11. Dezember 1868 eine Gruppe von Männern mit scharlachroten Masken die Bahnstation von Seymour betrat und eine Baldwin-Lokomotive, die gerade unter Dampf stand, bestieg. Der Lokführer wurde niedergeschlagen, einige der anhängenden Waggons wurden abgekoppelt. Dann setzte sich der Zug in Bewegung und fuhr in Richtung New Albany.
Gegen Mitternacht weckte ein lautes Donnern und Krachen die Bürger

der County-Stadt. Als sie aus den Fenstern schauten, durchbrachen gerade die maskierten Männer aus Seymour mit einem mächtigen Rammbalken das Tor des Bezirksgefängnisses, in dem die Gefangenen durch den Lärm längst erwacht waren und aus den vergitterten Fenstern ihrer Zellen laut um Hilfe schrien.

Die Männer mit den roten Kapuzen drangen in das Verwaltungsgebäude des County-Jails und in das Sheriffs-Office ein. Sie überwältigten die Wachmannschaft. Halbangezogen und verschlafen, mit einer Schrotflinte im Arm, tauchte der County-Sheriff Thomas J. Fullenlove auf, der wenige Tage vorher noch lautstark geprahlt hatte, daß er jeden Lynchmob gnadenlos zerschlagen werde.

Ein Schuß traf ihn in die Schulter und streckte ihn nieder, während die Maskierten den Gefängnisschlüssel an sich rissen und den Zellentrakt stürmten.

Sie liefen an den Gittertüren der Zellen vorbei und holten die Mitglieder der Reno-Bande heraus. Die Räuber schrien und wehrten sich mit allen Kräften. Es nützte ihnen nichts. Die Maskierten hängten sie vor ihren Zellen auf. Einen nach dem anderen. Danach verließen sie wie sie gekommen waren das Gefängnis, bestiegen den Zug und fuhren zurück nach Seymour. Die Nacht des 11. Dezember 1868 ging als »Blutnacht von New Albany« in die Geschichte des Staates Indiana ein.

Das war das letzte Kapitel eines Kriminalfalles, der wieder einmal spektakulär einen Namen ins Schlaglicht der Öffentlichkeit gerückt hatte: Allan Pinkerton.

In den Jahren vorher hatte er bereits nationalen Ruhm erworben. Wo Behörden versagten, wurde er geholt, wurde auf ihn vertraut. Pinkerton, eine lebende Legende. Pinkerton, von der Aura des Erfolgs umgeben. Pinkerton, der Allwissende, Pinkerton, der Unfehlbare, der Mann, der niemals schlief, der Inbegriff des amerikanischen Privatdetektivs.

*

Allan Pinkerton wurde am 25. August 1819 in den Slums der schottischen Stadt Glasgow geboren. Die Familie wohnte umgeben von Bettlern, Schmugglern, Ganoven und Ausgestoßenen. Die Mutter arbeitete in einer Baumwollspinnerei, der Vater war Wärter im städtischen Gefängnis.

Allan wuchs in ärmlichen Verhältnissen und unter denkbar ungünstigen Bedingungen auf. Er erhielt nur eine dürftige Schulausbildung, da er als

Pinkerton-Detektive nehmen nach einem Eisenbahnüberfall die Verfolgung der Banditen auf.

Achtjähriger, nachdem sein Vater gestorben war, bereits gezwungen war, für seinen Lebensunterhalt selbst zu sorgen. Er mußte die Schule verlassen und für einen Hungerlohn in einer Fabrik arbeiten.

Man schrieb das Jahr 1827. Die Lebensbedingungen des britischen Proletariats waren zu jener Zeit derart jämmerlich und menschenunwürdig, daß es erstaunlich ist, daß sich der halbwüchsige Allan Pinkerton trotz allem nicht unterkriegen ließ. Die Tatsache, daß er nicht, wie viele andere Jungen seines Alters, vom geraden Weg abglitt, sondern sich durchbiß, spricht für seine überdurchschnittliche Intelligenz und den eisernen Willen, der ihn schon als Kind auszeichnete.

Nach vier Jahren harter Fabrikarbeit, in denen er Tag für Tag zwölf Stunden und mehr hatte schuften müssen, um wenigstens das Existenzminimum zu verdienen, gelang es ihm, eine Lehrstelle bei einem Böttcher zu erhalten. Im Dezember 1837 wurde ihm der Gesellenbrief als Böttcher überreicht.

Allan Pinkerton wanderte nun ein Jahr lang durch Schottland und sammelte weitere Erfahrungen in seinem Handwerk. Als er 1838 nach Glasgow zurückkehrte, wurde er Mitglied der Vereinigung der »Chartisten«, einer starken Gruppe sozialrevolutionärer Arbeiter und Handwerker, die unter anderem für soziale Reformen, Abschaffung der Kinderarbeit und gegen das Klassenwahlrecht in England eintrat.

Pinkerton gehörte zu den führenden Mitgliedern der Vereinigung. Im Jahre 1839 war er Delegierter beim Chartisten-Kongreß, auf dem ein Generalstreik beschlossen wurde, der jedoch unter Organisationsmängeln litt und wenig Erfolg hatte. Auch ein am 3. November des gleichen Jahres versuchter gewaltsamer Aufstand scheiterte. Die Führer der Chartisten mußten in den Untergrund gehen. Sie wurden von den Behörden als Staatsfeinde verfolgt.

Anfang 1842 wurde auch gegen Allan Pinkerton, der sich dem radikalen Flügel der Chartisten angeschlossen hatte und den gewaltsamen Umsturz predigte, ein Haftbefehl erlassen. Pinkerton mußte sich bei Gesinnungsgenossen verstecken. Er, der einmal der berühmteste Verbrecherjäger Amerikas werden sollte, wurde wie ein Straßenräuber gejagt. Sein Steckbrief hing an jedem Baum.

Am 13. März 1842 heiratete Pinkerton im Untergrund, und am 9. April wurde das frischvermählte Paar auf einen schäbigen Frachtdampfer geschmuggelt, der sie nach Amerika bringen sollte. Ein neues Kapitel im Leben des jungen Allan Pinkerton hatte begonnen.

*

Nach einer abenteuerlichen Reise landeten die Pinkertons in Chicago. Nach anfänglichen Schwierigkeiten fand Allan einen Arbeitsplatz und konnte sich bereits im Jahre 1843 in der kleinen Stadt Dundee, nordöstlich von Chicago, als selbständiger Böttcher niederlassen.

Er baute eine Hütte und eine Werkstatt. Das Geschäft florierte. Binnen weniger Jahre wurde der bescheiden und anspruchslos lebende Allan Pinkerton ein wohlhabender Mann.

Er war ein biederer Handwerker ohne größere Ambitionen. In ihm aber schlummerten Talente, von denen er selbst nichts ahnte, die durch einen Zufall schließlich hervortraten.

Im Jahre 1847 stieß Pinkerton auf das Versteck einer Bande von Falschmünzern, die der County-Sheriff mit seiner Hilfe dingfest machen konnte.

Obwohl Pinkerton sehr viel Glück gehabt und lediglich aufgrund einiger ungewöhnlicher Beobachtungen naheliegende Schlüsse gezogen hatte, sprach sich sein Erfolg herum. Er galt fortan in der Gegend von Dundee als scharfsinniger Mann mit einer guten Spürnase für Verbrechen. Er selbst wollte davon nichts wissen, aber als wenig später wieder gefälschte Banknoten einer Privatbank in der Nähe von Dundee auftauchten, drängten seine Nachbarn ihn, sich damit zu befassen.
Pinkerton verspürte wenig Lust dazu, schließlich mußte er sich um seine Werkstatt kümmern. Aber er mochte seine Freunde nicht enttäuschen. So verfolgte er ohne viel Hoffnung die Spur der gefälschten Geldscheine, stellte hier und da Fragen und konnte, auch zu seiner eigenen Überraschung, tatsächlich den Fälscher entlarven und eine große Menge des gefälschten Geldes sicherstellen.
Nun mochte er sich noch so sehr gegen die Behauptung seiner Nachbarn und Freunde wehren, daß er zum Detektiv geboren sei; er hatte bewiesen, was in ihm steckte, und niemand nahm ihm die Behauptung ab, er habe lediglich Glück gehabt. Pinkerton war ein Naturtalent, und obwohl er nach seinem zweiten Erfolg zum Deputy-Sheriff ernannt wurde, arbeitete er weiter in seiner Böttcherwerkstatt.
1849 aber erreichte ihn aus Chicago – selbst dort hatten die Zeitungen von seinen Taten berichtet – das Angebot, erster Detektiv der Stadtpolizei zu werden. Es war ein ehrenvolles Angebot und ein lukrativer Posten, und inzwischen war auch Pinkerton überzeugt, daß er mehr konnte als Fässer zurechtzimmern. Mit seiner Familie zog er nach Chicago und trat sein neues Amt an. Er hatte seinen Weg gewählt.
Rasch machte er sich einen Namen als unerschrockener, außerordentlich geschickter und scharfsinniger Mann, der gegen Gesetzlose unnachsichtig vorging und sowohl seinen Revolver als auch seine mächtigen Fäuste entschlossen zu gebrauchen wußte.
Schon nach einem Jahr gab er seinen Posten wieder auf, nachdem er mehrfach mit städtischen Politikern aneinandergeraten war, denen er Korruption und Beziehungen zur Unterwelt hatte nachweisen können.
Er erhielt sofort eine Anstellung als »Special Mail Agent« bei der US-Post. Binnen kurzer Frist gelang es ihm, mehrere raffinierte Postdiebstähle zu klären. Im ganzen Land schrieben die Zeitungen über ihn. Öffentliche Belobigungen sorgten für die weitere Verbreitung seines Namens.
Pinkerton erkannte seine Chance. Er kündigte seine Stellung und eröffnete die »North Western Police Agency«, seine erste Privatdetektei.

$1,000 Reward!
WE WILL PAY FIVE HUNDRED DOLLARS FOR THE
Arrest and Detention
UNTIL HE CAN BE REACHED, OF
Tom Nixon,
Alias TOM BARNES, five feet seven or eight inches high, 145 to 150 lbs. weight, 25 years of age, blue-gray eyes, light hair and whiskers; beard not heavy or long; mustache older and longer than beard. He is a blacksmith, and worked at that trade in the Black Hills, last summer; has friends in Minnesota and Indiana. He was one of the robbers of the Union Pacific Train, at Big Springs, Nebraska, on September 18, 1877.

He had about $10,000 in $20 Gold pieces of the stolen money in his possession, of the coinage of the San Francisco Mint of 1877. The above reward will be paid for his arrest and detention, and 10 per cent. of all moneys recovered; previous rewards as regards him are withdrawn.

ANY INFORMATION LEADING TO HIS APPREHENSION WILL BE REWARDED. Address,
ALLAN PINKERTON,
191 and 193 Fifth Avenue, CHICAGO, ILLINOIS.
Or, **E. M. MORSMAN**.
Supt. U. P. R. R. Express, OMAHA, NEBRASKA.

Die Pinkerton-Agentur gab eigene Steckbriefe heraus und versprach Belohnungen für die Ergreifung von Eisenbahn-räubern.

Es war gewissermaßen ein Sprung ins kalte Wasser. Einziges Kapital waren sein Name und seine allgemein bekannte Spürnase. Trotzdem hatte er sofort geschäftlichen Erfolg. Mit Bedacht suchte er sich tüchtige Mitarbeiter, und sehr schnell stand seine junge Firma, die erste ihrer Art in den USA, auf soliden Füßen.
Pinkerton mochte ein begnadeter Detektiv sein, in seinem Lebensstil blieb er ein einfacher, von seiner ärmlichen schottischen Herkunft geprägter biederer Bürger, der – abgesehen von seinem Engagement gegen die Sklaverei – in nichts mehr an den jungen Revolutionär erinnerte, der bei Nacht und Nebel, steckbrieflich gesucht, aus England hatte fliehen müssen.
Er führte die Detektiv-Agentur nach strengen, kaufmännischen Grund-

sätzen und entwickelte hohe moralische Geschäftsprinzipien, denen sich jeder seiner Mitarbeiter zu unterwerfen hatte. So war jeder Detektiv gehalten, keine Schmiergelder anzunehmen – was leider keine Selbstverständlichkeit war. Zwielichtige Fälle wurden nicht übernommen. Aufträge von Parteien oder weltanschaulichen Vereinen wurden genauso abgelehnt wie das Ersuchen eifersüchtiger Ehemänner oder -frauen, Material für Scheidungsprozesse zu beschaffen.

Seine Erfolge als Privatdetektiv verhalfen Pinkerton schließlich zu festen Schutzaufträgen von Eisenbahngesellschaften für Geld-, Post- und Viehtransporte. Sein Ruf reichte nun bereits über den ganzen Kontinent. Ihm schien nichts zu entgehen. Nichts war vor ihm verborgen zu halten. In jenen Jahren erhielt er den Spitznamen »Das Auge«.

Pinkerton zog in größere Büroräume um. Sein Spitzname wurde zum Markenzeichen der Detektei, ein drohend blickendes Auge mit der Unterschrift »Wir schlafen nie!«. Die neue Firma hieß »Pinkertons National Detective Agency«.

Im Jahre 1854 klärte Pinkerton einen Diebstahl bei der »Adams-Express-Company« auf, der in jenen Jahren größten Transportgesellschaft der USA. Daraufhin erhielt er den Auftrag, ein völlig neues Wachsystem für die Transporte dieser Gesellschaft zu entwickeln und in Zukunft zu überwachen. Die Erfolge, die er erzielte, wurden nahezu sprichwörtlich.

Pinkerton arbeitete unbürokratisch. Im Gegensatz zu den kommunal begrenzten Behörden konnte er ohne geographische Beschränkungen tätig werden. Er arbeitete zudem ständig an umfassenderen, effektiveren Methoden zur Verbrechensbekämpfung. Als erster legte er eine zentrale Verbrecherkartei an, in der er sich bereits auf die noch recht junge Technik der Fotografie stützte. Ein Informantennetz in der Unterwelt versorgte die Agentur und ihre Detektive stets mit neuen Fakten.

Im Jahre 1860 baute Pinkerton eine Wachmannschaft für die Schlachthöfe von Chicago auf. Eine geradezu epochemachende Tat. Aus dieser kleinen Truppe nämlich entwickelte sich der heute in aller Welt in großen Industrieunternehmen gebräuchliche Werkschutz.

Im gleichen Jahr trat Pinkertons Arbeit in eine neue Phase ein, was mit den politischen Verhältnissen im Lande zusammenhing.

Im November 1860 fanden die Präsidentschaftswahlen statt, aus denen der Hinterwäldlersohn und Rechtsanwalt Abraham Lincoln als Sieger hervorging, ein Mann, den der Sklavereigegner Pinkerton leidenschaftlich unterstützt hatte.

Die Folge dieser Wahl war im Februar 1861 der Abfall der Südstaaten, die sich zu den Konföderierten Staaten von Amerika zusammenschlossen.

Die Lage im Land war brisant. Die politische Atmosphäre war bis zur Unerträglichkeit aufgeheizt. Der Bürgerkrieg lag bereits in der Luft, als Lincoln sich aufmachte, nach Washington zu fahren und sein Amt anzutreten.

Traditionsgemäß war er verpflichtet, allen größeren Städten, die sein Sonderzug passierte, seine Reverenz zu erweisen, was in der angespannten Situation mit einem erheblichen Risiko behaftet war. Der persönliche Schutz von Politikern war längst nicht so perfektioniert wie in unserer Zeit. Fanatiker gab es zu Hunderten. Niemand konnte für die Sicherheit des neuen Präsidenten garantieren, wenn er gezwungen war, zu einer großen Volksmenge zu sprechen. Gelegenheit für einen Mordanschlag gab es genug.

Der Zufall wollte es, daß einer von Pinkertons Detektiven den Hinweis auf ein Komplott gegen Lincoln erhielt. Pinkertons Ermittlungen führten zu dem Ergebnis, daß der Präsident bei seinem Aufenthalt in Baltimore ermordet werden sollte.

Pinkerton gelang es, einen Agenten in den Kreis der Verschwörer einzuschleusen und den Mordanschlag zu verhindern. Lincoln gelangte unversehrt nach Washington.

Damit hatte Allan Pinkerton seine Stellung endgültig gefestigt. Er genoß nun selbst in höchsten Regierungskreisen Ansehen. Als der Bürgerkrieg ausbrach, mochte die Armeeführung auf seine Erfahrungen nicht verzichten. Pinkerton trat ohne zu zögern in den Dienst des Kriegsministeriums.

Mit bescheidenen Mitteln baute er einen unerhört effektiven und schlagkräftigen Geheimdienst für die Nordstaaten auf. Seine Detektive operierten, meisterhaft getarnt, aber ständig in Lebensgefahr, hinter den feindlichen Linien im Süden und lieferten der Armeeführung der Union Einzelheiten über fast alle militärischen Vorgänge im gegnerischen Lager.

Pinkerton-Detektive drangen bis in die Privatquartiere von Südstaaten-Offizieren vor, konnten ungehindert Festungsanlagen besichtigen und beschafften Informationen über Nachschub, Mannschaftsstärken, Bewaffnung, Ausrüstung, Schlachtpläne und Taktik des Gegners. So bereiteten Allan Pinkertons Agenten den erfolgreichen Feldzug der Unionsarmee nach West-Virginia vor. Genauso aber entlarvten sie skrupellose Profiteure im eigenen Lager, die als Armeelieferanten am Krieg verdie-

Fahndungsmeldungen der Pinkerton-Detektei, die an die Zweigstellen der Agentur verteilt wurden, waren stets mit dem berühmten Markenzeichen der Pinkertons versehen, einem drohend blickenden Auge mit dem Zusatz »Wir schlafen nie«.

nen wollten, indem sie minderwertige Versorgungsgüter zu überhöhten Preisen an die kämpfende Truppe lieferten.

Pinkerton-Männer waren auch als Abwehragenten erfolgreich. Sie entlarvten Spione aus dem Süden, wie die genauso raffinierte wie attraktive Agentin Rose O'Neal Greenhow. Pinkerton selbst arbeitete unter dem Decknamen »Major Allen« und war stets in vorderster Linie zu finden.

Sein Anteil am Sieg der Nordstaaten war nicht unbeträchtlich, was zur Folge hatte, daß er sich nach dem Krieg vor Aufträgen kaum retten konnte. Er sah sich gezwungen, Zweigstellen seiner Agentur in New York und Philadelphia einzurichten.

Gleichzeitig brachte das Ende des Bürgerkrieges eine Verlagerung seines Aufgabenkreises nach Westen mit sich. Angehörige der aufgelösten Südarmee und ehemalige Mitstreiter von Guerilla-Banden bildeten kurz nach dem Krieg Verbrecherbanden, die zur Geißel riesiger Landstriche wurden.

Es handelte sich vorwiegend um junge Leute, die im Krieg großgeworden waren. Ihre Ideale waren im Feuer der Schlachten verbrannt, ihre Begeisterungsfähigkeit war mißbraucht und im Blut von Massengräbern ertränkt worden. Sie waren zum Töten erzogen worden und hatten verlernt, was Leben ist. Der Krieg hatte sie sozial und gesellschaftlich zerbrochen. Sie waren enttäuscht und entwurzelt und ohne jeden Halt. Die Flucht in die Kriminalität war für sie die einzige Alternative zu einem Leben, das sie nicht mehr verstanden.

Die Brüder James, Younger und Reno waren klassische Beispiele für diese neue, spezifische Form der Bandenkriminalität, die mit der rasant in den Westen eindringenden Zivilisation, repräsentiert durch die Eisenbahnen und die Heimstättensiedler, zusammenprallte.

Pinkerton gelang es, einige spektakuläre Fälle jener Jahre an sich zu ziehen und zu klären, was ein großes publizistisches Echo zur Folge hatte, wie die erfolgreiche Jagd auf die Reno-Bande.

Pinkerton war nicht mehr jung. Er hatte sich nie geschont, obwohl in den Jahren nach Kriegsende mehr und mehr seine beiden Söhne, William und Robert, in die Geschäfte der Agentur hineingewachsen waren.

Im Jahre 1869 erlitt Allan Pinkerton einen Schlaganfall, der ihn fast vollständig lähmte. Seine eiserne Energie jedoch war nicht erlahmt. Er brachte eine geradezu übermenschliche Kraft auf, und es gelang ihm binnen zwei Jahren, die Lähmung fast völlig zu überwinden. 1871 übernahm er wieder die Leitung der Agentur, die vom Nimbus seines Namens lebte.

Aber er hatte sich verändert. Er war starrsinnig geworden, uneinsichtig, führte ein patriarchalisches Regiment, das Diskussionen oder Widersprüche nicht duldete.

Mißerfolge konnten nicht ausbleiben. Die erfolglose Jagd auf Jesse James und seine Bande war nur ein Beispiel dafür. Pinkerton ließ seinen Söhnen kaum Spielraum für eigene Initiativen und vereitelte so mehrfach Erfolgschancen durch Anweisungen, die er ohne Kenntnis der tatsächlichen Verhältnisse gab und auf deren strikte Einhaltung er bestand.

Seine Haltung verhärtete sich mit jedem Mißerfolg mehr. Jesse James wurde in seiner Vorstellung zum persönlichen Feind, der von seinen Gegnern gefördert wurde, um die Agentur zu ruinieren. Die Vernichtung der James-Younger-Bande wurde bei ihm schließlich zur fixen Idee. Er verlor jedes Maß bei der Jagd auf den gefürchteten Banditen, so daß seine weiße Weste erstmals einen Fleck erhielt und er gegen seine eigenen Prinzipien verstieß, als er aufgrund einer vagen Information Männer anheuerte, die im Januar 1875 in seinem Auftrag einen Bombenanschlag auf das Elternhaus von Jesse und Frank James unternahmen.

Die beiden Banditen befanden sich nicht im Haus, aber die Dynamitbombe tötete den achtjährigen Halbbruder der James-Brüder und riß ihrer Mutter einen Arm ab.

Nur aufgrund ihrer nationalen Verdienste entging die Pinkerton-Agentur einer parlamentarischen Untersuchung dieses unrühmlichen Vorfalls.

Die Geschäfte der Detektei gingen zurück. Allan Pinkerton mochte nicht einsehen, daß die Zeiten sich geändert hatten und er in seinem Eigensinn für den Niedergang der einstmals größten Detektiv-Agentur Amerikas verantwortlich war.

Am 1. Juli 1884 starb er. Er hinterließ seinen Söhnen William und Robert die Detektei, die sofort darangingen, die Firma energisch und hemdsärmelig wieder hochzuwirtschaften. Sie modernisierten die Methoden, rationalisierten und perfektionierten die Arbeitsweise. Allerdings setzten sie sich auch heftiger öffentlicher Kritik aus, da sie die frühen Geschäftsprinzipien ihres Vaters als hinderlichen Ballast kurzerhand über Bord warfen.

Sie waren im Gegensatz zu ihm bereit, auch im Auftrag von politischen Parteien zu arbeiten und Wahlgegner zu bespitzeln. Im Auftrag von Industrieunternehmen beschatteten sie Gewerkschaftsfunktionäre und wühlten im Privatleben politisch oder wirtschaftlich mißliebiger Personen herum.

Die Auftragslage der Agentur verbesserte sich aber wieder. Nachdem es den Pinkerton-Brüdern Anfang dieses Jahrhunderts gelungen war, die letzte Banditenbande des Wilden Westens, die Wild Bunch, unschädlich zu machen, rückte die Detektei etwas aus dem Blickfeld der Öffentlichkeit. Die Pinkertons arbeiteten im Stillen weiter, aber um so effektiver.
Sie begannen, erste Fingerabdruckkarteien anzulegen und sämtliche Mittel der modernen Technik, vom Telefon über den Phonografen, zu verwenden. Sie entwickelten Fahndungsmethoden, von denen die staatliche Polizei, mit der die Pinkerton-Brüder genau wie ihr Vater noch immer eng zusammenarbeiteten, profitierte.
Der Ruhm, den die Agentur unter Allan Pinkerton im 19. Jahrhundert erworben hatte, blieb erhalten, ihre Arbeit blieb richtungsweisend. Der Historiker Paul Trachtman schrieb 1974:

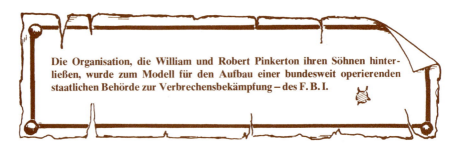

Die Organisation, die William und Robert Pinkerton ihren Söhnen hinterließen, wurde zum Modell für den Aufbau einer bundesweit operierenden staatlichen Behörde zur Verbrechensbekämpfung – des F.B.I.

DIE WELLS-FARGO-DETEKTIVE

Die kalifornische Sonne stand wie ein weißglühendes Hitzeschild am wolkenlosen Himmel, als am 26. Juli 1875 am Rand der Wagenstraße zwischen Copperopolis und Milton ein schnurrbärtiger Mann auf einem umgestürzten Baumstamm saß und geduldig nach Westen lauschte. Als er dumpfen Hufschlag und das Rattern von Rädern wahrnahm, erhob er sich, zog sich einen Mehlsack, in den zwei Schlitze als Augenlöcher geschnitten worden waren, über den Kopf und stülpte seine dunkle Melone darüber. Über seine Stiefel hatte er vorher schon ein Paar weite wollene Socken gezogen, um Fußspuren zu vermeiden, denn er hatte kein Pferd bei sich.
Wenig später tauchte eine vollbesetzte Concord-Kutsche, gezogen von sechs Gespannpferden, vor ihm auf. Zu diesem Zeitpunkt stand er bereits mitten auf dem Weg und zielte dem heranrollenden Wagen mit einer doppelläufigen Schrotflinte entgegen.

Charles E. Boles, alias »Black Bart«, der originellste Postkutschenräuber der Pionierzeit. Statt Leichen hinterließ er bei seinen Überfällen Spottgedichte und brachte die Detektive der Wells-Fargo-Company fast zur Verzweiflung.

Der erschrockene Kutscher auf dem Bock zog sofort die Zügel an und brachte den Wagen vor dem maskierten Fremden zum Stehen.

Ein weiblicher Passagier schob den Kopf aus einem Seitenfenster und stieß einen hysterischen Schrei aus.

»Nur keine Angst, Lady«, rief der Vermummte. »Ich will nicht Ihr Geld, nur das der Wells-Fargo.«

Der Kutscher warf eine eisenbeschlagene Transportkiste vom Bock hinunter. Der seltsame Bandit, der entgegen allen Gepflogenheiten eines Straßenräubers die Fahrgäste ungeschoren ließ, winkte auffordernd mit seiner Schrotflinte, und der Kutscher trieb das Gespann eilig wieder an, lenkte den Wagen an dem Räuber vorbei und fuhr in einer Staubwolke davon.

Der Maskierte brach die Kiste auf, entnahm ihr die ledernen Geldbeutel und verließ den Ort seiner Tat eiligen Schrittes zu Fuß.

Monate vergingen. Dann, am 28. Dezember 1875, schlug der eigenartige Bandit wieder zu. Zum drittenmal tauchte er am 2. Juni 1876 auf. Niemand ahnte zu diesem Zeitpunkt, daß es sich bei diesen Überfällen um die Einleitung einer nahezu einmaligen Kette von Postkutschenräubereien handelte, die Kalifornien in den folgenden Jahren erleben sollte.

Mehr als ein Jahr verging, dann stand der Mann mit der Schrotflinte und der Sackmaske, über die er seine Melone gestülpt hatte, wieder vor einer Kutsche der Wells-Fargo-Company, die sich auf dem Weg nach Point Arena befand und aus einer Furt des Russian River herausrollte. Es war der 3. August 1877. Der Räuber erbeutete 300 Dollar. In der leeren Kasse ließ er einen auf Packpapier geschriebenen Knittelvers zurück, den er mit »Black Bart« unterzeichnete, sowie mit dem Zusatz PO 8. Spricht man Buchstaben und Zahl auf Englisch aus, ergibt sich das Wort »PO-eight«, sprich »Poet« (Dichter).

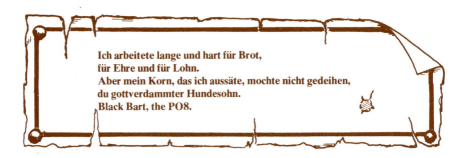

Ich arbeitete lange und hart für Brot,
für Ehre und für Lohn.
Aber mein Korn, das ich aussäte, mochte nicht gedeihen,
du gottverdammter Hundesohn.
Black Bart, the PO8.

Der ausgeraubte Kutscher und die Beamten, die wenig später die Ermittlungen aufnahmen, lasen diesen Vierzeiler mit Unverständnis. Niemand konnte sich erklären, was das zu bedeuten hatte. Bald aber wurde allen klar, daß dieser geheimnisvolle Räuber, der sich stets höflich und zuvorkommend benahm, mit diesem »Gedicht« gewissermaßen ein »Markenzeichen« hinterlassen hatte.
Wurde er anfangs nicht ganz ernst genommen, so änderte sich das rasch. Denn nun folgten die Überfälle des seltsamen Banditen Schlag auf Schlag. Immer lüftete er am Schluß seine Melone und hinterließ einen kurzen Reim mit teilweise sarkastischem, teilweise spöttischem, meist aber völlig sinnlosem Inhalt.
Diese Masche des wohl ungewöhnlichsten Kutschenräubers der Pionierzeit Amerikas, der nie einen Schuß abfeuerte oder Gewalt in irgendeiner anderen Form anwendete, sorgte bald in den Zeitungen Kaliforniens für Schlagzeilen. Ins Licht des öffentlichen Interesses aber rückte nicht nur »Black Bart«, über dessen Identität fast jeder Bürger rätselte und Spekulationen anstellte, sondern auch die allseits gefürchteten Detektive der Postkutschengesellschaft, deren hektische aber völlig ergebnislose Aktivität mit einiger Schadenfreude beobachtet wurde. Denn trotz aller Be-

mühungen gelang es nicht, den gewitzten Banditen auch nur zu identifizieren, geschweige denn zu stellen.
Mochte auch ganz Kalifornien über die Taten des »Poeten« lachen, für die Wells-Fargo-Company waren die erfolgreichen Überfälle des dichtenden Straßenräubers eine nicht unbeträchtliche existenzielle Gefahr. Der geschickte, listige Bandit diskreditierte mit seinem Auftreten das gesamte Sicherheitssystem der Kutschengesellschaft und machte sie vor aller Öffentlichkeit lächerlich, was Folgen in bezug auf die Auftragslage nach sich ziehen konnte. Die Wells-Fargo-Company hatte einen Ruf zu verlieren. Mit großem personellen und finanziellen Aufwand wurde die Fahndung nach »Black Bart« aufgenommen, aber der Erfolg blieb aus.

*

Die Wells-Fargo-Company war im Jahre 1852 in Kalifornien gegründet worden und hatte vom ersten Tage an zielstrebig und mit unbeirrbarer Stetigkeit darauf hingearbeitet, eine gewisse Monopolstellung im Fracht- und Passagiertransportgeschäft in den Mittelwest- und Südstaaten der USA zu erlangen.
Die Gründer der Company, Henry Wells und William Fargo, die durch eine geschickte Geschäftspolitik während des kalifornischen Goldrausches die größten und lukrativsten Frachtaufträge der großen Minengesellschaften an sich ziehen und damit ihre Konkurrenten weitgehend aus dem Felde schlagen konnten, weiteten ihre geschäftliche Potenz ziemlich aggressiv aus. Sie drückten kleinere Firmen an die Wand, setzten sie unter Druck und kauften sie schließlich für wenig Geld auf. Binnen weniger Jahre wuchs die Wells-Fargo-Company auf diese Weise zu einem Giganten innerhalb des amerikanischen Frachtfuhrgeschäftes an. Ende der 60er Jahre, nach dem amerikanischen Bürgerkrieg, war die Company unbestritten die mächtigste Transportgesellschaft auf dem Kontinent.
Die Firma warb mit einem aufwendigen Sicherheitssystem und weitgehenden Garantien für Geld- und Goldtransporte. Jede Kutsche wurde von einem bewaffneten Wachmann begleitet.
Trotzdem konnte nicht verhindert werden, daß die Überfälle auf die Kutschen der Wells-Fargo in erschreckendem Maße zunahmen. Mochten noch so gut ausgerüstete Wachmänner in den Kutschen mitreisen, mochten die meisten Passagiere sich noch so schwer bewaffnen, bevor sie ihre Fahrt antraten – in den schwach besiedelten Weiten des Westens, die

Obwohl die Überland-Kutschengesellschaften ihre Wagen von schwerbewaffneten Schutzleuten begleiten ließen, kam es immer wieder zu Überfällen in den weiten, einsamen und menschenleeren Ebenen des Westens. Das Bild zeigt eine Wells-Fargo-Kutsche in Dolores, Colorado, 1893, kurz vor der Abfahrt.

die Kutschen zu überwinden hatten, waren die Wagen den gut organisierten Straßenräuberbanden, aber auch skrupellosen Einzelgängern, beinahe schutzlos ausgeliefert. Die Banditen gingen zumeist mit großer Brutalität vor. Widerstand wurde mit Brachialgewalt gebrochen.

Zwischen 1870 und 1884 wurden 313 Kutschen der Wells-Fargo von Verbrechern ausgeplündert. In vielen Fällen wurden Passagiere und Fahrer ermordet. Im Laufe dieser Zeit verlor die Company über 400 000 Dollar durch Überfälle.

Dennoch setzte sich die Erkenntnis, daß reine vorbeugende Schutzmaß-

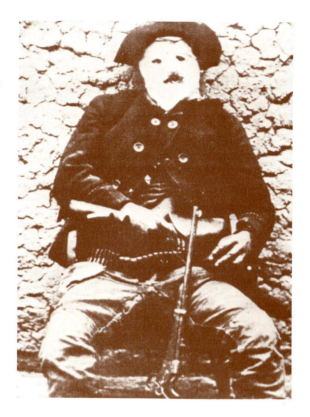

Der Postkutschenräuber Bill Brazelton wurde während eines Überfalls erschossen und an Ort und Stelle mit seiner Maskierung fotografiert.

nahmen und der Einsatz bewaffneter Transportbegleiter gegen das Straßenräuberunwesen nicht ausreichen, nur langsam durch.
Der Fehler des Sicherheitssystems lag in der Tatsache begründet, daß es ein relativ risikoloses Unterfangen war, eine Kutsche zu berauben, wenn der bewaffnete Begleitmann erst einmal überwunden war.
Die Räuber tauchten nach vollbrachter Tat rasch in der Weite des Landes unter. Die wenigen Behörden in den weit auseinanderliegenden Ansiedlungen hatten andere Sorgen, als tage- oder gar wochenlang den unzähligen Kutschenräubern nachzujagen, die sich auf den Überlandstraßen zwischen St. Joseph und San Francisco tummelten.
Eine wirksame Abschreckung war nicht zu erreichen, solange ein Bandit sicher sein konnte, nicht gejagt, nicht gefaßt und nicht vor Gericht gestellt zu werden, wenn er also sicher sein konnte, für seine Tat nicht zur Verantwortung gezogen zu werden.
Den Besitzern der Wells-Fargo-Company wurde Anfang der 70er Jahre

*James B. Hume.
32 Jahre lang war er
Chefdetektiv der
Wells-Fargo-
Company und fing in
dieser Zeit unzählige
Postkutschenräuber.*

*Einem mächtigen ▶
Spinnennetz gleich
durchzogen die
Fahrtrouten der
Wells-Fargo-Post-
kutschengesellschaft
den amerikanischen
Kontinent.*

klar, daß sie ihre Sicherheitsmaßnahmen grundlegend verändern und erweitern mußten, wollten sie das Renommee der Gesellschaft nicht verspielen. Ihnen schwebte der Aufbau einer Privatpolizei vor, die Postkutschen und Geldtransporte nicht nur schützte, sondern im Falle eines Überfalls auch selbständig ermittelte, Straftäter jagte, stellte und den zuständigen Gerichten überantwortete.
Im Jahre 1873 engagierte die Wells-Fargo-Company zur Realisierung dieses Plans einen energischen, ideenreichen Mann, James B. Hume.
Hume stammte aus New York. Während des Goldrausches war er nach Kalifornien gezogen. Als Marshal von Placerville, Sheriff des El Dorado Countys und Direktor im Staatsgefängnis von Carson City hatte er sich im Dienst für das Gesetz bewährt und sich einen Ruf als einer der besten Kriminologen seiner Zeit erworben.
Hume war ein gebildeter Humanist, in seiner Freizeit züchtete er Rosen

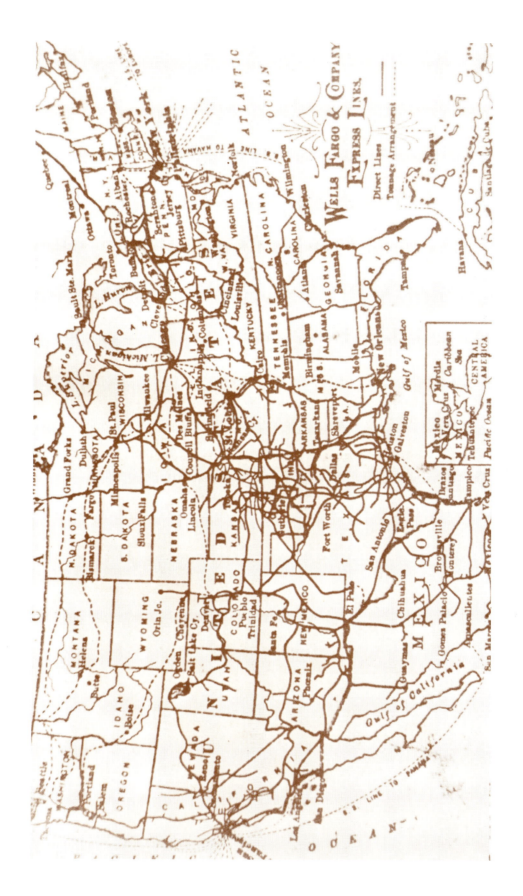

und schätzte einen guten Wein. Gewalt war ihm zuwider, er baute auf intellektuelle Überlegenheit, Logik und Scharfsinn und hatte sich intensiv mit der noch recht jungen kriminologischen Wissenschaft und sogar mit der Psychologie des Verbrechens befaßt.

Zwar hatte es schon vorher ähnliche Schutztruppen gegeben, wie die Wells-Fargo-Company sie plante. Aber die Agenten James B. Humes bildeten wegen ihres Geschicks und ihrer Schlagkraft die berühmteste Organisation ihrer Art.

Hume formte mit wenigen aber sehr qualifizierten Männern eine unerhört effiziente Detektivtruppe, die auf allen Linien der Gesellschaft den Kampf gegen Straßenräuber aufnahm und schon bald für erhebliche Verwirrung unter den Banditen sorgte, die die Kutschen der Wells-Fargo bisher als eine leichte Beute angesehen hatten.

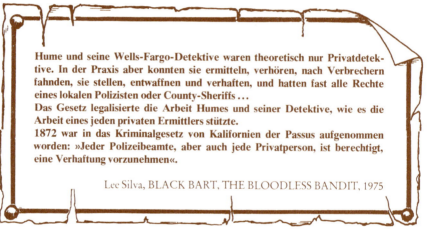

Hume und seine Wells-Fargo-Detektive waren theoretisch nur Privatdetektive. In der Praxis aber konnten sie ermitteln, verhören, nach Verbrechern fahnden, sie stellen, entwaffnen und verhaften, und hatten fast alle Rechte eines lokalen Polizisten oder County-Sheriffs…
Das Gesetz legalisierte die Arbeit Humes und seiner Detektive, wie es die Arbeit eines jeden privaten Ermittlers stützte.
1872 war in das Kriminalgesetz von Kalifornien der Passus aufgenommen worden: »Jeder Polizeibeamte, aber auch jede Privatperson, ist berechtigt, eine Verhaftung vorzunehmen«.

Lee Silva, BLACK BART, THE BLOODLESS BANDIT, 1975

Nach jedem Überfall auf eine Wells-Fargo-Kutsche reisten binnen kurzer Frist Humes Spezial-Agenten an und nahmen die Ermittlungen auf. Sie machten verbissen Jagd auf Verbrecher, für die es immer schwerer wurde, die Früchte ihrer Taten zu genießen. Wells-Fargo-Detektive stellten geraubtes Gut sicher, lieferten sich mit Straßenräubern erbitterte Feuergefechte, verhafteten Banditen und festigten das Vertrauen der Reisenden und Frachtkunden in die Wells-Fargo-Company.

Es gelang James B. Hume in wenigen Jahren, die Flut der Überfälle auf Wells-Fargo-Kutschen einzudämmen. Er gab Steckbriefe heraus, schrieb Kopfprämien aus. Aber seine Erfolge verblaßten mit dem Auftauchen des dichtenden »Black Bart«.

Die fünf besten Männer aus J. B. Humes Detektiv-Truppe. Von links nach rechts: Tom Cunningham, A. W. Stone, B. K. Thorn, J. N. Thacker, H. N. Morse.

James B. Hume stand vor dem schwersten und scheinbar kompliziertesten Fall seiner Laufbahn. Er setzte all seine Erfahrungen und all sein Können daran, ihn zu lösen. Er verlor die Ruhe und die zähe Geduld des erfahrenen Jägers auch nicht, als aus den Reihen seiner Vorgesetzten

REWARD!

WELLS, FARGO & CO.'S EXPRESS BOX, CON-
taining $160 in Gold Notes, was robbed this morning, by one man, on the route from Sonora to Milton, near top of the Hill, between the river and Copperopolis.

$250

And one-fourth of any money recovered, will be paid
for arrest and conviction of the robber.
JOHN J. VALENTINE,
San Francisco, July 27, 1875.   General Sup't.

Nach dem ersten Überfall von »Black Bart« gab die Wells-Fargo-Company diesen Steckbrief heraus.

Kritik an seiner Arbeit laut wurde, während die Popularität des geheimnisvollen Räubers innerhalb der Bevölkerung, die Originalität, Witz und Erfolg zu schätzen wußte, mehr und mehr wuchs.
Acht Jahre gelang es »Black Bart«, seine Häscher zu foppen und dabei neunundzwanzig erfolgreiche Überfälle auszuführen.
Am 3. November 1883 schließlich war seine Glückssträhne zu Ende. Als er nach einem Überfall davonritt, verletzte ihn ein Gewehrschuß, der ihm von einem wütenden Kutscher nachgeschickt wurde. Zurück am Tatort blieben neben dem obligatorischen Gedicht eine blutige Manschette und die vornehme Melone des dichtenden Räubers.
Die Manschette trug eine Beschriftung, die auf eine Wäscherei in San Francisco hinwies. Es war für James B. Hume nun ein Leichtes, die Spur weiterzuverfolgen. Sie führte zu einem seriös wirkenden, biederen, grauhaarigen, außerordentlich gebildeten Mann namens Charles E. Boles, einem ehemaligen Schullehrer, der 1830 in New York geboren worden und während des Bürgerkrieges gar Leutnant der Nordarmee gewesen war.
Boles, alias »Black Bart, the PO 8«, unternahm keinen Versuch, seine

ARREST. STAGE ROBBER.

☞ These Circulars are for the use of Officers and Discreet Persons only.

About one o'clock P. M. on the 3d of August, 1877, the down stage between Fort Ross and Russian River was stopped by a man in disguise, who took from Wells, Fargo & Co.'s express box about $300 in coin and a check for $205.32, on Granger's Bank, San Francisco, in favor of Fisk Bros. On one of the way-bills left with the box, the robber wrote as follows:

> I've labored long and hard for bread—
> For honor and for riches—
> But on my corns too long you've trod,
> You fine haired sons of bitches.
> BLACK BART, the Poet.

Driver, give my respects to our friend, the other driver; but I really had a notion to hang my old disguise hat on his weather eye.

Respectfully B. B.

It is believed that he went into the Town of Guernieville about daylight next morning.

About three o'clock P. M., July 25th, 1878, the down stage from Quincy, Plumas Co., to Oroville, Butte Co., was stopped by one masked man, and from Wells, Fargo & Co.'s box taken $379 coin, one diamond ring said to be worth $200, and one silver watch valued at $25. In the box, when found next day, was the following: [Fac simile.]

> here I lay me down to sleep
> to wait the coming morrow
> perhaps success perhaps defeat
> And everlasting sorrow
> I've labored long and hard for bred
> for honor and for riches
> But on my corns too long youve trod
> you fine haired sons of bitches
> let come what will I'll try it on
> my condition can't be worse
> and if there's money in that Box
> Tis munny in my purse
> Black Bart
> the Po 8

About eight o'clock A. M. of July 30th, 1878, the down stage from La Porte to Oroville was robbed by one man, who took from express box a package of gold specimens valued at $50, silver watch No. 716,996, P. S. Bartlett, maker.

It is certain the first two of these crimes were done by the same man, and there are good reasons to believe that he did the three.

There is a liberal reward offered by the State, and Wells, Fargo & Co. for the arrest and conviction of such offenders. For particulars, see Wells, Fargo & Co.'s "Standing Reward" Posters of July 1st, 1876.

It will be seen from the above that this fellow is a character that would be remembered as a scribbler and something of a wit or wag, and would be likely to leave specimens of his handwriting on hotel registers and other public places. If arrested, telegraph the undersigned at Sacramento. Any information thankfully received.

J. B. HUME, Special Officer Wells, Fargo & Co.

Als die Überfälle des geheimnisvollen, dichtenden Banditen sich häuften, gab James B. Hume selbst Fahndungsmeldungen an sämtliche Angestellten der Wells-Fargo-Company heraus, auf denen die Gedichte »Black Barts« in seiner Handschrift als Faksimile wiedergegeben waren.

Schuld abzuleugnen. Er schien statt dessen die Publizität zu genießen, die sein Name nun erlangte. Die Gerichtsverhandlung gegen ihn, die nur wenige Tage nach seiner Verhaftung stattfand, glich dem letzten Akt eines Schelmenspiels.

Boles, der sich als großer Shakespeare-Liebhaber entpuppte, gestand mit schalkhaftem Lächeln, daß die Schrotflinte, die er bei all seinen Überfällen benutzt hatte, nie geladen gewesen war. Er beglückwünschte James B. Hume, dessen Ruf als Detektiv nach Boles' Entlarvung wieder gefestigt war, wegen seines Scharfsinns und dankte dem Gericht höflich, das ihn am 17. November 1883 für sechs Jahre ins Zuchthaus San Quentin schickte.

Am 21. Januar 1888 wurde Charles Boles wegen guter Führung vorzeitig aus der Haft entlassen. Kurz darauf wurden einige Kutschen von Banditen mit Sackmasken und Melonen überfallen. Es stellte sich jedoch bald heraus, daß es sich lediglich um Nachahmer des mittlerweile achtundfünfzigjährigen Boles handelte. Der einstige Straßenräuber verließ Kalifornien und starb 1917 in New York, nachdem er – zum Vergnügen seiner Zeitgenossen – mehrfach in Zeitungsinterviews über seine abenteuerliche Laufbahn als »Schrecken der Wells-Fargo« berichtet hatte, der einzige Mann, der den legendären James B. Hume, der im Jahre 1905 aus dem Dienst geschieden war, jemals in Verlegenheit gebracht hatte.

IM SCHATTEN DES GESETZES

Entscheidender Nachteil des staatlichen und kommunalen Gesetzessystems war seine geographische und kompetenzbedingte Beschränkung.

Marshals durften über die Grenzen ihrer Stadt hinaus nicht tätig werden. Sheriffs mußten ihre Pferde an der County-Grenze zügeln. Wollten sie in einer Stadt eine Amtshandlung vollziehen, mußten sie die Erlaubnis des Marshals einholen. US-Marshals waren auf Verstöße gegen die Bundesgesetzgebung fixiert und hatten nicht das Recht, unautorisiert in den Amtsbereich der kommunalen Beamten einzugreifen.

In diesem Kompetenzgerangel, das die Beamten in der Praxis zwar nicht so stark belastete, wie es auf den ersten Blick den Anschein hatte, ihnen aber immer noch genügend Beschränkungen auferlegte, die ihre Aktivi-

REWARD!

WELLS, FARGO & CO'S

Express was Robbed this Morning, between Ione Valley and Galt, by two men, described as follows:

One elderly, heavy set, and sandy complexion. The other tall, slim, and dark complexion.

$200 Each and one-fourth of the Treasure recovered, will be paid for the *arrest* and *conviction* of the robbers.

JNO. J. VALENTINE, Gen. Supt.

San Francisco, May 3d, 1875.

Die Überfälle auf Wells-Fargo-Kutschen häuften sich von Jahr zu Jahr. Nach jedem Überfall ließ die Geschäftsleitung Steckbriefe drucken und versprach Belohnungen für die Ergreifung der Täter.

tät eingrenzten, blieben Straftätern zahlreiche Möglichkeiten, durch die Maschen der Justiz zu schlüpfen.

Hinzu kam, ein noch entscheidenderer Nachteil, daß – auch aufgrund mangelnder Kommunikationsmöglichkeiten in den unwegsamen Regionen des Westens, aber auch wegen persönlicher Eifersüchteleien – keine

Um die Viehdiebstähle auf den riesigen Gebieten der großen Rinderzüchter einzudämmen, stellten die Viehzüchtergenossenschaften sogenannte Weidedetektive ein. Einer der bekanntesten war Charles Siringo.

zentrale Erfassung von Delikten und Tätern, nebst allen dazugehörenden Daten und Informationen in einer allgemein zugänglichen Kartei existierte. Eine solche Einrichtung hätte in vielen Fällen auch nichts genützt, da es strenge juristische Abgrenzungen zwischen den amerikanischen Bundesstaaten gab und ein Straftäter, der wegen eines Kapitalverbrechens in einem Staat gesucht wurde, sich unbehelligt in einem anderen Staat oder Territorium bewegen konnte.

Abgrenzungen solcher Art unterlagen Privatdetektive in der Regel nicht. Sie kannten keine regionalen Einschränkungen. Sie brauchten nicht auf Kompetenzen Rücksicht zu nehmen, sofern sie sich im Rahmen der gesetzlichen Bestimmungen bewegten. Ein Vorteil, der häufig sogar von Bundesbehörden erkannt wurde, die sich der Hilfe von Detektivagenturen bedienten, wie das Beispiel Pinkerton und sein Einsatz im amerikanischen Bürgerkrieg zeigte.

Oft arbeiteten Privatdetekteien erfolgreicher als gewählte Beamte, denn in vielen Fällen war die Ausgangsposition des privaten Ermittlers günstiger. Allerdings trog das Bild des stets erfolgreichen Privatdetektivs, der dem konstitutionellen Gesetz immer einen Schritt voraus war, ein Bild, das eine übereifrige Sensationspresse verbreitete. Bei dieser Betrachtungsweise wurde vergessen, daß erheblich zahlreicher als die spektakulären Erfolge einiger weniger Detekteien die Skandale waren, in die Privatdetektive verwickelt waren.

Detektive fühlten sich in vielen Fällen nicht dem Gesetz verpflichtet. Sie stellten das Interesse ihrer Auftraggeber höher als ihr anspruchsvolles Berufsethos. Sie wurden zu bloßen Befehlsempfängern ihrer Geldgeber. Schmiergeldaffären belasteten das Bild des Privatdetektivs genauso wie die Tatsache, daß Detektive als Erpresser auftraten, daß sie Diebesgut unterschlugen und selbst mit Verbrechern paktierten.

Besonders gravierend traten die negativen Auswüchse im Detektivwesen unter den sogenannten »Weidedetektiven« in Erscheinung.

Nach dem amerikanischen Bürgerkrieg waren in fast allen westlichen Staaten Genossenschaften der Viehzüchter entstanden, die sich gezwungen sahen, neben der geschäftlichen und politischen Vertretung der Rancher, Maßnahmen gegen die wachsende Zahl von Rinder- und Pferdediebstählen zu ergreifen. Um ihre Mitglieder und deren Viehbestand zu schützen, stellten die Ranchergenossenschaften Privatdetektive ein, die für ein Monatsgehalt zwischen 100 und 150 Dollar, das durch Erfolgsprämien ergänzt wurde, Jagd auf Viehdiebe machten. Eine nicht ungefährliche, verantwortungsvolle und notwendige Aufgabe, die von den meisten Weidedetektiven mit Ernst wahrgenommen wurde.

Die gesetzgebende Versammlung des Staates Montana legte den Aufgabenbereich der Weidedetektive im Jahre 1885 sogar in einem Artikel der Staatsverfassung fest. Dort hieß es unter anderem:

> **Die Beauftragten der Viehzüchter sind autorisiert und verpflichtet, soviele Viehinspektoren und Weidedetektive zu ernennen, wie sie für den besten Schutz des Viehbestandes des Montana-Territoriums notwendig sind. Inspektoren und Detektive sind berechtigt, Aufgebote zur Verfolgung von Straftätern zusammenzurufen...**
> **Viehinspektoren und Weidedetektive werden hiermit ermächtigt und verpflichtet, alle Personen, die gegen die Gesetzgebung des Territoriums zum Schutz des Viehbestandes verstoßen, festzunehmen.**

Mit dem Vordringen der Heimstättensiedler in die Weideregionen der großen Viehzüchter begann eine unrühmliche Periode, in der mit der Bezeichnung »Weidedetektiv« Schindluder getrieben wurde. Großrancher setzten hartgesottene Revolvermänner als Terrorgarde gegen die kleinen Siedler ein und bezeichneten diese Männer, um deren wahre Tätigkeit zu verschleiern, als »Weidedetektive«, wie es im »Johnson-County-Krieg« in Wyoming und in anderen Fehden um Land- und Wasserrechte geschah.

Mordschützen, die mit dieser »Amtsbezeichnung« umgingen, nackte Gewalt ausübten und immer wieder gegen geltendes Recht verstießen, brachten den Stand der Weidedetektive in Verruf.

Ein weiterer Zweig des amerikanischen Detektivwesens, der große Popularität erlangte, betraf das Eisenbahnnetz der Vereinigten Staaten.

Mit Fertigstellung der Transkontinentaleisenbahn im Jahre 1869 gingen die verschiedenen Eisenbahngesellschaften mehr und mehr dazu über, eigene »Security Agents« (Sicherheitsagenten) einzustellen und Detektivtruppen zu organisieren, die sich in den 70er Jahren dem Vorbild der Wells-Fargo-Spezial-Agenten entsprechend entwickelten.

Vorher hatten die meisten Eisenbahnunternehmen zum Schutz ihrer Bahnlinien, Gleisanlagen und Frachtwaggons Privatdetekteien, in besonderem Maße die Pinkerton-Agentur, beauftragt. Eine Praxis, die auf Dauer zu kostspielig war und sich angesichts des ständig wachsenden Schienennetzes und des sich dauernd vergrößernden Aufgabenbereichs wenig positiv entwickelte.

Die größten Unternehmen der Eisenbahnbranche, die Union-Pacific-Railroad, die Chicago-&-North-Western-Railroad, die Denver-&-Rio-Grande-Railroad, die Santa-Fe-Railroad und die Southern-Pacific-Eisenbahngesellschaft gründeten als erste eigene Schutztruppen, die durch zahlreiche Kooperationsvereinbarungen praktisch den Beginn der amerikanischen Eisenbahnpolizei darstellten.

Im Jahre 1896 formierte sich die »Railway Association of Special Agents & Police«, ein Zusammenschluß aller privaten Bahnpolizisten der verschiedenen Gesellschaften, der auf nationaler und – durch die Einbeziehung der kanadischen Eisenbahnen – zumindest kontinentaler Ebene auch für das private Detektivwesen eine zukunftsweisende Entwicklung einleitete.

Auch hier ging die Epoche der individuellen Verbrechensbekämpfung zu Ende. Der Untergang der einsamen Banditenjäger um die Jahrhundertwende, die unter vollem persönlichem Risiko vom Pferderücken aus den spezifischen Western-Outlaw der Pionierzeit, dessen Uhr ebenfalls mit Anbruch des neuen Jahrhunderts ablief, in den Ebenen, Bergen und Wüsten des amerikanischen Westens verfolgt hatten, betraf nicht nur Marshals, Sheriffs, US-Marshals und Rangers. Auch die Detektive mußten sich auf einen neuen Typus des Verbrechers, wie ihn nur zivilisierte Gesellschaften hervorbringen, einstellen. Sie mußten ihre Methoden ändern.

Ihr gesetzlicher Freiraum wurde eingeschränkt. Neue Formen im Polizeiwesen, wie sie das F. B. I., die Criminal State Police, die Highway Police und andere staatliche Organisationen darstellten, übernahmen die bislang von Detektiven exklusiv bearbeiteten Aufgaben, zehrten von den Erfahrungen der Privatdetekteien und drängten diese gleichzeitig in eine kriminalpolitisch unwichtige Position zurück.

Mehr als 60 000 Privatdetektive gab es während der amerikanischen Pionierzeit. Sie arbeiteten in den unterschiedlichsten Regionen mit den verschiedensten Zielsetzungen und Aufgabenbereichen, die von den gewählten Gesetzesbeamten nicht immer abgedeckt wurden. Trotz ihrer bisweilen kritikwürdigen Methoden, bildeten sie ein essentielles, förderliches und befruchtendes Element in der Geschichte der Justiz im amerikanischen Westen.

*Verhandlung eines Pioniergerichts
unter Vorsitz eines weißhaarigen Frontier-Richters (links)
gegen einen Pferdedieb.
Zeitgenössisches Gemälde von 1877. (The Bancroft Library.)*

Im Namen der Gerechtigkeit

RICHTER, GERICHTE, ANWÄLTE

> Die Gerichte genossen in jenen Tagen häufig ein schlechtes Ansehen. Korruption war oft genug die Regel, genau wie Richter, die sich duellierten, unmäßig tranken, sich herumprügelten und einen ausschweifenden Lebenswandel führten.
> Wenn sich die Bürger ihre Justizbehörden anschauten, fanden sie zu häufig nur Narren und Spötter. Es war nicht ungewöhnlich, einen Richter im Stadium der Volltrunkenheit zu einer Verhandlung erscheinen zu sehen, der keinerlei Skrupel hatte, jeden, der sich ihm widersetzte, mit den Fäusten, mit einem Knüppel oder gar mit einem Revolver zu attackieren.
>
> Hubert Howe Brancroft, POPULAR TRIBUNALS, 1887

> Die große Mehrzahl der Richter im Westen tat ihr Bestes, um ein geordnetes Rechtswesen zu schaffen, aber zahlreiche zweifelhafte Vorkommnisse zerstörten die Reputation vieler Gerichte.
> Manche Richter hinterließen nach ihrer Amtszeit lange Perioden der Verbitterung und Unruhe innerhalb der Bevölkerung über den Zustand der Justiz. Es kostete erhebliche Anstrengungen, dieses Mißtrauen unter den Bürgern wieder abzubauen. Diese wenigen, formal legalen Gerichte trugen nur zur weiteren Ausuferung der Kriminalität bei.
>
> Frank Richard Prassel, THE WESTERN PEACE OFFICER, 1972

ROY BEAN – DAS GESETZ WESTLICH DES PECOS

> Ein älterer Richter in Texas wurde »Old Necessity« genannt. Er kannte keinen einzigen Paragraphen. Vor sich auf dem Richtertisch hatte er stets einen in Schafsleder gebundenen Versandhauskatalog liegen, der äußerlich wie ein Gesetzbuch aussah. Bevor er seine Urteile verkündete, schlug er den Katalog auf und las darin.
> Eines Tages stand ein wegen zahlreicher kleiner Vergehen angeklagter und überführter Mann vor ihm. Der Verteidiger verwies lang und breit auf mildernde Umstände. Der Richter öffnete nach dem Ende des Plädoyers den in Leder gebundenen Katalog, las einen Moment darin und sagte dann: »Ich verurteile Sie zu 4,88 Dollar.«
> Der Angeklagte sprang auf und wollte protestieren. Aber sein Anwalt packte ihn am Ärmel, zerrte ihn auf den Platz zurück und herrschte ihn an: »Bleiben Sie sitzen, Mann. Danken Sie Gott, daß er bei Unterhosen und nicht bei Klavieren nachgeschlagen hat!«
>
> Wayne Gard, FRONTIER JUSTICE, 1949

Der Richtertisch stand auf dem überdachten Vorbau einer kleinen Kneipe. Er gehörte zum Inventar des Etablissements, war wacklig, alt und fleckig und hatte in einem der Beine eine Revolverkugel stecken.
Es war ein heißer Tag. Die Sonne stand hoch. Der Himmel war ohne Wolke. Von Westen strich müde ein Windhauch heran. Er brachte den süßlichen Duft des bunten Salbei mit, der überall in der Prärie wuchs, von der die kleine Hüttenansammlung, die den Namen Langtry trug, umgeben wurde.
Vor dem kleinen Saloon bildeten einige Männer einen Halbkreis. Sie hockten im Staub oder standen im Schatten eines mächtigen Mesquitebaumes mit weitausgreifendem Geäst. Sie blickten abwartend auf den Richter hinter dem wackligen, fleckigen Tisch auf der Saloonveranda.
Er hieß Roy Bean. Er war ein untersetzter, ziemlich beleibter Mann mit einem dichten, weißen Bart. Er trug einen breitrandigen mexikanischen Sombrero auf dem Kopf, hatte fleischige Hände und ein gutmütiges Bauerngesicht. Seine Augen waren klein und listig wie die eines Fuchses.
Er musterte den jungen Mann, der mit gefesselten Händen auf einer einfachen Holzbank vor ihm saß.
»Pferdediebstahl«, sagte er und strich sich über den weißen Bart. »Ein schweres Verbrechen. So schlimm wie ein Mord.«

Richter Roy Bean, »das Gesetz westlich des Pecos«. Eine der farbigsten Gestalten in der Justizgeschichte der Vereinigten Staaten von Amerika.

Er blätterte in einem Buch mit abgegriffenem Einband.
»Schlimmer als Mord«, sagte er nach einer Zeit. Er hob den Kopf und blickte den jungen Mann wieder an. »Es bleibt mir keine Wahl«, sagte er. »Ich muß Sie zum Tode verurteilen, junger Freund. Pferdediebstahl ist Pferdediebstahl. Darauf steht überall in Texas der Strick. Ich hoffe, daß Sie dort oben im Himmel einen gnädigeren Richter finden werden.«
Der junge Angeklagte wurde blaß bis unter die Haarwurzeln. Der Richter lehnte sich zurück und schlug bekräftigend mit einem Holzhammer auf die fleckige Tischplatte.
In diesem Moment näherte sich von der Seite ein anderer Mann dem Richtertisch. Er flüsterte dem Richter etwas zu. Roy Bean stutzte, beugte sich dann wieder vor und musterte den Angeklagten interessiert. Ein väterliches Lächeln überzog sein Gesicht.

»Ich höre gerade«, sagte er freundlich, »daß Sie nicht ganz mittellos sind.«

Der Pferdedieb nickte. »Ich verfüge über vierhundert Dollar, Mr. Bean, Euer Ehren.«

Roy Bean lächelte noch breiter und strich sich wieder über seinen weißen Bart. »Die Gerichte in Texas sind streng, aber nicht unbelehrbar und immer gerecht«, sagte er. »Wie kann ein so wohlhabender Mann wie Sie ein Pferdedieb sein?«

»Ich habe das Pferd ja nicht stehlen wollen«, versicherte der Angeklagte hastig. »Ich hätte es wieder zurückgegeben, bestimmt.«

»Natürlich«, sagte Bean. Er schob sich den Sombrero in den Nacken. »Der Fall ist ganz klar. Ein bedauerliches Mißverständnis.«

Er schlug mit dem Holzhammer auf die Tischplatte und sagte: »Das hohe Gericht beschließt, das Todesurteil ist aufgehoben. Ich verurteile Sie zu einer Geldstrafe in Höhe von dreihundert Dollar, mit der Auflage, sofort die Stadt zu verlassen. Nehmen Sie das Urteil an?«

»Ich nehme das Urteil an, Euer Ehren.«

Roy Bean wies mit einer Handbewegung einige Männer an, dem Dieb die Fesseln abzunehmen. Der Mann langte danach in seine Tasche, zog ein Bündel Dollarnoten hervor und zählte dem Richter dreihundert Dollar auf den Tisch. Dann beeilte er sich davonzukommen.

Roy Bean ließ die Banknoten durch seine Finger gleiten und lauschte verzückt dem Knistern des Papiers. Er richtete sich auf und rief den Umstehenden zu: »Eine Runde für alle! Ihr seid alle eingeladen.«

Er klappte sein Gesetzbuch zu, schob das Geld in die Tasche und wies die heraneilenden Männer an, den Tisch mit in den Schankraum zu tragen. Er trat hinter die Theke, schob das Gesetzbuch in ein Flaschenregal und stellte Gläser und zwei Flaschen Whisky auf den Tresen.

»Trinken wir auf das Wohl des armen Teufels«, rief er, nachdem er eingeschenkt hatte. »Er weiß nicht, was ich ihm angetan habe, als ich ihn nicht gehängt habe. Jetzt hat er seine Freiheit wieder, und er wird noch merken, was für ein verdammt enger Strick das Leben sein kann, schlimmer als eine Galgenschlinge.«

*

> Zahllose Menschen haben sich über das Phänomen Roy Bean den Kopf zerbrochen. Manche von ihnen haben sich erbittert gefragt, warum viele Männer, die erheblich bedeutender waren als er, unbekannt gestorben sind ... Aber die meisten Reisenden, die mit dem Zug durch Langtry fuhren und ihn sahen, spürten vielleicht instinktiv, daß Roy Bean trotz all seiner Fehler und Unzulänglichkeiten in gewisser Weise den amerikanischen Pionier repräsentierte.
> Unzählige Geschichten wurden über ihn erzählt, wie etwa die Anekdote über jenen Iren, der vor Beans Gericht geschleppt wurde, weil er einen Chinesen ermordet hatte. Roy ließ ihn von seinen Fesseln befreien, blätterte in seinem Gesetzbuch und befand, daß es sich bei der Tat zweifellos um den Totschlag eines menschlichen Wesens handelte.
> »Aber«, sagte er, »ich will verdammt sein, aber ich kann keinen Paragraphen finden, der das Totschlagen eines Chinesen verbietet.«
>
> C. L. Sonnichsen, THE STORY OF ROY BEAN, 1958

Roy Bean wurde in einem winzigen, windschiefen Blockhaus im Hügelland von Kentucky am Ohio River Ende der 20er Jahre des vorigen Jahrhunderts geboren. Er war der jüngste Sohn einer Hinterwäldlerfamilie. Seine Welt waren die Wälder von Kentucky, war die Einsamkeit der Berge, war die verräucherte, zugige Hütte seiner Eltern.

Es war eine kleine, ärmliche Welt, die dem Jungen, als er sechzehn war, zu eng wurde. Er lief von zu Hause fort und wanderte den Mississippi hinunter nach New Orleans.

Hier fühlte er sich wohl. Von einem Leben, wie er es hier kennenlernte, hatte er immer geträumt. Wenige Monate später allerdings kehrte er überstürzt in die heimatlichen Wälder zurück, nachdem er mit dem Gesetz in Konflikt geraten war. Die Gedanken an die Welt außerhalb der familiären Enge aber ließen ihn nicht mehr los.

Im Sommer 1847 tauchte sein älterer Bruder Sam, der schon vor geraumer Zeit das Elternhaus verlassen hatte, wieder zu Hause auf. Er berichtete von seinen Abenteuern als Frachtwagenfahrer und als Soldat im Krieg mit Mexiko. Als Sam wieder aufbrach, schloß Roy sich ihm an.

Die Brüder erreichten im Frühjahr 1848 Independence in Missouri. Hier erwarben sie einen Frachtwagen, ein Maultiergespann und einen großen Warenvorrat und zogen damit nach Chihuahua in Mexiko. Sie gründeten einen Handelsposten, der rasch florierte und gute Gewinne abwarf.

Sam Bean arbeitete hart, Roy lebte in den Tag hinein. Er brachte seinen Anteil am Geschäft in Kneipen, mit Frauen und bei Hahnenkämpfen

durch. 1849 erschoß er während eines Streits in Notwehr einen betrunkenen Mexikaner und flüchtete aus der Stadt.
Er ging nach Texas und traf in San Diego auf seinen ältesten Bruder Joshua, der es zu Wohlstand und Ansehen gebracht hatte. Er war nicht nur ein erfolgreicher Geschäftsmann, sondern auch Bürgermeister der Stadt. 1850 wurde Joshua Bean gar zum Generalmajor der Staatsmiliz ernannt.
Der junge Roy genoß den Wohlstand seines Bruders, zehrte von dessen Reputation und lebte von seinem Geld. Ungeniert ließ er sich von ihm aushalten, kaufte sich ein teures Pferd, kleidete sich elegant wie ein Dandy und lungerte ansonsten in den Kneipen und Bordellen der Stadt herum, wenn er nicht gerade an irgend welchen tollkühnen Pferderennen teilnahm.
Das sorglose Leben endete jäh, als Joshua seine Zelte in San Diego abbrach und die Stadt verließ. Roy glaubte, auf eigenen Füßen stehen zu können. Er blieb zurück. Aber nachdem niemand mehr da war, der ihn versorgte, sackte er rasch ab. Er geriet in Unterweltkreise, und am 24. Februar 1851 focht er mit einem anderen Mann ein Duell aus, bei dem glücklicherweise niemand verletzt wurde.
Roy und sein Gegner wurden wegen Verstoßes gegen die öffentliche Sicherheit eingesperrt. Im April verließ Roy Bean San Diego und ging auf die Suche nach Joshua.
Er fand ihn in San Gabriel, Kalifornien, unweit von Los Angeles. Joshua besaß hier einen großen Saloon.
Roy beschloß, seinen Lebenswandel zu ändern. Er wurde Barkeeper bei seinem Bruder und arbeitete nun regelmäßig. Da wurde Joshua in einer Novembernacht von einem Unbekannten erschossen. Roy Bean versuchte zwar, den großen Saloon weiterzuführen, es gelang ihm aber nicht, das Geschäft zu halten. Nur mit dem, was er auf dem Leib trug, und einem halblahmen Gaul verließ er die Stadt.
In Messilla, New Mexiko, traf er seinen Bruder Sam wieder, der sich ein gutgehendes Unternehmen, einen Store, ein Hotel, ein Café und einen Saloon mit daran angeschlossener Spielhalle aufgebaut hatte und außerdem nebenbei ein Frachtgeschäft betrieb.
Roy stieg in das Geschäft seines Bruders ein. Im Jahre 1861 etablierte er in Pinos Altos, einem winzigen Goldminencamp in den Bergen, eine Filiale des Frachtgeschäfts.
Dann brach der Bürgerkrieg aus. Roy Bean war ein Anhänger der Konföderation und beteiligte sich an der Organisierung einer Guerillakom-

panie von Südstaatensympathisanten unter den Goldgräbern. Die Männer nannten sich »Freibeuter«, aber nachdem sie begannen, Anhänger der Nordstaaten zu terrorisieren, zu plündern und zu stehlen, wurden sie von der Bevölkerung nur noch »Die vierzig Räuber« genannt.

Über die Tätigkeit Roy Beans während des Bürgerkrieges gibt es keine eindeutigen Unterlagen. Er selbst behauptete später, als Spion und Kundschafter in der konföderierten Armee gedient zu haben.

Fest steht, daß er in den letzten Kriegsmonaten Profit aus der Blockadepolitik der Nordstaaten gegenüber dem Süden zu schlagen wußte. Der Zufluß von zahlreichen Waren in die Staaten der Konföderation war völlig eingedämmt. Roy Bean schmuggelte viel gefragte Verbrauchsgüter von Mexiko nach Texas. Es war ein riskantes Geschäft, aber Bean verstand es, sich geschickt allen Nachforschungen durch die Militärbehörden des Nordens zu entziehen. Auch nach dem Krieg setzte er seine Frachtgeschäfte fort. Am 28. Oktober 1866 heiratete er die achtzehnjährige Mexikanerin Virginia Chavez. Fast sechzehn Jahre lang lebte er von nun an mit seiner Familie von dubiosen Geschäften. Er handelte mit gepanschter Milch und mit dem Fleisch gestohlener Rinder, und er verkaufte Feuerholz aus fremden Wäldern.

Er besaß ein erstaunliches Talent, sich allen Schwierigkeiten mit Behörden zu entziehen. Schließlich aber wurde ihm doch der Boden unter den Füßen zu heiß. Anfang der 80er Jahre brach er mit seiner Familie auf und folgte dem Schienenstrang der immer weiter nach Westen vorstoßenden »Southern Pacific Eisenbahngesellschaft«. Schon bald betrieb er einen florierenden Schnapshandel und versorgte die trinkfesten irischen Streckenarbeiter mit selbstdestilliertem Whisky.

Im Jahre 1882 gründete er in dem Eisenbahnarbeitercamp Eagle's Nest auf einer Sandbank des Rio Grande einen kleinen Handelsposten, der schon bald Mittelpunkt des Arbeiterlagers wurde.

Eagle's Nest war eine Zeltstadt, in der eine rauhe Atmosphäre herrschte. Die Männer, die hier hausten, waren durchweg grobschlächtige Kerle, die ihre eigenen Regeln hatten. Sie waren in der Wildnis völlig isoliert. Es gab für sie keine Möglichkeit, aus der dumpfen Enge des Camps auszubrechen. Einzige Verbindung zu den nächsten Städten war die Eisenbahn, für die sie den Schienenweg bauten. Aber die Züge, die in Eagle's Nest eintrafen, brachten nur neues Baumaterial und Versorgungsgüter. Auf weibliche Gesellschaft mußte weitgehend verzichtet werden. Einzige Möglichkeit, um nach der harten Arbeit für ein paar Stunden die trostlose Situation zu vergessen, bot der Alkohol.

Konflikte, die durch aufgestaute Aggressionen latent waren, konnten nicht ausbleiben. Zudem waren die Streckenarbeiter ein bunt zusammengewürfelter Haufen. Iren, Schweden, Deutsche, Mexikaner, Neger und Chinesen. Rassische Ressentiments traten hier schärfer zutage als woanders. Brutale Schlägereien waren an der Tagesordnung, häufig gab es Tote.

Roy Bean wußte sich in diesem anarchischen Chaos durchzusetzen. Einem Besucher erzählte er einmal seelenruhig: »Heute scheint es einen friedlichen Tag zu geben. In den letzten vier Stunden ist noch niemand umgebracht worden.«

Bean, obwohl äußerlich nicht gerade ein furchteinflößender Mann, gelang es, sich Respekt zu verschaffen. Er besaß ein wenig Schulbildung, im Gegensatz zu den primitiven Streckenarbeitern, die häufig nicht einmal der englischen Sprache mächtig waren, und setzte seine Kenntnisse geschickt ein. Er strahlte Ruhe, Kaltblütigkeit und Souveränität aus und bewies in kritischen Situationen, daß er besser mit einem 45er Colt umzugehen verstand als die meisten Männer im Camp.

Es dauerte nicht lange, da wurde er als Oberhaupt der Zeltstadt akzeptiert. Häufig gelang es ihm, Streitigkeiten zwischen den Männern zu schlichten und gewalttätige Auseinandersetzungen zu verhindern.

Schon bald ging er dazu über, vor seinem Handelsposten regelrechte Gerichtssitzungen abzuhalten, die binnen kurzer Zeit zu einer Institution wurden. Bean gewann als geschickter Vermittler einen gewissen Ruf im umliegenden Land. Es wurde von »Richter Bean« gesprochen, und sein »Gericht« erhielt amtlichen Charakter durch eine in der Nähe von Eagle's Nest stationierte Einheit der Texas Rangers.

Die Rangers gingen nämlich dazu über, ihre Gefangenen nicht mehr bis in das mehr als zweihundert Meilen entfernte Fort Stockton zu bringen. Sie schafften sie statt dessen zur Aburteilung zu Roy Bean. Zwischen ihm und den Rangers entwickelte sich eine enge Zusammenarbeit. Aus Gründen der Rechtserhaltung nützten die Rangers den Einfluß Beans auf die rauhen Bahnarbeiter, unterstützten ihn bei all seinen Urteilen und gaben ihm konsequent die Autorität, die sonst nur ein reguläres Gericht besaß.

Beans provisorisches Gericht bewährte sich derart gut, daß die oberste Justizbehörde von Texas ihn am 2. August 1882 offiziell zum Richter ernannte.

Im September bereits wurden die bei Eagle's Nest stationierten Rangers zusammen mit Richter Bean in ein anderes, größeres und erheblich wil-

Gerichtsverhandlung unter Vorsitz des Richters Roy Bean auf dem Vorbau seines Saloons.

deres Eisenbahnercamp geschickt, um für Ordnung zu sorgen. Es hieß Vinegaroon.

Bean gelang es auch hier, sich mit faunischem Witz, Bauernschläue, Schlitzohrigkeit, einem von nichts gehemmten Selbstbewußtsein und einer oberflächlichen Kenntnis des juristischen Jargons Respekt zu verschaffen. Gab es Schwierigkeiten, konnte er sich auf die Rangers verlassen, die seinem Wort Nachdruck verliehen.

Als das Jahr 1882 zu Ende ging, starb Vinegaroon langsam aus. Die Eisenbahn zog weiter. Die Streckenarbeiter verlegten ihr Camp weiter nach Westen. Die Händler, Tanzhallen- und Spielhöllenbesitzer folgten ihnen wie ein Schwarm hungriger Aasvögel. Vinegaroon wurde zu einer Geisterstadt.

Roy Bean schaute sich nach einem neuen Wirkungskreis um. Er zog in die Nähe von Strawbridge und begann wieder einen schwunghaften Whiskyhandel.

Nahe eines großen Wassertanks der Eisenbahn baute er eine kleine

Kneipe, die er am 12. Januar 1883 eröffnete. Er rief den Platz kurzerhand zur Stadt aus und gab ihr den Namen Langtry, nach der populären englischen Schauspielerin Lily Langtry, die erst wenige Monate zuvor nach Amerika gekommen war. Er hatte ihr Bild in einer Gazette gesehen und war seither fasziniert von ihr, obwohl er sie nie in seinem Leben persönlich zu Gesicht bekommen sollte.

Bean blieb nicht lange allein in Langtry. Ehemalige Streckenarbeiter der Eisenbahn, sowie einige Handwerker, Farmer und Kleinrancher ließen sich rings um den Saloon des eigenwilligen Richters nieder, der bei einer Wahl 1884 zum erstenmal von der Bevölkerung der schwach besiedelten Region für zwei Jahre in seinem Amt bestätigt wurde. Im gleichen Jahr, am 8. Dezember, gelang es ihm, die Postbehörden zur Einrichtung eines Postoffice in Langtry zu bewegen. Bei dieser Gelegenheit wurde der Name Langtry offiziell bestätigt.

Bean verwandelte seine Kneipe in ein Gerichtshaus. An der Frontwand der Hütte brachte er riesige Schilder an, auf denen geschrieben stand »Richter Roy Bean, Notar und Friedensrichter«, »Das Gesetz westlich des Pecos«, »Eiskaltes Bier«.

Bean übte seine eigenwillige Gerichtspraxis wie gewohnt aus. Er wußte, daß Gerichtstage für die Bevölkerung des einsamen Landstrichs in gewisser Hinsicht Volksfeste und Gelegenheiten waren, sich zu treffen, Handel zu treiben, Informationen auszutauschen und sich zu unterhalten. Bean bot ihnen das Schauspiel, das sie erwarteten. Unbelastet von juristischen Formeln führte er seine Prozesse, wissend, daß das Gesetz an der »Frontier« kein starr fixiertes Dogma sein konnte, sondern einer eigenen Interpretation bedurfte.

Obwohl sich im Laufe der Jahre eine Opposition gegen ihn formierte, ließ er sich nicht von seinem Kurs abbringen. Er schuf sich eigene Regeln, setzte Strafen nach seinem Gutdünken fest, und wurde von der Mehrheit seiner Mitbürger akzeptiert.

Ein Gefängnis stand ihm nicht zur Verfügung. Gefangene fesselte er mit den Füßen an einen Mesquitebaum vor seinem Haus und gab ihnen eine Sackleinwand als Decke für die Nacht. Am Tag ließ er sie ihre Strafen abarbeiten.

Wann immer es möglich war, verhängte er Geldstrafen, und im Erfinden von Delikten, die er auf diese Weise ahnden konnte, war er sehr begabt. Nicht selten wurden Angeklagte zu Lokalrunden in Beans Kneipe für sämtliche anwesenden Zuschauer verdonnert, und wer nicht zahlungswillig war, erhielt Gelegenheit, mit Roy Beans zahmen Grizzlybären

Richter Roy Bean vor seinem Saloon in Langtry.

Bruno Bekanntschaft zu schließen, eine Ehre, auf die die meisten Verurteilten lieber verzichteten.

Bean verurteilte einmal einen jungen Pferdedieb zum Tode. Als sich danach herausstellte, daß der Mann über eine Barschaft von 400 Dollar verfügte, hob er das Todesurteil auf und wandelte es in eine Geldstrafe von 300 Dollar um. Ein anderes Mal, 1892, wurde ein Streckenarbeiter der Eisenbahn bei einer Auseinandersetzung getötet. Bean wurde in seiner Eigenschaft als Leichenbeschauer geholt. Er entdeckte in den Taschen des Toten einen Revolver und vierzig Dollar. Sofort beschlagnahmte er die Waffe und verurteilte den Toten wegen illegalem Besitz eines Revolvers zu vierzig Dollar Strafe.

Die meisten Geldstrafen flossen in Beans eigene Tasche. Als der Generalstaatsanwalt von Texas an Bean schrieb, er müsse die Einnahmen des Gerichts an den Staat abführen, erwiderte Bean ungerührt, er beziehe kein Einkommen vom Staat, und die Kosten für sein Gericht bestreite er selbst. Anweisungen von übergeordneten Gerichten, die in manchen Fällen seine Zuständigkeit bestritten, ignorierte er.

Bis auf wenige Ausnahmen wurde Roy Bean alle zwei Jahre erneut zum Richter gewählt. Noch im Jahre 1902 bestätigte ihn die Bevölkerung von Langtry und Umgebung in seinem Amt.

Schon längst aber war er selbst zu einer Institution, zu einer lebenden Legende geworden. Sein Gericht, das für Journalisten aus den Oststaaten, die über die Sitten und Gebräuche im Westen berichteten, geradezu eine Fundgrube war, war immer für Schlagzeilen gut. Die Eisenbahn hielt in Langtry, nur um ihren Fahrgästen die Gelegenheit zu bieten, den alten Richter zu sehen, mit ihm zu reden, in seinem Saloon zu pokern und einen Drink einzunehmen.

Er gab sich leutselig und jovial, wer ihn aber unterschätzte, lernte den Roy Bean kennen, der sich einst in der Gesellschaft der Grenze, in der nur der Mann und seine Persönlichkeit und sonst nichts zählten, seinen Platz erstritten hatte.

Im Jahre 1901 verbreitete die Presseagentur »Associated Press« die Geschichte eines Touristen, der in Beans Saloon eine Flasche Bier getrunken hatte. Er war danach wieder in den Zug gestiegen, ohne zu bezahlen.

Bean nahm seine Schrotflinte, befahl dem Lokführer, mit der Abfahrt zu warten und bestieg die Eisenbahn. Er ging durch sämtliche Abteile. Er musterte jeden Fahrgast mit stechendem Blick und stieß schließlich auf den Zechpreller.

Der Mann wurde blaß, als Roy Bean ihm die Läufe seiner Schrotflinte unter die Nase hielt und sagte: »Fünfunddreißig Cents, oder ich zerlege dich in deine Einzelteile!«

Der Mann wagte nicht zu widersprechen. Er kramte mit zitternden Händen das Geld aus seinen Taschen. Roy Bean steckte es befriedigt ein. An der Tür drehte er sich noch einmal um und sagte: »Wenn du nicht wissen solltest, wer ich bin, dann will ich es dir sagen: Ich bin das Gesetz westlich des Pecos.«

Im Morgengrauen des 16. März 1903 starb er. Sein Leichnam wurde unter starker Anteilnahme der Bevölkerung nach Del Rio am Rio Grande überführt und dort begraben.

Bean war der charismatischste, der populärste Vertreter einer Gesetzes-

praxis gewesen, die unter dem Namen »Salbeibuschjustiz« in die amerikanische Pioniergeschichte eingegangen ist. Gemeint war jene Rechtsform, die sich autonom in den weiten, schwach besiedelten Ebenen von Texas, in den Vorposten der Zivilisation entwickelte und einen Übergang zwischen Gesetzlosigkeit und institutionalisiertem Recht darstellte. Es war eine Rechtsform, in der sich Schlitzohrigkeit und Lebensweisheit mit den einfachen, individualistischen Regeln der Grenzer paarten, in denen für eine starre, anonyme und genormte Amtsautorität, die den Freiheitsraum des Einzelnen einschränkte, kein Platz war.
Die Siedler, die in den 90er Jahren und um die Jahrhundertwende nach Westen zogen und die ersten Pioniere verdrängten, die nach und nach die Zivilisation des anbrechenden 20. Jahrhunderts in die Salbeibuschregionen trugen, empfanden diese Justizpraxis als ein Kuriosum. Für sie war Roy Bean nur ein ungehobelter, unwissender Gauner, sie verspotteten ihn als lächerliche Figur.
Daß er es war, der im südlichen Texas in den 80er und 90er Jahren des vorigen Jahrhunderts entscheidend dazu beigetragen hatte, Gesetz und Ordnung zu etablieren, wurde über seinem oft kauzigen Gehabe vergessen. Späte Legenden stellten ihn als hirnlosen Säufer und blutrünstiges Monster dar. Die Geschichte beweist das Gegenteil. Sein Verhalten zeigte Intelligenz und taktische Begabung. Er trank nie unmäßig, und nie schickte er einen Angeklagten an den Galgen.
Der Historiker C. L. Sonnichsen schrieb:

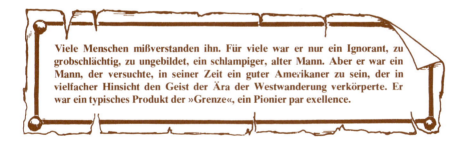

Viele Menschen mißverstanden ihn. Für viele war er nur ein Ignorant, zu grobschlächtig, zu ungebildet, ein schlampiger, alter Mann. Aber er war ein Mann, der versuchte, in seiner Zeit ein guter Amerikaner zu sein, der in vielfacher Hinsicht den Geist der Ära der Westwanderung verkörperte. Er war ein typisches Produkt der »Grenze«, ein Pionier par exellence.

Richter Isaac Charles Parker. Der »Todesrichter« der amerikanischen Pionierzeit fällte mehr als 175 Todesurteile, von denen mehr als 80 vollstreckt wurden.

Ein Charakteristikum wie Bean, aber dennoch völlig konträr geartet, war ein anderer Richter der amerikanischen Pionierzeit, der das konstitutionelle Gesetz repräsentierte wie kein Zweiter, der weit entfernt war von den zwar wirksamen aber dubiosen Praktiken eines Roy Bean.

Er hieß Charles Isaac Parker. Er wurde als Sohn eines Methodistenpriesters am 15. Oktober 1838 in Belmont, Ohio, geboren.

Im Vergleich zu dem Hinterwäldlersohn Roy Bean war Parker ein Großbürger. Seine Karriere verlief fast nahtlos. Er wurde streng religiös erzogen, besuchte gute Schulen und konnte sich bereits mit einundzwanzig Jahren in Ohio als Rechtsanwalt niederlassen. Im Jahre 1860 ging er nach Missouri und eröffnete in St. Joseph eine Anwaltspraxis. Hier trat er auch zum erstenmal politisch in Erscheinung. Parker engagierte sich für die bedingungslose Abschaffung der Sklaverei, die seinen christlichen Überzeugungen zutiefst widersprach. Er unterstützte Abraham Lincoln bei seiner Kandidatur um das Präsidentenamt. Im April 1861 wurde er zum Staatsanwalt von Missouri gewählt. Kurz nach Ausbruch des Bürgerkrieges folgte die Ernennung zum Provost Marshal des Staates (Kommandeur der Militärpolizei).

Nach Ende des Bürgerkrieges folgten einige Jahre, in denen er als niedergelassener Rechtsanwalt arbeitete, bis er im November 1868 zum Richter im 12. Gerichtsdistrikt von Missouri gewählt wurde. Zwei Jahre später kandidierte Parker für den Kongreß und wurde Abgeordneter. Es gelang ihm, sein Mandat 1872 erfolgreich zu verteidigen. Als er sich jedoch im Parlament für die Rechte der Indianer einsetzte, verlor er 1874 die Wahl. Er wurde im gleichen Jahr zum obersten Richter des Staates Utah ernannt, eine kurze Episode in seinem Leben, die am 10. Mai 1875 endete, als Präsident Grant ihm die Ernennung zum Bundesrichter für den westlichen Distrikt von Arkansas und das Indianerterritorium Oklahoma überreichte.

Damit begann eine über zwanzigjährige Ära, in der Charles Isaac Parker versuchte, mit eiserner Faust Recht und Gesetz in eine Region zu tragen, in der absolutes Chaos herrschte und Mord und Totschlag an der Tagesordnung waren, in der sich der »Wilde Westen« in seiner extremsten Form präsentierte. Zwanzig Jahre, in denen er der mächtigste Mann der amerikanischen Kriminalgeschichte war, zu dem es bis heute keine Parallele gibt. Ein Mann, von dessen Wort Leben und Tod abhingen, der die kleine Stadt Fort Smith am Ufer des Arkansas in den Augen seiner Mitbürger in einen Vorposten des jüngsten Gerichts verwandelte.

*

Um 1828 war Oklahoma, das karge, unkultivierte Land zwischen Texas und Kansas, zu einer großen Indianerreservation eingerichtet worden. Die Reste der geschlagenen, von ihren angestammten Heimatgebieten verdrängten Stämme wurden hier angesiedelt und isoliert. Man gestattete ihnen, das riesige Gebiet selbst zu verwalten.

Bald schon entstanden eigenständige Indianerparlamente, Schulen und Geschäfte. Die sogenannten »fünf zivilisierten Stämme« – Choctaws, Creeks, Cherokees, Chickasaws und Seminolen –, die die Mehrheit in diesem Indianerterritorium bildeten, beherrschten schon bald die Szene, kultivierten das Land, bauten Farmen, gründeten eigene Gerichte und eine eigene Polizei. Mitte des vorigen Jahrhunderts begannen führende Indianerpolitiker dafür zu arbeiten, Oklahoma zu einem indianischen Staat zu machen, der den USA als eigenständiges Mitglied mit allen

Rechten und Pflichten angegliedert werden sollte. Es gab nicht wenige Männer in Washington, die diesen Plan unterstützten. Die Mehrheit aber verhielt sich abwartend und ablehnend skeptisch.

Inzwischen schritt die Eroberung des Westens mit Riesenschritten voran. Weiße Siedler sickerten in das Indianerterritorium ein, wurden geduldet, ließen sich nieder und blieben. Die fortschreitende Zivilisierung machte es dem typischen Western-Banditen, dessen Welt die weiten, unbesiedelten Präriegebiete gewesen waren, in denen das Gesetz keine Basis gehabt hatte, immer schwerer, dem Arm der Behörden zu entgehen. So wurde Oklahoma zum Geheimtip für Gejagte im amerikanischen Westen. Hier gab es keine Sheriffs, keine Marshals, keine örtlichen Gerichte und Gefängnisse. Hier gab es nur die Indianerpolizei, deren Kompetenz sich auf indianische Angelegenheiten beschränkte. Zuständig für die Aufrechterhaltung von Recht und Gesetz unter der knapp 70 000 Köpfe zählenden weißen Bevölkerung Oklahomas, waren Bundesbehörden, vertreten durch eine Handvoll US-Deputy-Marshals, die der Flut von Verbrechen, die über das Territorium schwappte, hilflos gegenüberstand. Kriminelle genossen in Oklahoma Narrenfreiheit. Die Gefahr für sie, gestellt zu werden, war minimal, und der Weg bis zum zuständigen Bundesgericht in Van Buren, Arkansas, war weit. Ein Beamter, dem es gelang, im Indianerterritorium einen Verbrecher zu fangen, konnte noch lange nicht sicher sein, den Mann auch vor Gericht stellen zu können.

Ganze Verbrecherbanden schlugen in Oklahoma ihr Hauptquartier auf. Von hier aus unternahmen sie Raubzüge in benachbarte Staaten wie Kansas, Texas, Arkansas und Missouri, und kehrten dann ins Indianergebiet zurück, in das sie von kommunalen Behörden nicht verfolgt werden durften. Oklahoma wurde nicht nur der Staat der Indianer, sondern auch der Staat der Banditen, deren Unwesen sich mit der Zeit mehr und mehr auch gegen die weißen Siedler des Territoriums richtete.

Die Bekämpfung des Terrors blieb im Ansatz stecken, da eine schwache, unentschlossene Justiz nicht in der Lage war, dem Verbrechen Paroli zu bieten. Das änderte sich auch nicht, als das Kriminalgericht für das westliche Arkansas und Oklahoma von Van Buren nach Fort Smith verlegt wurde. Die Beamten des Gerichts waren korrupt, die Richter unfähig und faul. Akten blieben jahrelang liegen, Kriminalfälle verjährten, bevor ihre Klärung überhaupt in Angriff genommen wurde.

In dieser Situation übernahm Richter Parker das Gericht in Fort Smith. Ihm stand eine Titanenarbeit bevor, und fast jedermann erwartete, daß er genauso scheitern würde wie seine Vorgänger. Man hatte viele Richter

Rechtsanwalt Warren Reed, der erbitterte Gegner Richter Parkers. Ein eiskalter Pragmatiker, der sich nicht scheute, überführte Mörder mit formaljuristischen Winkelzügen vor Strafe zu bewahren.

kommen und wieder gehen sehen. Parker ging nicht. Er blieb und brachte zunächst Ordnung in die verrottete Verwaltung des Gerichts. Dann begann er, die alten Akten aufzuarbeiten. Am 26. Juni 1875, sechs Wochen, nachdem er seine Ernennungsurkunde erhalten hatte, fällte er die ersten sechs Todesurteile. Im Indianerterritorium horchte man auf. Ein Hoffnungsstrahl fiel auf das unter der Knute des Verbrechens stöhnende Land.

Zwar gelang es Parker, der mit der Zeit dämonisiert wurde und wie ein unumschränkter Herrscher über Leben und Tod schaltete und waltete, nicht, das Verbrechen einzudämmen. Aber er schaffte es binnen kurzer Zeit, dem Gesetz wieder Achtung zu verschaffen, dem Gesetz und seinen Vertretern, den US-Deputy-Marshals, die dem Richter unterstellt waren. Parker erhöhte die Zahl dieser Beamten, die im Laufe der Jahre zu ebenso legendärem Ruhm gelangten wie er selbst, binnen kurzer Frist auf über neunzig.

Diese rauhe Mannschaft, die in das Indianerterritorium zog, um das Verbrechen mit Stumpf und Stiel auszurotten, bestand aus den härtesten Männern, die es zu jener Zeit im Westen gab. Viele waren Abenteurer und Revolverhelden, ehemalige Kopfgeldjäger und Männer, die in den wilden Rinderstädten von Kansas den Stern getragen hatten. Im Verlauf von Parkers Amtszeit wurden über sechzig von ihnen ermordet, davon zwei Drittel in ihrem ersten Dienstjahr. Sie übten nicht den normalen Dienst von Ordnungshütern aus, sie führten einen verbissenen, blutigen Krieg gegen das Verbrechen, das Oklahoma beherrschte.

Am 22. April 1889 wurde damit begonnen, das Indianerland Stück für Stück zur Besiedlung für weiße Farmer freizugeben. Die Hoffnungen der Indianer, einen eigenen Staat in Oklahoma zu errichten, schrumpften in sich zusammen. Die Lobby der Heimstättensiedler, der europäischen Einwanderer, für die Platz geschaffen werden mußte, war stärker als das Recht des roten Mannes. Hunderttausende von Neusiedlern überfluteten das Land, neue Opfer für die Banditen. Städte schossen über Nacht aus dem Boden. Wo heute noch Prärie war, standen am nächsten Tag Häuser für immer neue Bürger. Es wurde für die Beamten Richter Parkers, die immerhin ein Gebiet von mehr als 180 000 Quadratkilometern zu überwachen hatten, immer schwerer, die Übersicht zu behalten.

Während seine Deputy-Marshals sich in den Ebenen des Indianerterritoriums mit den zahllosen Banditen blutige Feuergefechte lieferten, hielt Isaac Charles Parker in Fort Smith regelmäßig Gericht. Ohne sich von Emotionen leiten zu lassen, urteilte er die Angeklagten ab, hielt sich buchstabengetreu an Gesetzbuch und Bibel und hielt eine Todesmaschinerie in Gang, die einzigartig in der amerikanischen Justizgeschichte dasteht.

Kein Richter schickte mehr Männer an den Galgen als er. Er tat es nicht aus innerster Überzeugung, sondern aus fanatischem Pflichtbewußtsein. Und diese inneren Konflikte, die Parker mit sich selbst ausfocht, zwischen dem Privatmann, dem Humanisten, und dem Richter, der Institution von Recht und Gesetz, der – nach Parkers Verständnis – nicht anders handeln durfte als er handelte, zerfraßen ihn gesundheitlich. Von Jahr zu Jahr verfiel er mehr. Sein Haar wurde weiß. Als Fünfzigjähriger sah er aus wie achtzig. Wenn er ausging, brauchte er einen Stock. Seine Frau verwand die gesellschaftliche Isolierung, in die die Parkers mehr und mehr gerieten, nicht, und begann zu trinken. Doch unbeirrt fällte Parker weiter seine Urteile, die für Schlagzeilen im ganzen Land sorgten. Sein Gericht wurde als »Schlachthaus« bezeichnet. Er selbst erhielt von den Zeitungen Amerikas, deren Redakteure sich von den Zuständen in

Das Gerichtsgebäude von Marfa, Texas. 1884 war die Stadt gegründet worden. Zwei Jahre später zählte sie 700 Bürger, die aus eigener Tasche den Bau des Gerichtes finanzierten.

Oklahoma keinen Begriff machen konnten, den Schimpfnamen »Hängerichter«.

Parker blieb äußerlich von den Anfeindungen unbeeindruckt. Regelmäßig fanden Massenhinrichtungen in Fort Smith statt. Regelmäßig stand er dann am Fenster seines Arbeitszimmers und verfolgte die Exekutionen mit steinerner Miene, und regelmäßig verschlechterte sich danach sein Gesundheitszustand.

So ging es Jahr um Jahr. Das 19. Jahrhundert neigte sich dem Ende zu. Die Tage des Wilden Westens gingen vorbei. Die Indianer waren verdrängt und als Rechtlose in karge Reservationen verbannt. Ihre Jagdgründe waren von weißen Siedlern besetzt und in Ackerland verwandelt worden. Die Büffel waren ausgerottet. Ein riesiges Eisenbahnnetz überzog das Land. Die technische und industrielle Revolution hatte auch vor dem amerikanischen Westen nicht Halt gemacht. Der Beginn einer neuen Zeit stand bevor, einer Zeit, in der Revolverhelden, berittene Marshals und der spezifische Typ des Western-Banditen keinen Platz mehr hatten. Die Morgendämmerung des 20. Jahrhunderts zog herauf. Die Pionierzeit der USA war abgeschlossen.

Auch die Ära Richter Parkers ging damit zu Ende. Mehr als zwanzig Jahre lang hatte er über die letzten Banditen des Wilden Westens zu Gericht gesessen. Der »Todesrichter« der amerikanischen Justizgeschichte hatte mehr als 175 Todesurteile verhängt. Achtundachtzigmal war sein Spruch vollstreckt worden.

Stück für Stück aber hatte er im Laufe der Zeit seine absolute Macht verloren. Neue Gesetze waren geschaffen worden, die Parkers Urteilen die Endgültigkeit, die seiner Stellung Stück für Stück die Allmacht genommen hatten. Der Richter hatte sich durch seine Unbeugsamkeit immer mehr Feinde geschaffen. Das oberste Bundesgericht der USA hob immer häufiger seine Urteile auf und untergrub damit seine unumschränkte Autorität. Parker, der sich bei seinen Urteilen weder von Gnade, noch von Rache hatte leiten lassen, scheiterte an dem illusionären Ziel, die absolute Gerechtigkeit herzustellen. Hinzu kam, daß die Kriminalität Oklahomas unter seiner Amtsführung zwar schärfer bekämpft wurde, aber nicht sank, sondern im Gegenteil noch zunahm.

Einflußreiche Anwälte, die Parkers Rechtspraktiken scharf ablehnten, bildeten eine starke Lobby, die für eine Beschneidung von Parkers Herrschaft plädierte. Wortführer dieser Gegner war der Rechtsanwalt Warren Reed, der 1890 in Fort Smith auftauchte, seine Zulassung als Verteidiger beantragte und mit allen juristischen Tricks und Finessen begann, Parker zu bekämpfen. Er war ein eiskalter Pragmatiker, der wenig Skrupel hatte, selbst überführte Mörder mit formaljuristischen Winkelzügen vor Parkers Urteilen zu retten, nur um dem gefürchteten Richter eine Niederlage beizubringen, ihn ins Unrecht zu setzen, ihn mit dem Odium der Unfähigkeit, dem Makel des Verlierers zu belasten und seine eigene Karriere zu fördern. Durch sein geschicktes Taktieren sorgte er dafür, daß übergeordnete Gerichte und Behörden in Parker mehr und mehr einen selbstherrlichen, anmaßenden, juristischen Tyrannen sahen, dessen Fehler seine Leistungen überstiegen, der mit unverantwortlicher Leichtfertigkeit Unschuldige an den Galgen geschickt hatte.

Das Büro eines Rechtsanwalts und Friedensrichters in Cripple Creek, Colorado.

Das Gericht in Fort Smith wuchs sich in den Augen der amerikanischen Regierung zu einer Peinlichkeit aus, die man vor dem Eintritt in ein neues Jahrhundert endgültig beseitigen wollte.
Am 1. September 1896 erhielt Charles Isaac Parker aus Washington den Bescheid, daß er pensioniert und das Bundesgericht in Fort Smith für immer geschlossen sei.
Für Parker bedeutete diese Nachricht nicht nur beruflich, sondern auch physisch das Ende. Er wußte, daß die Schließung des Gerichts ohne jede Begründung eine indirekte Verurteilung seiner bisherigen Arbeit darstellte. Die Mißachtung der Regierung versetzte ihm den Todesstoß. Nur wenige Wochen nach Auflösung des Gerichts, dessen Zuständigkeiten auf mehrere Distriktgerichte im Indianerterritorium verteilt worden waren, war Parker nicht mehr in der Lage, sich von seinem Bett zu erheben. Am 17. November 1896 war der berühmteste Richter Amerikas tot, nicht ganz achtundfünfzig Jahre alt.
Aber auch der Anwalt Warren Reed, der Parkers Niedergang eingeleitet hatte, konnte seinen Triumph nicht lange genießen. Seine Erfolge versiegten jäh. Er hatte sich viele Feinde geschaffen, wurde gemieden, verlor seine Prozesse und mußte schließlich seine Anwaltspraxis aufgeben. Er wurde zum Streuner, der vergeblich versuchte, erneut Fuß zu fassen,

Holzkisten und Satteltaschen waren die »Büros« vieler Rechtsanwälte, die in den schwach besiedelten Regionen des amerikanischen Westens von Stadt zu Stadt zogen, um juristische Angelegenheiten und Streitfälle zu bearbeiten.

der aber immer mehr abglitt, sich schließlich durchbetteln mußte und Zuflucht im Alkohol suchte. Er starb am 8. September 1912, einsam, vergessen, verbittert, an Leberkrebs.
Obwohl sein Auftreten nur eine Episode in der Justizgeschichte Amerikas war, stellte er doch einen neuen Typus des Juristen dar, für den moralische und ethische Begriffe sekundärer Natur waren, für den an erster Stelle der Erfolg stand und papierene Paragraphen vor Recht und Gerechtigkeit, vor der Frage nach Schuld oder Unschuld rangierten. Er hatte mit seinem Erscheinen eine Entwicklung angezeigt, die in den folgenden Jahren rasch um sich greifen sollte und die kalte Technokratie des 20. Jahrhunderts, die alle Bereiche des Lebens erfaßte, einleitete.
Warren Reed und Anwälte seines Schlages, die ihm folgten und seine

Methoden perfektionierten, nutzten mit diabolischer Dialektik die Lücken im Gesetz, das sie rücksichtslos manipulierten und mit hochtrabenden Phrasen zudeckten.

Noch immer ritten die US-Deputy-Marshals Richter Parkers durch Oklahoma. Aber ihre große Zeit war vorbei. Was nach Parkers Tod folgte, waren Nachhutgefechte, war der Todeskampf einer Epoche. Amerika stürmte mit Riesenschritten ins 20. Jahrhundert, suchte nach neuen Grenzen, die es zu überwinden galt, zog aus, um Weltmacht zu werden und ließ den Wilden Westen hinter sich zurück, der für immer im Staub der weiten Prärien versank.

DER REVOLVERANWALT

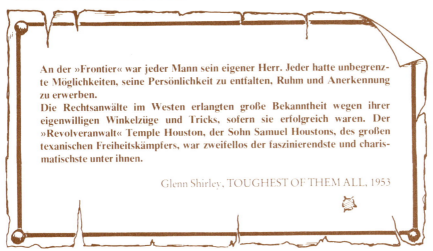

An der »Frontier« war jeder Mann sein eigener Herr. Jeder hatte unbegrenzte Möglichkeiten, seine Persönlichkeit zu entfalten, Ruhm und Anerkennung zu erwerben.
Die Rechtsanwälte im Westen erlangten große Bekanntheit wegen ihrer eigenwilligen Winkelzüge und Tricks, sofern sie erfolgreich waren. Der »Revolveranwalt« Temple Houston, der Sohn Samuel Houstons, des großen texanischen Freiheitskämpfers, war zweifellos der faszinierendste und charismatischste unter ihnen.

Glenn Shirley, TOUGHEST OF THEM ALL, 1953

Temple Houston trug einen hellen, gutsitzenden Anzug, hochhackige Cowboystiefel und eine schwarze Schnürsenkelkrawatte, wie ein Viehzüchter aus den Südstaaten. Er war glattrasiert, das Haar fiel ihm bis auf die breiten Schultern.

Er hatte aufmerksam dem Staatsanwalt gelauscht, der jetzt verstummte, und die Geschworenen beobachtet. Als der Richter ihm das Zeichen gab, mit dem Plädoyer zu beginnen, richtete er sich von seinem Platz auf, strich sich eine Strähne seines Haares aus der Stirn und ging langsam zur Geschworenenbank hinüber. Auf halbem Weg blieb er stehen und ließ seine Blicke über die Gesichter der Geschworenen wandern. Lässig schob er die Hände in die Hosentaschen.

Rechtsanwalt Temple Houston. Ein charismatischer Redner und einer der eigenwilligsten Juristen der amerikanischen Pioniergeschichte.

»Hohes Gericht«, begann er mit ruhiger, eindringlicher Stimme. »Mein Mandant ist des Mordes angeklagt, und im Verlauf der Verhandlung hat der ehrenwerte Vertreter der Anklage Vorwürfe erhoben, die darauf schließen lassen, daß er ein verwerflicher Mensch ist, der aus niedrigen Motiven das Leben eines anderen ausgelöscht hat.
Sehen Sie sich meinen Mandanten an, hochverehrte Geschworene! Er ist ein Mann wie Sie. Seine Hände sind voller Schwielen. Sein Rücken ist gebeugt von der Arbeit. Er ist ein ehrlicher Mensch, der sich nie etwas hat zuschulden kommen lassen. Wer aber war der Tote? Er war ein im ganzen Land bekannter und gefürchteter Revolverheld, der zahlreiche Menschen auf dem Gewissen hatte, der sich ein Vergnügen daraus gemacht hat, seine Mitmenschen ohne Rücksicht auf Leib und Leben in Angst und Schrecken zu versetzen.«
Der Anwalt verstummte einen Moment, um seine Worte wirken zu lassen. Er bemerkte Interesse in den Zügen der Geschworenen. Temple Houstons Gesicht blieb ausdruckslos, nur in seinen Augen blinkte es

ein wenig, als er seinem Mandanten, einem einfach gekleideten, blassen Mann beruhigend zunickte.
Seine Stimme wurde leidenschaftlicher, hob sich ein wenig. »Und dieser Mann«, fuhr er fort, »ein brutaler, grausamer Verbrecher, der aus unerklärlichen Gründen bislang dem Galgen entgangen war, hatte meinen Mandanten zum Duell herausgefordert. Wissen Sie, was das bedeutet, hochverehrte Geschworene? Ein Mann, der vom Umgang mit seinen Revolvern lebt, steht Ihnen gegenüber, Ihnen, die Sie vielleicht einmal im Jahr eine Waffe in der Hand halten und aus zehn Schritten Entfernung ein Scheunentor treffen, wenn Sie Glück haben. Versuchen Sie, sich das vorzustellen, versuchen Sie, sich in die Lage meines Mandanten zu versetzen!
Er hatte Angst. Er wollte leben. Er hat nicht gewartet, bis der Halunke zum Revolver griff. Er hat ihn erschossen, ohne ihm eine Chance zu geben, weil er sonst selbst keine Chance gehabt hätte. Genausowenig wie Sie eine gehabt hätten, Gentlemen! Ich behaupte, daß Sie in der gleichen Situation ebenso wie mein Mandant gehandelt hätten. Denn was erwartet Sie, wenn Sie sich auf eine Auseinandersetzung mit einem Revolverhelden einlassen? Glauben Sie, daß ein solcher Kampf ehrlich und fair genannt werden kann? Wissen Sie überhaupt, wie schnell und sicher so ein Mann schießt?«
Die letzten Worte hatte Houston in den Saal gerufen. Fast gleichzeitig schlug er den Rockschoß zurück. Einen Sekundenbruchteil später lag ein langläufiger Revolver in seiner rechten Faust. Mit der Linken schlug der Anwalt fächernd über den Hammer. Dröhnend erfüllten die Detonationen den Gerichtssaal. Ein Feuerwerk von Mündungsblitzen zuckte auf die Geschworenenbank und den Richtertisch zu. Die Schüsse fielen so rasch hintereinander, daß sie kaum zu zählen waren. Kaum war der letzte verhallt, steckte die schwere Waffe wieder im Halfter. Stinkend wallten Pulverdampfschwaden durch den Raum.
»Das, Gentlemen«, rief Temple Houston den Geschworenen zu, die mit kreidebleichen Gesichtern unter ihrer Bank hervorkrochen, wo sie Deckung gesucht hatten, »haben ehrliche und anständige Menschen wie Sie oder mein Mandant zu erwarten, wenn Sie einem Revolverhelden gegenüberstehen!«
Der Richter rückte seinen Kneifer gerade und schnappte hörbar nach Luft, als Houston fortfuhr: »Glauben Sie noch immer, daß mein Mandant ein kaltblütiger Mörder ist?«
Die Geschworenen zogen sich zur Beratung zurück. Houston nahm wie-

der Platz und klopfte dem Angeklagten ermutigend auf die Schulter. Nur wenige Minuten später kehrten die Geschworenen, die noch immer vom Schreck gezeichnet waren, in den Saal zurück. Ihr Sprecher erhob sich, als der Richter ihn nach dem Ergebnis der Beratung fragte, und sagte: »Wir sind zu der Überzeugung gelangt, Euer Ehren, daß der Angeklagte nicht schuldig ist.«

*

Im Jahre 1859 wurde er im Brazoria County, Texas, geboren: Temple Houston, Sohn des Mannes, der im Unabhängigkeitskrieg zwischen Texas und Mexiko die mexikanische Armee unter Santa Ana am Jacinto vernichtend geschlagen hatte und danach erster Gouverneur der Republik Texas geworden war, Samuel Houston.
Die übermächtige Persönlichkeit des Vaters belastete den jungen Temple, der sich stets, in allem, was er tat, am Namen seines Vaters messen lassen mußte.
Im Februar 1861 trat Samuel Houston vom Amt des Gouverneurs zurück und zog mit seiner Familie nach Huntsville, wo er am 26. Juli 1863 starb. Temple war gerade vier Jahre alt. Drei Jahre später verlor er auch seine Mutter.
Er wiedersetzte sich den Plänen seiner Verwandten im Hinblick auf seine Zukunft. Das ständig gegenwärtige Werk seines Vaters bedrückte ihn bis zur Unerträglichkeit. Er wollte selbst etwas leisten, etwas aufbauen. Mit dreizehn Jahren verließ er die Schule und suchte sich, gegen den Willen seiner Familie, Arbeit als Cowboy, eine Tätigkeit, die dem halbwüchsigen Temple ein Übermaß an physischer und psychischer Kraft abverlangte. Er ließ sich schließlich sogar für einen Rindertrail von Texas bis nach Bismarck in Nord-Dakota als Treiber anheuern. Hier verkaufte er Pferd und Sattel und suchte sich Arbeit als Schreiber auf einem Dampfschiff, mit dem er den Mississippi bis nach New Orleans hinunterfuhr.
Dann sorgte seine Familie für die Beendigung seines Vagabundenlebens. Freunde des toten Vaters besorgten ihm Privatlehrer in Washington. Temple ging in den Osten und studierte vier Jahre lang Rechtswissenschaften. Als er nach Texas zurückkehrte, war er gerade neunzehn Jahre alt.
Er eröffnete eine Anwaltspraxis im Brazoria County und zeigte hier bereits ein erstaunliches Geschick für publikumswirksame Auftritte. Er

war ein juristisches Wunderkind. Obwohl seine praktische Erfahrung gering war, bearbeitete er seine Fälle dermaßen geschickt und trat vor Gericht so überzeugend und erfolgreich auf, daß er schon bald einer der gefragtesten Anwälte in Texas war.

Als 1880 das texanische Parlament die Einrichtung eines neuen Distriktgerichts für den Texas Panhandle beschloß, bewarb Temple Houston sich um das Amt des Bezirks-Staatsanwalts. Er wurde gewählt, obwohl er erst einundzwanzig Jahre alt war.

Es war ein schweres Amt für einen so jungen Mann. Der Panhandle war ein bevorzugtes Gebiet für Banditen, Revolverhelden und Viehdiebe. Es gab nicht viele Ansiedlungen, und die meisten waren sehr klein und schwer zugänglich. Mittelpunkt des Bezirks und Houstons Amtssitz war Tascosa. Die Stadt war das geschäftliche Zentrum für sämtliche Viehzüchter des Panhandle. Die Cowboys der nahegelegenen Ranches ritten regelmäßig in die Stadt, um sich hier zu vergnügen und ihren Lohn durchzubringen. Spieler, Betrüger, Diebe und leichte Mädchen stellten einen Großteil der Bürgerschaft. Einziger Rückhalt Houstons bei seiner Aufgabe, Recht und Ordnung in diesem Gebiet aufrechtzuerhalten, war eine Kompanie Texas Rangers unter Captain G. W. Arrington.

Der Distrikt, für den Temple Houston verantwortlich war, umfaßte neun großflächige Counties. Unter Houstons Amtsführung wurde Tascosa zu einer der wichtigsten Städte im Mittelwesten.

Houston verstand es auch hier, sich als ausgezeichneter Jurist zu profilieren, der zudem ein sicheres Gespür für die Bedürfnisse und das Verständnis von Recht und Gesetz innerhalb der Bevölkerung des Landes bewies. Um sich bei den rauhen Cowboys und den hartgesottenen Strolchen, die regelmäßig vor den Schranken des Gerichts in Tascosa auftraten, Respekt zu verschaffen, lernte er schießen wie ein Revolvermann. Energisch und tatkräftig füllte er seine Position aus und wurde sehr schnell über seinen Distrikt hinaus populär.

1886 kandidierte er für den Senat in Washington, wurde gewählt und 1888 in seinem Amt bestätigt. Houston war ein einflußreicher Senator, dessen Wort Gewicht hatte. Dann aber wurde das Indianerterritorium Oklahoma zur Besiedlung freigegeben. Temple Houston wurde von seiner alten Abenteuerlust erfaßt. Er verzichtete auf eine erneute Kandidatur für den Senat. Ihn reizte die Möglichkeit, in Oklahoma noch einmal neu anzufangen und etwas aufbauen zu können. Im Jahre 1893 ging Houston nach Oklahoma und eröffnete in Woodward eine Anwaltspraxis.

Er begann eine genauso hektische wie steile Karriere. Binnen kurzer Zeit war er in Oklahoma bekannter und beliebter als je zuvor in Texas. Schlagartig tauchte sein Name in sämtlichen Zeitungen des Territoriums auf, als Houston dafür sorgte, daß in Guthrie eine Spielhalle geschlossen wurde, in der ein kleiner Junge um all sein Geld betrogen worden war. Eigenhändig jagte er die Berufsspieler aus der Stadt.

Kurz danach wurde ihm die Verteidigung eines texanischen Cowboys namens Red Tom übertragen. Auch dieser Fall hatte bereits für Schlagzeilen gesorgt. Red Tom hatte ohne jede Veranlassung kaltblütig einen Indianer ermordet.

Die Verteidigungsstrategie Houstons war erfolgreich, zählte aber nicht zu den Glanzpunkten in seiner Karriere. Sie zeigte, daß er trotz seiner Intelligenz und Weltläufigkeit tief in den Denkstrukturen der hinterwäldlerischen Grenzer verwurzelt war.

Er appellierte in der Verhandlung ohne zu zögern an die Vorurteile der Geschworenen gegenüber der indianischen Bevölkerung und erinnerte an die blutigen Indianerkriege, wobei er das Leid und das Unrecht, das den einstigen Herren des Landes geschehen war, unbeachtet ließ. Houston hatte Erfolg mit dieser Taktik. Red Tom wurde freigesprochen.

Von nun an wurde Houston zum gefragtesten Anwalt des Oklahoma-Territoriums. Wenn er vor Gericht auftrat, waren die Zuhörersäle überfüllt. Er war ein überzeugender, begnadeter und brillanter Redner, der intelligent, scharfsinnig und souverän debattierte. Dabei unterstützte ihn die Strafprozeßordnung der amerikanischen Gerichte.

In zivilisierten, besiedelten Gebieten, in denen reguläre Gerichte existierten, spielte der Richter bei den Verhandlungen nur eine sekundäre Rolle. Er hatte die Aufgabe, Verfahrenstermine zu bestimmen, für einen ordnungsgemäßen Ablauf des Prozesses zu sorgen und das Strafmaß festzusetzen. Die Frage, ob ein Angeklagter schuldig oder unschuldig war, wurde dagegen nicht von ihm, sondern von den zwölf Geschworenen entschieden, einem Kollegium von Laienbeisitzern, deren Entscheidung verbindlich für den Richter war, selbst wenn er eine andere Meinung vertrat.

Diese Praxis ließ für den Staatsanwalt und den Verteidiger zahlreiche Möglichkeiten offen, die juristisch meist unerfahrenen und nicht vorgebildeten Geschworenen mit allen psychologischen und dialektischen Tricks zu bearbeiten, mit oratorischer Wortgewaltigkeit zuzudecken und unabhängig von Recht oder Unrecht zu beeinflussen.

Temple Houston war ein Meister in der Geschworenenindoktrination.

Temple Houston (X) als Anführer eines Aufgebots auf der Jagd nach einem entflohenen Verbrecher. Der oratorisch begabte Anwalt war ein Meister im Umgang mit dem Revolver.

Wenn er alle Register seiner juristischen und demagogischen Fähigkeiten zog, gewann er selbst den hoffnungslosesten Prozeß. Eines der hervorstechendsten Beispiele dafür war ein Plädoyer für eine im Mai 1899 des Mordes angeklagte Bordellbesitzerin namens Minnie Stacey.

Houston, der sich lediglich als Zuhörer im Saal aufgehalten hatte, wurde als einziger anwesender Anwalt zum Pflichtverteidiger der Frau bestimmt. Ohne Vorbereitung übernahm er seine Aufgabe. Nach einem kurzen Gespräch mit der Frau, wandte er sich dem Gericht zu und setzte zu einer Rede an, die die Geschworenen und die im Saal anwesenden Zuhörer auf die Plätze bannte.

Mit bewegten Worten prangerte Houston die doppelte Moral der Gesellschaft an. Er geißelte mit beißendem Sarkasmus jene, die die Frau auf die Anklagebank gebracht hatten und sich nun zu ihrem Richter aufschwingen wollten.

Alle senkten die Köpfe, als Houston forderte, jene sollten den ersten Stein werfen, die sich frei von jeder Schuld wüßten. Ohne Namen zu nennen, verurteilte er die Bürger im Saal und auf der Geschworenenbank, die Minnie Stacey hinter Gittern sehen wollten, sich aber selbst manche Nacht in ihr Etablissement geschlichen und sich dort vergnügt hatten.

»Unser Geschlecht«, rief Temple Houston, »das männliche Geschlecht, ist Schuld am Schicksal dieser Frau. Nicht sie verdient es, auf der Anklagebank zu sitzen, sondern wir. Wer gibt uns das Recht, sie zu verachten, zu verstoßen? Sind wir besser als sie? Weshalb glauben wir, uns über diese Frau erhaben fühlen zu dürfen?«

Als Houston endete, herrschte atemlose Stille im Saal. Manchem Geschworenen standen Tränen in den Augen, als der Freispruch erfolgte.

Houstons Plädoyer, das der Stenograph des Gerichts mitgeschrieben hatte, wurde gedruckt, in Tausenden von Kopien in ganz Oklahoma und darüber hinaus verbreitet und in zahllosen anderen Gerichtsverfahren zitiert.

Berühmt wurden auch seine teilweise recht drastischen Demonstrationen vor Gericht, die mit der Akkuratesse von wohleinstudierten, bühnenreifen Shows abliefen.

So hatte er einmal einen Cowboy zu verteidigen, der einen gefährlichen Revolverhelden erschossen hatte.

Houston hielt den Geschworenen vor, daß sein Mandant ein ehrenwerter, unbescholtener Bürger sei. Er sei ohne seine Schuld von dem berüchtigten Killer herausgefordert worden und habe keine andere Möglichkeit gehabt, um sein Leben zu retten, als den Mann zu töten. Er hatte aus nackter Furcht gehandelt, und Houston stellte den Geschworenen die Frage, ob sie überhaupt in der Lage seien, zu beurteilen, wie hilflos ein einfacher, hart arbeitender Bürger den eingeübten Schießkunststücken eines Revolvermannes gegenüberstehe. Dann riß er unvermittelt seinen Revolver aus der Halfter und feuerte blitzschnell sechs Schüsse über die Köpfe der Geschworenen ab, die sich vor Schreck zu Boden warfen.

Diese Vorführung war überzeugend. Der Angeklagte wurde freigesprochen.

Aber Houston zog seinen Revolver nicht nur im Gerichtssaal. Er scheute sich nicht, sich auf gewalttätige Auseinandersetzungen einzulassen, was ihm in der Presse den Titel »Revolveranwalt« eintrug.

Seine Anwaltspraxis in Woodward war das meistfrequentierte Anwalt-

büro in Oklahoma. Kein Strafverteidiger bearbeitete so viele Fälle wie Temple Houston. Er saß manchmal Tag für Tag im Sattel, ritt von Stadt zu Stadt, um Verteidigungen zu übernehmen. Er schonte sich nie.
Sein Erfolg weckte den Neid mancher Kollegen. Besonders die Gebrüder Ed, John und Al Jennings, die ebenfalls in Woodward eine Anwaltskanzlei unterhielten, empfanden nichts als Neid und Zorn, wenn sie die Zeitung aufschlugen und wieder einmal den Namen ihres erfolgreichen Kollegen lasen. Sie selbst hatten nur durch Clownerien und spektakuläre Niederlagen von sich reden gemacht, sahen den Grund für den Niedergang ihrer Firma aber nicht in ihrer Unfähigkeit, sondern im Erfolg Houstons.
Als Houston in einem Verfahren, in dem die Gebrüder Jennings eine Verteidigung übernommen hatten, als Nebenkläger auftrat, und die Jenningsbrüder gegen ihn mit Glanz und Gloria untergingen, war es mit ihrer Beherrschung vorbei. Ed und John Jennings überfielen den großen, langhaarigen, stets elegant gekleideten Anwalt am Abend des 8. Oktober 1895, um ihn zu erschießen.
Houston zog seinen Revolver schneller, schoß Ed Jennings eine Kugel in den Kopf und zerfetzte John Jennings mit einem weiteren Schuß den rechten Arm.
In der folgenden Nacht tauchte Al Jennings vor Houstons Haus auf. Auch er war betrunken, grölte wilde Beschimpfungen, zerschoß die Fensterscheiben und forderte Houston zum Duell.
Der Anwalt blieb gelassen. Er nahm die Herausforderung des Mannes, der gegen ihn im offenen Kampf nicht die geringste Chance gehabt hätte, nicht an. Er ertrug die Beleidigungen, und Al Jennings ging schließlich wieder. Er verließ die Stadt und begann wenige Monate später, Eisenbahnen zu überfallen. Auch dabei war er wenig erfolgreich. 1897 verschwand Al Jennings für fünf Jahre im Gefängnis.
Temple Houston sorgte derweil weiter für Schlagzeilen. Universitäten und staatliche Institutionen traten an ihn heran und baten ihn um Vorträge und Referate über die Justiz an der »Frontier«.
So groß seine Reputation aber auch wurde, nie konnte er sich innerlich völlig vom Schatten seines Vaters befreien. Charakteristisch dafür war, daß er in Interviews, in denen er auf seinen Vater angesprochen wurde, immer wieder darauf hinwies, daß ein Mann im Westen allein und ausschließlich durch sich selbst seine Persönlichkeit zu entwickeln habe, und in der Wildnis die Leistung des Vaters für die Zukunft der Söhne nicht ausreiche.

Temple Houston repräsentierte in all seinem Tun den typischen Rechtsanwalt der Pioniergesellschaft des amerikanischen Westens. Eigenwillig, bullig, hemdsärmelig, dynamisch und nicht auf juristischen Phrasen, sondern mehr auf den gesunden Menschenverstand bauend und auf die ungeschriebenen Regeln der Grenzer, die sich in der Praxis bewährt hatten und für die theoretische, papierene Vorschriften keine Alternative darstellten.
Temple Houston starb in Woodward am 14. August 1905. Er hinterließ unübersehbare Spuren in der Justizgeschichte der amerikanischen Pionierzeit.

MANITOUS GERECHTIGKEIT – DIE INDIANERGERICHTE

Im Jahre 1817 gründete die amerikanische Armee am Arkansas River den Militärstützpunkt Fort Smith. Es bestand die Absicht, von hier aus die südlichen Indianerstämme an der Grenze zu Mexiko zu kontrollieren.
Die Erwartungen der Armeebehörden erfüllten sich nicht. Schon bald aber entstand der Plan, das weite, trockene, hügelige und wenig fruchtbare Land westlich von Fort Smith als Indianerterritorium einzurichten und hier die geschlagenen und aus ihren Heimatgebieten verdrängten Indianerstämme aus den südwestlichen Staaten anzusiedeln.
Um das Jahr 1820 begannen die Vorbereitungen für die Gründung des Indianerterritoriums Oklahoma, und ab 1828 wurden die ersten Stammesgruppen in das Gebiet deportiert.
Im Verlauf von etwa achtzehn Jahren wurden die Reste der großen, sogenannten »zivilisierten Stämme«, der Cherokees, Chickasaws, Choctaws, Creeks und Seminolen, in Oklahoma angesiedelt. Jeder Stamm erhielt ein festumrissenes Gebiet, in dem er als »Nation« zusammengefaßt wurde. Unter dem Protektorat der amerikanischen Regierung erhielten die Indianer-Nationen das Recht, eine eigene, ihren Stammestraditionen entsprechende Verwaltungsform zu entwickeln.
Der relative Freiheitsraum, der den Stämmen zugestanden wurde, wurde von diesen alsbald dazu benutzt, Bestrebungen einzuleiten, Oklahoma zu einem eigenen, souveränen indianischen Staat der USA zu machen.
Um diesen Plan zu unterstützen, begannen die Stämme, ohne auf die traditionellen und mentalitätsbedingten Erfahrungen und Wertbegriffe

Indianerpolizisten in einer Cheyenne-Reservation. Bis zum Jahre 1897 besaßen die in Reservationen angesiedelten Indianer eigene Gerichtshöfe.

zu verzichten, ein den weißen Bundesstaaten angepaßtes Verwaltungsgouvernement aufzubauen.

Die ehemaligen nomadischen Kriegsvölker wurden seßhaft, gründeten Farmen, kultivierten das Land, bauten eigene Städte und Schulen. In Anlehnung an Kongreß und Senat in Washington wurden indianische Parlamente geschaffen, deren Abgeordnete in demokratisch-freien Wahlen von den Stammesmitgliedern gewählt wurden. Zwar wurden die Stammeshäuptlinge beibehalten, aber neben ihnen gab es jetzt in jeder der fünf Indianernationen einen Gouverneur.

Eine eigene, nur für indianische Angelegenheiten in Oklahoma zuständige Polizei, die »Light-Horses«, unter dem Kommando von »High Sheriffs«, wurde geschaffen, die für ihre Korrektheit und Leistungsfähigkeit berühmt war. Gerichte entstanden, denen gewählte Richter vorstanden, vor denen sämtliche Streitigkeiten und Kriminalfälle innerhalb der Stämme verhandelt wurden.

Mitglieder einer Kompanie »Light Horses«, der Indianerpolizei Oklahomas. Sie waren eigenen indianischen High-Sheriffs und gewählten indianischen Richtern unterstellt.

Der formale Ablauf einer solchen Gerichtsverhandlung ähnelte durchaus den Gerichten der weißen Siedler. Dem Angeklagten standen die gleichen Rechtsmittel zur Verfügung, die auch vor einem normalen Gericht gewährt wurden. Er wurde von einem Anwalt vertreten und hatte die Möglichkeit der Revision.

Über Schuld oder Unschuld eines Angeklagten aber wurde nicht allein aufgrund geschriebener Regeln entschieden. Moral- und Ehrbegriffe, die in der Stammestradition begründet waren, spielten eine erhebliche Rolle, was sich auch in der Strafzumessung widerspiegelte.

Für einen Indianer stellte die Todesstrafe im Vergleich zur Gefängnisstrafe die menschlichere Alternative dar. Ein Mann, der gegen das Gesetz verstoßen hatte, sollte bestraft, nicht aber gedemütigt oder seiner Menschlichkeit beraubt werden. Im Bewußtsein eines Indianers wurde ein Mensch, der jahrelang in ein Zuchthaus geschickt wurde, zum Tier degradiert.

Indianergerichte kannten daher keine Gefängnisse oder Freiheitsstrafen. Es erfolgten lediglich Verurteilungen zur Auspeitschung oder zum Tode durch Erschießen, wobei der zum Tode Verurteilte selbst das Recht hatte, seinen Henker zu bestimmen.

Von einem Angeklagten wurde erwartet, daß er, falls seine Schuld feststand, sich rückhaltlos zu seiner Tat bekannte und die Verantwortung für sein Handeln übernahm. Es war daher nicht üblich, einen überführten Straftäter bis zur Gerichtsverhandlung zu arrestieren. Auch ein Mörder durfte sich frei bewegen. Ihm wurde der Zeitpunkt der Verhandlung mitgeteilt, und er hatte sich zum angegebenen Tag vor Gericht einzufinden.

Selbst nach seiner Verurteilung – sogar bei Verhängung der Todesstrafe –, wurde er nicht festgenommen. Ihm wurde statt dessen Zeit belassen, seine persönlichen und familiären Angelegenheiten zu regeln. Mit der Auflage versehen, sich am Tag der Exekution wieder einzufinden, konnte er als freier Mann das Gericht verlassen.

Kein Verurteilter wäre auf den Gedanken gekommen, seine Freiheit dazu zu nutzen, sein Pferd zu besteigen und sich dem Einflußbereich des Gerichts zu entziehen.

Für den pragmatischen Zivilisationsmenschen des 20. Jahrhunderts ist ein solches Verhalten rational nicht erklärbar. Es blieb selbst für den Grenzer, den weißen Pionier, unbegreiflich.

Dabei war die Erklärung einfach: Der, im Vergleich zum indianischen Naturmenschen, aufgeklärte weiße Westwanderer, stufte sein Leben höher ein als seine Ehre. Dem Indianer waren Ehre und Menschenwürde wichtiger als sein Leben. Sich dem Urteil des Gerichts zu entziehen, kam für ihn einer unentschuldbaren Feigheit gleich, einer Flucht aus der Verantwortung, die er mit seiner Tat auf sich geladen hatte. Die Regel war, daß ein Krieger zu seinen Taten stehen mußte. Es gehörte zu seiner Selbstachtung, vor den Folgen seines Handelns nicht fortzulaufen.

Auch die religiösen Überzeugungen der Indianer spielten bei dieser fatalistischen Haltung eine nicht unwichtige Rolle. Nur ein Krieger, der seine Ehre nie verraten hatte, konnte sicher sein, in die Ewigen Jagdgründe einzugehen. Ein Mann, der sich vor der Verantwortung drückte, brachte Schande über sich und seine Familie. Selbst zum Tode verurteilte Indianer fanden sich pünktlich zur Exekution ein und ließen sich mit Haltung und Würde, ohne ein Zeichen von Furcht vor dem Tod oder Reue für ihre Tat hinrichten.

> **Der Indianer glaubte nicht nur an eine Menschenseele, sondern gleich an deren zwei oder gar mehrere, von denen nur eine mit dem Körper vergeht, während die andere schattenhaft nach dem fernen Westen, der sinkenden Sonne nach, in die »ewigen«, die »glücklicheren«, die »besseren Jagdgründe« eilt. Ewige Prärien, ewige Wälder, ewige Auen, von ewigen Büffelherden bevölkert und aus ewiger Sehnsucht erträumt, sind des roten Mannes Walhall. Aber nicht jeder abgeschiedene Geist gelangt nach jenem Gefilde der Seligen. Ein breiter, brausender Strom, trüb und wild wie der unheimliche Missouri, trennt diese Welt vom Jenseits; ein Baumsteg nur, schmal und schwank, von Ungeheuern, riesigen Hunden und Drachen umlagert, führt über die dunkelrauschende Tiefe. Der Gerechte, der Tapfere, der Treue wandelt unverwandt sicheren Fußes den schlüpfrigen Brückenpfad; der Sünder aber, der Verräter, der Feigling sieht um sich, erschrickt, strauchelt, stürzt und wird von den Wogen hinweggerissen in die ewige Finsternis.**
>
> Friedrich von Gagern, DAS GRENZERBUCH, 1954

Der Historiker Glenn Shirley hat in seinem Buch »Toughest of them all« den Fall des Choctaw-Indianers Silon Lewis aufgezeichnet.
Die Choctaws hatten ihre Heimatgebiete am Mississippi gehabt. Sie hatten nach ihrer Deportierung in Oklahoma schnell Fuß gefaßt.
Mit fortschreitender Zivilisierung und Urbanisierung der Choctaw-Nation spalteten sich die Stammesmitglieder in zwei Gruppierungen.
Auf der einen Seite standen die Progressiven, die sich Vorteile von der Annäherung an die Lebensbedingungen der weißen Pioniere versprachen. Sie wurden erbittert von den Traditionalisten bekämpft, für die der Erhalt der alten Stammessitten und die Verteidigung der Identität als reinblütiges indianisches Volk wichtigste Maximen waren.
Im Jahre 1892 entlud sich der Konflikt zwischen beiden Parteien bei der Wahl zum Gouverneur der Choctaw-Nation. Nach einem erbitterten Wahlkampf gewann der Kandidat der Progressiven die Mehrheit der Stimmen, was bei den Traditionalisten eine tiefe Verbitterung auslöste.

Gemeinsam mit mehreren Gleichgesinnten ritt der fanatische Traditionalist Silon Lewis nach der Wahl zur Hütte von Joe Hokolotubbe, dem Vorsitzenden der Progressiven Partei, und schoß ihn kaltblütig nieder.
Hokolotubbe starb an seinen Verletzungen, während sich Lewis und seine Begleiter in die Berge zurückzogen.
Der Choctaw-Häuptling Green McCurtain schickte ein Kommando Light-Horses hinter Lewis her, der sich den Indianerpolizisten ergab und ohne zu zögern den Mord eingestand.
Es war am 10. Dezember 1892, als in den Ausläufern der Kiamichi Mountains von Südost-Oklahoma in Browns Prärie unter freiem Himmel das Mosholotubbe-Distriktgericht unter dem Vorsitz des Indianerrichters Noel J. Holsum zusammentrat.
Pünktlich zur Eröffnung der Verhandlung erschien Silon Lewis vor dem Gericht, das ihn des Mordes angeklagt hatte, und gestand seine Tat. Die Geschworenen, allesamt reinblütige Choctaws, sprachen ihn schuldig. Richter Holsum brauchte nicht sehr lange, um das Strafmaß festzusetzen.
»Silon Lewis«, sagte er. »Erhebe dich!«
Schweigend und mit stoischer Gelassenheit richtete Lewis sich auf. Er war vierzig Jahre alt, ein großer, breitschultriger Mann mit den charakteristischen, markanten und ebenmäßigen Zügen des Prärie-Indianers. Er hatte die Arme über der Brust verschränkt. Stolz aufgerichtet stand er vor dem Richtertisch. Kein Muskel zuckte in seinem Gesicht, als er den Worten Richter Holsums lauschte.
»Silon Lewis«, sagte der Richter. »Du hast eine faire und unparteiische Verhandlung vor dem obersten Gericht unseres Stammes erhalten. Du bist des Mordes schuldig, und ich habe die Aufgabe als Richter, dir das Urteil zu verkünden. Das Gericht hat beschlossen, daß du sterben mußt. Du wirst erschossen werden. Am fünften Tag des November im Jahre 1894 um zwölf Uhr mittags soll das Urteil vollstreckt werden. Es ist der Wille des Gerichts, daß du bis zu diesem Tag Gelegenheit erhältst, in dein Haus zurückzukehren, deine Hinterlassenschaft zu ordnen, die Versorgung deiner Familie zu sichern und dich von all jenen zu verabschieden, die dir etwas bedeuten. Das Gericht erwartet, daß du dich am Tag der Hinrichtung wieder hier einfindest. Shee-ah! Die Verhandlung ist geschlossen!«
Silon Lewis blickte den Richter ernst an und nickte dann. Er hatte das Urteil verstanden und akzeptiert. Er drehte sich um und ging zu seinem Pferd. Ohne auf die Blicke der Zuschauer zu achten – Indianer mit hohen

Topfhüten auf den Köpfen, die sich in bunte Decken gehüllt hatten, weiße Siedlerfamilien und Vertreter der nahegelegenen Indianeragentur –, bestieg er sein Pferd und ritt in die Wildnis hinaus, unbewaffnet und allein.

Kaum einer der weißen Beobachter glaubte, daß Silon Lewis zurückkehren würde. Sie schauten zu, wie Richter Noel J. Holsum einen abgeschabten, hohen Zylinder aufsetzte, seinen dunklen Gehrock zuknöpfte und in würdiger Haltung zu seinem Einspänner ging, in dem er davonfuhr.

Hier und da wurde Spott laut. Klischeevorstellungen vom naiven und infantilen »Wilden« schienen sich für viele zu bestätigen. Der Mörder Silon Lewis war längst am Horizont verschwunden. Die meisten Zuschauer waren sicher, daß er niemals bestraft werden würde.

*

> **Die Persönlichkeit, das Wesen des Indianers, wie es in seinem Verhalten, seinen Anschauungen, seinen Gebräuchen zum Ausdruck kommt, hat die Einbildungskraft seines Nachbarn oder Gegners stets stark beschäftigt ... Bestehen blieb das Bild des Kriegers, mit allen seinen Attributen der Verwegenheit und Kühnheit, der dem Weißen kaum erreichbaren Selbstbeherrschung – Eigenschaften, die ihm so oft den Nimbus einer Würde gaben, die in den Erinnerungen an die großen Häuptlinge weiterlebt; aber auch der Grausamkeit (in der die Weißen ihm später kaum etwas nachgaben); dies alles gepaart mit List, Verschlagenheit – die Rothäute waren äußerst geschickte Händler und Verhandler –; und neben ihren Reden, von denen uns viele erhalten sind und die sie zu hoher Kunst entwickelten, nahmen die Statements, die Repliken ihrer weißen Partner sich oft recht dürftig aus. Der Kolonist, der Pelzjäger, der Fallensteller hat den roten Mann oft gefürchtet, meist wohl gehaßt, aber, bevor er ihn degenerierte, nie eigentlich verachtet, ja heimlich oder offen häufig auch bewundert ...**
>
> **Die Psyche des Indianers ist in der Tat ein Stufenbau aus vielen Elementen; sie ist komplexer als eine oberflächliche Betrachtung meistens wahrnimmt.**
>
> **Seine anerzogene, durch Tradition geprägte Gelassenheit paart sich mit hoher Emotionalität, die ihren Ausdruck findet nicht nur im Kampf, im Rausch etwa des Skalpnehmens, sondern auch im Tanz ... In Verbindung damit steht seine starke Eindrucksfähigkeit, seine Empfänglichkeit für alle Erscheinungen der Natur. Sein weißer Zeitgenosse lernte immer mehr »technisch« zu denken, die Welt als ein Gebilde aufzufassen, das er zu handhaben und zu kontrollieren wußte. Das war dem Indianer wesensfremd und blieb es bis zum heutigen Tage.**
>
> Siegfried von Nostitz, DIE VERNICHTUNG DES ROTEN MANNES, 1970

Der 5. November 1894 begann wie ein Volksfest. Vor Sonnenaufgang verließen indianische Familien ihre Hütten und bestiegen ihre Wagen. Weiße Siedler und Cowboys sattelten ihre Pferde. Farmer stellten Picknickkörbe in ihre leichten Einspänner, andere machten sich zu Fuß auf. Alle hatten das gleiche Ziel: Das einfache, flache, langgestreckte Holzhaus in Browns Prärie, vierzehn Meilen südwestlich des Städtchens Red Oak, das als Gerichtsgebäude der Choctaw-Nation diente.
Mehr als hundert Menschen versammelten sich im Laufe des Vormittags im Schatten der mächtigen Eichen, die das Gerichtshaus umstanden.
Sie alle waren gekommen, um Silon Lewis sterben zu sehen.
Sehr viele glaubten nicht, daß es an diesem Tag eine Exekution geben würde. Sie waren nur hier, um zu sehen, wie das indianische Gericht auf das Ausbleiben des Delinquenten reagieren würde.
Es wurden Wetten abgeschlossen. Es wurde diskutiert, ob ein Mann, der zwei Jahre zuvor zum Tode verurteilt und dann freigelassen worden war, tatsächlich zurückkehren würde, um sich erschießen zu lassen.
Nur die weißen Zuschauer zogen diese Möglichkeit in Zweifel, nur sie redeten sich an jenem Morgen die Köpfe heiß. Die indianischen Familien verhielten sich abwartend, ruhige Gewißheit und Gleichmut ausstrahlend.
Die Sonne stand hoch, als eine Kompanie Light-Horses sich dem Gerichtsplatz näherte. Auf den blauen Hemden der Männer blinkten die Messingabzeichen. An ihrer Spitze ritt der High Sheriff für den Mosholotubbe Distrikt, Tecumseh Moore. Die Männer stiegen vor dem Gerichtshaus ab und bildeten einen Halbkreis um die als Richtplatz markierte Fläche vor dem Gebäude. Wenig später traf der Distriktrichter Noel J. Holsum ein.
Die Zeit verstrich. Die Sonne stieg höher und höher. Die Spannung unter den Zuschauern wuchs.
Ein flacher, offener Farmwagen rollte von Westen heran und hielt im Schatten des Gerichtsgebäudes. Auf dem Bock saßen der Vater von Silon Lewis und die Mutter, die sich eine Büffeldecke um die Schultern geworfen hatte. Von der Ladefläche des Wagens stiegen die Squaw des Verurteilten, seine Kinder, seine Brüder und Schwestern. Sie schienen die Blicke der Zuschauer nicht zu bemerken. Ihre Gesichter waren ausdruckslos und starr wie Masken.
Ein kühler Wind strich über die Prärie. Die Novembersonne rückte Zoll um Zoll dem Zenit entgegen. Minuten wurden zu Ewigkeiten. Von Sekunde zu Sekunde nahm die Nervosität unter den Wartenden zu.

Ihre Blicke waren in die Ferne gerichtet. Aber sie sahen nur die weite, hügelige Steppe, begrenzt von schroffen Bergen, hier und da Baumgruppen, Eichen und Pinien.

Ein Schwarm wilder Truthähne zog mit heiseren Schreien über das Gerichtshaus hin und strebte den Bergen zu.

Ein Indianerjunge tauchte auf einem Pony auf und behauptete aufgeregt, Freunde von Lewis, Angehörige der Traditionalistenpartei, seien unterwegs zum Richtplatz, um die Exekution zu verhindern.

Die Light-Horses nahmen ihre Gewehre in den Hüftanschlag und repetierten sie durch. Das metallische Klirren war überlaut zu hören. Sonst geschah nichts.

Die Sonne erreichte den Zenit. Einige Männer zückten Taschenuhren und verfolgten wie gebannt das Vorrücken der Zeiger.

In diesem Moment ertönte leise Hufschlag. Alle hoben die Köpfe. Angestrengt starrten sie zu einem fast eine Meile entfernten Waldgürtel hinüber.

Dort tauchte ein Reiter auf. Sein Pferd strauchelte, fing sich aber wieder, und er trieb es zu größerem Tempo an.

Der Reiter näherte sich rasch. Ein Raunen ging durch die Menge. Von Osten schoben sich graue Wolken heran, als der Mann sein Pferd am Rande des Richtplatzes zügelte und schwerfällig abstieg.

Es war Silon Lewis. Er schien kaum geschlafen zu haben und war staubbedeckt wie sein Pferd, von dessen Nüstern Schweißflocken tropften. Er schwankte etwas, als er zu High Sheriff Tecumseh Moore ging und ihm die Zügel seines Tieres übergab.

»Das Pferd ist müde«, sagte er. Seine Stimme klang ruhig. »Ich hatte einen langen Weg.«

Er drehte sich um, strich dem Tier noch einmal durch die Mähne und ging zu seinen Angehörigen hinüber. Schweigend stand er ihnen eine Weile gegenüber. Schließlich sagte er: »Ich bin sicher, wir werden uns wiedersehen. Irgendwann und irgendwo.«

Kein Muskel regte sich in seinem Gesicht. Er wandte sich ab und kehrte in die Mitte des Richtplatzes zurück. Er war bereit.

»Unglaublich«, murmelte einer der weißen Farmer. »Der Mann hatte die Möglichkeit zu verschwinden, statt dessen kehrt er freiwillig zurück, um sich töten zu lassen. Verrückt!«

»Ist es verrückt?« fragte ein anderer zurück. »Dieser Mann hat einen Mord begangen. Dafür muß er nun bezahlen. Er weiß es, und er nimmt es auf sich. Er klagt nicht, er läuft nicht davon. Er hat sein Wort gege-

Indianerlager in Südost-Oklahoma. Hier, in »Brown's Prärie«, fanden unter freiem Himmel bis zum Jahre 1897 die Verhandlungen und Exekutionen des autonomen Choctaw-Gerichtes statt.

ben, und das hält er, obwohl es um sein Leben geht. Und unsere Verbrecher? Sie benehmen sich wie Tiere und werden so behandelt. Sie sitzen in stinkenden, dreckigen Gefängnissen. Sie haben oft getötet, aber wenn sie selbst zum Galgen geführt werden, schreien und brüllen sie und betteln um Gnade. Sieh dir dagegen diesen Mann an.«
Silon Lewis stand dem High Sheriff gegenüber und zeigte zur Sonne hinauf. Sie stand am höchsten Punkt des Horizonts. Die Wolkenwand, die sich von Osten genähert hatte, verdeckte sie halb.
»Die Zeit ist um«, sagte der Indianer. »Das Choctaw-Gesetz sagt, daß ich nun sterben soll. Ich wünsche, daß Lyman Pusley mich tötet.«
Pusley war einer von Tecumseh Moores Deputies, einer von Lewis engsten Freunden.

Zwei Light-Horses führten Lewis in die Mitte des Richtplatzes. Hier breiteten sie eine Decke am Boden aus. Lewis streifte sein Wildlederhemd ab und setzte sich auf die Decke.
Die beiden Light-Horses zogen seine Arme zur Seite. Sie fesselten ihn nicht. Der High Sheriff trat auf den Delinquenten zu, tauchte seine Rechte in einen Topf mit Kreide und malte einen Kreis auf die Brust von Silon Lewis.
Der Krieger blieb wortlos auf der Decke sitzen, während der Sheriff zu Lyman Pusley ging und ihm ein Winchester-Gewehr in die Hände drückte.
Pusley lud das Gewehr durch und bewegte sich mit ruhigen Schritten auf den Richtplatz hinaus. Fast zwanzig Schritte von Lewis entfernt blieb er stehen. Schweigend schauten sich die Männer, die Freunde waren, an. Mehr als eine Minute verstrich. Dann hob Pusley das Gewehr, zielte kurz und drückte ab.
Die peitschende Detonation hallte über die Ebene. Manche der Zuschauer schlossen die Augen, als der Mündungsblitz aus dem Gewehrlauf zuckte.
Silon Lewis wurde von der Kugel getroffen und stürzte nach hinten. Sein Oberkörper war blutüberströmt. Blut rann auch aus seinem weitgeöffneten Mund. Dann war in der atemlosen Stille, die dem Schuß folgte, nur noch das durchdringende Röcheln des Sterbenden zu hören.

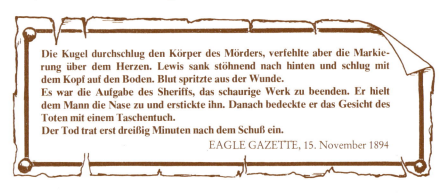

Die Kugel durchschlug den Körper des Mörders, verfehlte aber die Markierung über dem Herzen. Lewis sank stöhnend nach hinten und schlug mit dem Kopf auf den Boden. Blut spritzte aus der Wunde.
Es war die Aufgabe des Sheriffs, das schaurige Werk zu beenden. Er hielt dem Mann die Nase zu und erstickte ihn. Danach bedeckte er das Gesicht des Toten mit einem Taschentuch.
Der Tod trat erst dreißig Minuten nach dem Schuß ein.
EAGLE GAZETTE, 15. November 1894

Die Hinrichtung von Silon Lewis war die letzte legale Exekution dieser Art, die nach den Regeln der souveränen Stammesgerichtsbarkeit durchgeführt wurde. Ein Beschluß des Kongresses in Washington vom 7. Juni

1897 beendete die Tätigkeit der Indianergerichte und übertrug die Bearbeitung sämtlicher Zivilrechtsangelegenheiten und Kriminalfälle, ohne Ansehen der Rasse und Hautfarbe der Kläger oder Angeklagten, exklusiv den regulären Gerichten in Oklahoma.

Niemals wieder sollte man erleben, daß ein Verurteilter freiwillig zu seiner Exekution antrat, sich seinen Henker selbst aussuchte und sich den Gesetzen von Moral und Ehre in einer derart totalen Konsequenz unterwarf.

Die Indianergerichte in Oklahoma repräsentierten einen Zweig der Justiz in der amerikanischen Pionierzeit, zu dem es in keiner Phase der Westwanderung eine Parallele gab. Sie mußten eine Episode bleiben, dokumentierten aber nachhaltig den indianischen Volkscharakter und die strengen und hochgesteckten Prinzipien dieser aussterbenden Kriegerkaste. Prinzipien, die in der Welt des weißen Mannes schon damals zu Phrasen und Lippenbekenntnissen degeneriert waren.

*Zeitgenössischer Holzschnitt
von einer Hinrichtungszeremonie.
(»Banditti of the Rocky Mountains«, 1866.)*

Im Schatten des Galgens

DIE VERGELTUNG

William Z. Cozens, der 1862 Sheriff im Gilpin County, Colorado, wurde, stellte eines Abends in einer Koppel am Stadtrand einige Pferdediebe. Nun aber war guter Rat teuer. Was sollte er mit den Übeltätern tun?

Das Gericht hatte bereits geschlossen und öffnete erst wieder am nächsten Morgen seine Pforten. Ein Gefängnis aber gab es im ganzen Bezirk nicht. Die Ausrüstung des Sheriffs bestand lediglich aus einer Sharps-Rifle, zwei Colt-Revolvern, einigen Handschellen und ein paar Fußeisen.

Er überlegte nicht lange. Er nahm die Gefangenen mit in sein Haus, kettete sie kurzerhand mit den Handschellen an die Füße seines Ehebettes und ließ sie auf dem Fußboden schlafen. Auch die Tatsache, daß seine Frau erst wenige Tage zuvor ein Kind zur Welt gebracht hatte und mit dem Neugeborenen im Bett lag, schreckte ihn nicht. Was sich aber im Verlauf der Nacht im Ehebett des Sheriffs abspielte, veranlaßte ihn, am nächsten Morgen sofort sämtliche Landstreicher des Countys in der Bezirkshauptstadt Central City zusammenzutreiben, ihnen Werkzeuge in die Hände zu drücken und sie ein einfaches Gefängnis bauen zu lassen.

Wayne Gard, FRONTIER JUSTICE, 1949

BLACK JACK KETCHUM – DER HENKER WARTET SCHON

> Hinrichtungen im alten Westen erforderten ein besonderes Können. Die Henker der Pionierzeit waren geübte Männer, die ihre Aufgabe schnell und ohne überflüssige Pein für den Delinquenten auszuführen hatten. Wenn ein Henker versagte, war seine Laufbahn beendet.
> Es gab drei Sorten von Männern, die eine offizielle, gerichtlich angeordnete Hinrichtung durchführten. Den Sheriff, den unerfahrenen Henker, und den geübten, professionellen Henker.
> Ein erfolgreicher Henker rühmte sich, ein wahrer Künstler auf seinem Gebiet zu sein und niemals bei einer Hinrichtung zu stümpern.
> Eine mißglückte Erhängung endete meist damit, daß der Delinquent qualvoll zu Tode gewürgt wurde, oder daß die Schlinge ihm beim Sturz durch die Falltür des Galgens den Kopf abriß.
> Ein geübter Henker achtete darauf, daß der Knoten der Schlinge direkt unter dem Ohr lag, so daß dem Delinquenten beim Sturz sofort das Genick gebrochen wurde.
> Sheriffs, die wenig Erfahrung mit Hinrichtungen hatten, führten ihre Aufgabe häufig dilettantisch aus. Das Entgelt für eine Hinrichtung betrug in der Regel 100 Dollar. Der professionelle Henker war stets schwarz gekleidet, ein griesgrämiger Mann, der erhebliche Standesdünkel hatte und seine Fähigkeiten hoch einschätzte.
>
> Clarence Johnson, THE HANGMANS ART
(»REAL WEST« Nr. 46, März 1966)

Es war ein trüber Aprilmorgen, als der Priester das kleine Gefängnis von Clayton, New Mexico, betrat. Sein Gesicht war ernst. Er hielt eine in schwarzes Leder gebundene Bibel in den Händen.
Den Wärter, der ihn empfing, grüßte er nur mit einem knappen Nicken. Er folgte ihm durch den düsteren, feuchten Gang, vorbei an zahlreichen Zellentüren. Die Schlüssel, die der Wärter in der Hand hielt, klirrten bei jedem Schritt aneinander.
Endlich blieb er vor einer Tür stehen. Er dreht sich um.
»Wir sind da, Padre«, sagte er. »Ich lasse Sie eine Viertelstunde allein. Klopfen Sie, wenn Sie mich brauchen. Wenn Sie mich fragen: Gehen Sie gar nicht erst 'rein. Es ist sinnlos.«
»Keine Seele ist verloren«, sagte der Priester. Er nahm den breitrandigen Hut ab, während der Wärter die Zelle öffnete. Der Priester trat ein. Die Tür schloß sich hinter ihm.

Diffuses Dämmerlicht fiel durch ein schmales Gitterfenster. Als sich die Augen des Priesters an das Halbdunkel in der Zelle gewöhnt hatten, sah er den Mann auf der flachen Pritsche an der Wand. Der Mann schlief. Er hatte nicht bemerkt, daß der Priester eingetreten war.
Es war der Mann, der an diesem Morgen sterben sollte.
Der Priester räusperte sich. Der Mann auf der Pritsche wälzte sich herum, blinzelte und richtete sich langsam auf. Der rechte Ärmel seines grauen Hemdes baumelte schlaff herab. Dem Mann fehlte der rechte Arm.
Er gähnte verhalten und musterte den Priester neugierig.
»Mr. Ketchum?« sagte der Priester. »Tom Ketchum?«
»Ja.« Der Mann auf der Pritsche schwang die nackten Füße auf den rauhen Dielenboden und blieb auf der Pritschenkante sitzen.
»Sie werden noch heute vor Ihrem Richter stehen, Mr. Ketchum.«
»Vor meinem Richter habe ich schon gestanden, Padre«, sagte der Mann. Er gähnte wieder. »Er heißt William J. Mills und hat mich dazu verurteilt, am Halse aufgehängt zu werden, bis der Tod eintritt.«
»Sie sollten nicht lästern, Mr. Ketchum«, sagte der Priester. »Sie wissen, daß heute ein höherer Richter auf Sie wartet. Ich glaube, es ist besser, sich darauf vorzubereiten. Ich bin hier, um Ihnen zu helfen.«
Ketchum lächelte unter seinem schwarzen Seehundbart hervor.
»Sie können mir nicht helfen, Padre«, sagte er. »Hier ist keine Seele, die Sie retten müssen. Mir geht es gut. Ich habe prächtig geschlafen und werde mir nachher die Schlinge um den Hals legen lassen. Es gibt nichts, was Sie noch für mich tun können.«
»Kein Mensch ist verloren, bevor er sich selbst aufgibt«, sagte der Priester. »Wollen Sie wirklich der ewigen Verdammnis anheimfallen, Mr. Ketchum?«
»Ich will, Padre«, sagte Ketchum. »Ich habe mein Leben gelebt. Ich glaube nicht, daß ein Mann um Gnade betteln sollte. Gehen Sie, Padre, vergessen Sie mich, und lassen Sie mich noch ein wenig schlafen. Es gibt genug reuige Schafe, für die es sich zu beten lohnt.«
Der Priester öffnete den Mund, um noch etwas zu sagen. Aber Ketchum schüttelte nur stumm den Kopf, legte sich wieder zurück und drehte das Gesicht zur Wand. Zögernd wandte sich der Priester ab und klopfte an die Tür. Die Schritte des Wärters näherten sich, der Schlüssel klirrte im Schloß, die Tür öffnete sich. Der Priester ging. Wenig später schnarchte der Mann auf der Pritsche vernehmlich.
Der Wärter, der in regelmäßigen Abständen auf dem Zellengang auf und

ab ging, warf ab und zu einen Blick durch den schmalen Sehschlitz in der Tür. Kopfschüttelnd ging er jedesmal weiter.

Es verging fast eine Stunde. Über der Prärie außerhalb Claytons ging die Sonne auf. Letzte Schwaden des Frühnebels trieben im leichten Wind durch den Innenhof des Gefängnisses. Hier ragte das Gerüst des großen Galgens in den Morgenhimmel. Das Holz des Gerüsts war hell und frisch und duftete nach Harz und Leim. Ein Strick mit sorgfältig geknüpfter Schlinge baumelte von dem schenkelstarken Querbalken.

Unterhalb des Galgens bauten Fotografen ihre Kameras auf.

Zur gleichen Zeit öffnete Sheriff Garcia die Zellentür von Tom Ketchum und trat mit seinen Deputies ein. Ketchum schlief noch.

»Es ist soweit«, sagte Garcia, als Ketchum die Augen öffnete.

»Ich hoffe, ihr habt einen Fiedler bestellt, der Musik macht, wenn es vorbei ist«, sagte Ketchum.

»Keine Angst, Tom?«

»Vor was, Sheriff?« Ketchum grinste. Er war völlig ruhig.

»Du hast gute Nerven«, sagte der Sheriff. Er wandte sich zur Tür. »Komm. Du wirst schon erwartet. Du hast einen großen Bahnhof. Eine Menge Presseleute sind da.«

Ketchum erhob sich und folgte dem Beamten, flankiert von zwei Deputies mit grimmigen Gesichtern. Als er auf den Hof hinaustrat und den Galgen im Frühlicht sah, beschleunigte sich sein Schritt, so als habe er es eilig, alles hinter sich zu bringen.

*

Im Jahre 1865 wurde Tom Ketchum im San Saba County in Texas geboren. Seine Wiege stand in einer kleinen, aus ungeschälten Baumstämmen erbauten Farmhütte am Ufer des Richland Creek.

Seine Eltern waren Heimstätter. Tom war ihr jüngstes Kind. Wie seine Brüder Berry und Sam mußte auch er, sowie er eine Schaufel halten konnte, auf den kargen Feldern der Farm arbeiten.

Die Ernten waren schlecht. Der Boden war steinig und sog das Wasser, das ihm mühevoll zugeleitet wurde, wie ein Schwamm auf, ohne daß die Felder merklich davon profitierten.

Die Ketchums fristeten ein anspruchsloses Dasein, genau wie die anderen Heimstätterfamilien am Richland Creek.

Zentrum des Farmlands bildete das Städtchen Richland Springs, eine Ortschaft mit knapp einhundertfünfzig Einwohnern.

Tom »Black Jack« Ketchum. Einer der letzten Eisenbahnräuber der Pionierzeit. 1901 wurde er hingerichtet.

Dreimal in der Woche rollte eine Postkutsche durch das Tal am Richland Creek und brachte Post und Nachrichten. Die nächste Bahnstation befand sich in Lampasas, die nächste Schule in San Saba, einen Tagesritt entfernt.

Das Land lag abseits der großen Überlandstraßen und war daher immer wieder Angriffen von Indianern ausgesetzt, die die einsamen Farmen bedrängten. Sam und Berry Ketchum schlossen sich mit anderen Farmern zu einer Bürgerwehr zusammen, die regelmäßig Patrouille in besonders gefährdeten Gebieten ritt und die Überfälle nach und nach eindämmte.

Bereits mit vierzehn Jahren suchte Tom Ketchum sich Arbeit als Cowboy auf der »Cross L Ranch« der Gebrüder Hall am Rio Cimarron. Er wuchs in die Welt der Weidereiter hinein und brachte regelmäßig seinen Lohn in den Saloons, Spielhallen und Bordellen von San Saba

Die Hinrichtung »Black Jack« Ketchums am 26. April 1901. Ehrgeiz der Henker im Westen war es, Todesurteile so schnell und schmerzlos wie möglich zu vollstrecken.

durch. Bei einer solchen Gelegenheit wurde er wegen Störung der öffentlichen Ordnung verhaftet und mußte eine Nacht im örtlichen Gefängnis verbringen.

Tom Ketchum unterschied sich nicht von anderen Cowboys. Er arbeitete hart und paßte sich den wilden, teilweise die Grenzen des Gesetzes überschreitenden Gebräuchen der anderen Weidereiter an.

Er lernte in den ersten Jahren noch die grenzenlose Freiheit der Cowboys kennen, nahm den eigenwilligen Stolz und den Ehrenkodex dieser

»Black Jack« Ketchum ist tot. Durch einen Fehler des Henkers wurde ihm von der Galgenschlinge der Kopf abgerissen.

elitären Reiterkaste in sich auf und mußte miterleben, wie alles das, was die Faszination des Cowboyberufes ausmachte, ständig zurückgedrängt wurde, je mehr sich das Jahrhundert dem Ende zuneigte.
Er wurde Zeuge tiefgreifender sozialer und historischer Umwälzungen, die ihn und seinen Berufsstand unmittelbar betrafen. Die industrielle Vermassung erfaßte auch den amerikanischen Westen, repräsentiert durch die Eisenbahn und den Stacheldraht, und usurpierte den Individualismus des Frontier-Pioniers, der seine konsequenteste Verwirklichung in der Gesellschaft der Cowboys gefunden hatte.
Gerade sie waren es, die dieser rasch fortschreitenden Entwicklung besonders hilflos gegenüberstanden. Sie spürten, daß die neu heraufdämmernde Zeit ihre Existenz bedrohte, und sie versuchten, sich dagegen zu wehren. Sie versuchten es, indem sie die Flucht in die Gesetzlosigkeit antraten, in dem naiven Glauben, auf diese Weise den Fortschritt der Zivilisation hemmen zu können.
Die Lebensauffassung des Cowboys war mit dem Kollektivismus des nahenden 20. Jahrhunderts nicht zu vereinbaren. Immer mehr wurden seine Arbeitsmöglichkeiten eingeschränkt. Als eine Figur, die sich selbst

überlebt hatte, stand der Cowboy alleingelassen und verständnislos der neuen Zeit gegenüber. Es war daher kein Zufall, daß mit dem Beginn der 90er Jahre des vorigen Jahrhunderts gerade ehemalige, arbeitslos gewordene Weidereiter zu Kriminellen wurden und auf diese Weise gegen den unaufhaltsamen Untergang ihrer Zeit Amok liefen.

Tom Ketchum gehörte zu ihnen. Nachdem er nach einem langen und harten Winter im Frühjahr 1892 keine Arbeit mehr fand, verließ auch er verbittert den geraden Weg und verlor rasch jeglichen Halt. Er schlug sich mit Viehdiebereien durch und überfiel im Jahre 1895 mit einem Kumpan namens Sam Carver ein kleines Postoffice in der Nähe von Carrizo, New Mexiko.

Zur gleichen Zeit erhielt er seinen Spitznamen »Black Jack«, dessen Herkunft nicht feststellbar ist, um den sich zahllose Legenden rankten, ohne daß eine glaubwürdige Erklärung gefunden wurde.

Andere ehemalige Cowboys schlossen sich »Black Jack« Ketchum an, auch seine Brüder Berry und Sam stießen zu ihm.

Mit Straßenräubereien in rascher Folge im Nordosten von New Mexiko hielt sich die Bande über Wasser. Ende 1895 überfiel Ketchum mit seinen Kumpanen einen Zug nahe der Stadt Grant.

Im Jahre 1896 begann Ketchum eine Serie von brutalen Räubereien, die seinen Namen spektakulär in die Schlagzeilen der amerikanischen Presse hievte. Im Juli überfiel er eine Bank in Camp Verde und tötete dabei zwei Männer, die Widerstand leisteten. Am 31. Juli raubte die Ketchum-Bande Lohngelder der »Resolute Mining Company« in Ash Fork. Am 1. August bereits schlug Ketchum wieder zu, diesmal traf es die Lohnkasse der »Hulaupi Mining Company« in Kingman. Die Beute war nicht sehr üppig, 1400 Dollar. Der Buchhalter Jake A. Bishop, der sich dem Raub widersetzte, wurde erschossen.

Tom Ketchum setzte seinen Weg fort. Bereits am 6. August 1896 meldete die Zeitung »Tucson Citizen« einen Überfall der Ketchum-Bande auf die »International Bank« in Nogales, Arizona, der allerdings scheiterte, da sich die Bankangestellten und einige beherzte Bürger entschlossen zur Wehr setzten.

Die Bande zog sich in ein Versteck östlich der Minenstadt Cananea zurück. Hier wurde sie am 27. August von einem Aufgebot entdeckt und aufgeschreckt. Tom Ketchum und seine Kumpane wurden gejagt. Am 29. August trieb ein Aufgebot aus Tombstone die Bande in die Enge. Nach einer wilden Schießerei und einer stundenlangen Verfolgungsjagd gelang es »Black Jack« und seinen Leuten, wieder unterzutauchen.

Am 17. September wurde die Bande wieder gesehen. In der Nähe von Dos Cabezos tauchten die Banditen mit einer gestohlenen Pferdeherde auf. Am 28. Oktober plünderte Tom Ketchum eine Kutsche zwischen White Oaks und San Antonio aus und überfiel kurz darauf eine Poststation in dem Städtchen Separ, New Mexiko. Noch bevor das Jahr 1896 zu Ende ging, am 3. November, raubte die Ketchum-Bande die Poststation von San Simon aus.

Danach trat für einige Zeit Ruhe ein. Erst am 3. September 1897 wurden »Black Jack« und seine Leute einwandfrei bei einem Überfall auf einen Zug der »Colorado-&-Southern-Pacific-Railroad« bei Folsom in New Mexico erkannt.

Im Jahre 1898 überfiel die Bande einen Zug der »Southern Pacific« bei Lozier, einer sehr kleinen Bahnstation am Lozier Creek.

Von nun an wurde Ketchum leichtsinnig. Am 10. Juli 1899 fiel er abermals über die »Colorado-&-Southern-Pacific-Railroad« in der Nähe von Folsom her.

Diesmal wurde sehr schnell ein Aufgebot zusammengestellt, das die Bande in den Turkey Canyon jagte und hier zum Kampf zwang. Ketchum und seine Kumpane wurden in eine heftige Schießerei verwickelt, bei der Sheriff Farr aus Cimarron getötet wurde. Die Bande konnte entkommen. Zurück blieb Sam Ketchum, Toms Bruder. Er war schwer verletzt und starb am 24. Juli im Gefängnis.

Als Tom Ketchum bereits am 16. August 1899 noch einmal versuchte, den Zug der »Colorado-&-Southern-Pacific-Railroad« bei Folsom auszurauben, erlebte er ein Fiasko. Diesmal waren die Angestellten der Bahngesellschaft vorbereitet. Als »Black Jack« auf dem Tender der Lokomotive auftauchte, um den Lokführer zu zwingen, den Zug anzuhalten, hob ein Schaffner eine doppelläufige Schrotflinte und drückte ohne zu zögern beide Läufe gleichzeitig ab.

Die Ladung gehacktes Blei warf den Banditen nieder. Allein zweiundvierzig Kugeln blieben in Tom Ketchums rechtem Arm stecken. Der Überfall war gescheitert. Tom »Black Jack« Ketchum war endgültig ins Netz gegangen. Es gab kein Entrinnen mehr.

Ketchum wurde ins Staatsgefängnis von Santa Fe eingeliefert, wo ihm am 9. September im Gefängnishospital der rechte Arm amputiert werden mußte.

Nach seiner Genesung wurde er in Clayton vor Gericht gestellt und von Richter W. J. Mills zum Tode durch den Strang verurteilt.

Die Hinrichtung wurde auf den 4. Oktober 1900 festgesetzt. Sein Ver-

teidiger ging in die Revision. Erneut sprachen die Geschworenen Ketchum schuldig. Das Todesurteil wurde bestätigt. Als endgültiger Termin der Exekution wurde der 26. April 1901 bestimmt.

Reporter und Fotografen großer Zeitungen reisten an, um Ketchums Hinrichtung beizuwohnen. Er war einer der letzten Eisenbahnräuber der ausklingenden Pionierzeit. Er repräsentierte einen Menschenschlag, den nur die Frontier-Gesellschaft des amerikanischen Westens hervorzubringen in der Lage gewesen war. Grund genug, um das öffentliche Interesse zu erregen.

Tom Ketchum zeigte sich seinem Schicksal gegenüber fatalistisch, beinahe gleichgültig. In seiner Haltung dokumentierte sich, wie in seinen Verbrechen, die nicht zufällig vorwiegend gegen die Eisenbahn gerichtet gewesen waren, die den Fortschritt im Westen repräsentierte, seine Verachtung gegenüber der neuen Zeit und ihrer ihm unverständlichen Lebensauffassung.

Am 26. April 1901 fand die Hinrichtung statt. Ketchum schlief in der Nacht zuvor tief und ruhig, frühstückte am Morgen mit Appetit und schickte einen Priester, der ihn zum Galgen begleiten wollte, fort. Er spottete über die formelle Zeremonie der Hinrichtung und stieg, ohne daß jemand ihn zwingen oder antreiben mußte, die dreizehn Stufen des Galgengerüstes hinauf.

»Ich hoffe, ihr versteht euer Handwerk«, rief er dem Henker und seinem Assistenten zu, als ihm die Schlinge umgelegt wurde. »Ich werde in der Hölle mit dem Essen auf euch warten.«

Eine schwarze Kapuze wurde über seinen Kopf gestreift, dann zog der Henker den Hebel, der die Halterung der Falltür löste.

Tom »Black Jack« Ketchum stürzte schwer in die Tiefe. Ein Aufschrei ging durch die Zuschauermenge, als sich das Seil straffte, der Körper des Banditen unkontrolliert zuckte und schließlich zu Boden stürzte. Die Schlinge hatte ihm den Kopf abgerissen.

Tom Ketchum war tot.

*

◀ *Die Hinrichtung von zwei Mördern in Leadville, Colorado, 1881. Gerichtstage und Hinrichtungen waren für die Bewohner der einsamen, schwach besiedelten Gebiete »Volksfeste«, willkommene Gelegenheiten, die weit entfernt wohnenden Nachbarn zu treffen, Informationen auszutauschen, Handel zu treiben, Verbindungen zu knüpfen und der harten Siedlungsarbeit für einige Tage zu entrinnen.*

> Der lange, erbitterte Kampf um Recht und Gesetz im Westen Amerikas ist Gegenstand zahlloser Abhandlungen und Bücher. Ein wichtiger Aspekt dieser Geschichte aber, die die Geschichte eines regelrechten Krieges zwischen den Vertretern von Sicherheit und Ordnung und dem Verbrechertum ist, wird immer wieder ignoriert, die Geschichte der Staatsgefängnisse, ihre Entstehung und Entwicklung und die Rolle, die sie innerhalb der »Grenzjustiz« spielten.
> Die Gründung der Staatsgefängnisse war ein Gebot der Notwendigkeit. Die Gesetzlosigkeit hatte allerorten unerträgliche Formen angenommen und schickte sich an, zur alles Ordnende vernichtenden, übermächtigen Institution zu werden. Mörder, Räuber, Betrüger und Abenteurer überrollten das riesige Land mit ihren eigenen Gesetzen, die nur durch den Sechsschüsser repräsentiert wurden. Jahrelang konnte kein Mensch seines Lebens und Eigentums in diesem wilden Land sicher sein.
>
> Fred Harrison, HELL HOLES AND HANGINGS, 1968

Die Ahndung einer Straftat und das Maß der Bestrafung war in der amerikanischen Pionierzeit im Wesentlichen abhängig von der Existenz oder Nichtexistenz eines Gefängnisses. Die Wirksamkeit der Vertretung des Gesetzes durch Sheriffs, Marshals oder Richter basierte weniger auf deren Energie und Entschlossenheit als vielmehr auf dem Vorhandensein eines Raumes, in dem gestellte und abgeurteilte Kriminelle sicher verwahrt werden konnten.

In den frühen Tagen der Pionierzeit standen die Richter häufig vor dem Problem, einen überführten Straftäter, den ein Sheriff über Hunderte von Meilen verfolgt, gestellt, vor Gericht geschleppt und bis zur Verhandlung aus Ermangelung eines Gefängnisses an einen Baum gebunden hatte, entweder laufenzulassen oder ihn, nur um ihn überhaupt zu bestrafen, zum Tode zu verurteilen, selbst wenn die Strafe unangemessen hart war.

Die Phantasie des Richters bestimmte häufig genug den Spielraum der Strafzumessung. Mit Prügel- und Geldstrafen versuchten die ersten Frontier-Richter dem Gesetz genauso Nachdruck zu verleihen, wie mit Verurteilungen zum Umgraben des Richtergartens oder zum Holzhacken im Hof des Sheriffs. In Gebieten, in denen die Rinderzucht dominierte, konnte es geschehen, daß Viehdiebe zur Strafe in frische Rinderhäute eingenäht und in die Sonne gelegt wurden. Andere, die mildere Richter fanden, wurden lediglich mit einem glühenden Brandeisen gezeichnet und dann laufengelassen.

Die Hinrichtung des Doppelmörders Billy Calder in Lewistown, Montana, 1898. Der Henker plaziert den gewundenen Knoten der Schlinge sorgfältig unter dem linken Ohr des Delinquenten.

Ein ertappter Falschspieler, der geteert und gefedert wurde, konnte noch von Glück sagen. In manchen Städten wurden ihm die Finger der Hand, mit der er betrogen hatte, abgehackt. Wer seinen Nachbarn bestohlen hatte, mußte den Schaden abarbeiten. Wer einen Unfall verur-

Die vor San Francisco ankernde Brigg »Euphemia« war das erste Gefängnis Kaliforniens.

sachte, der einem anderen das Leben kostete, erhielt meist die Auflage, bis an sein Lebensende für die Familie des Opfers zu sorgen, was zeigte, daß bei der Strafzumessung schon damals nicht lediglich der Rache-, sondern vor allem der Sühnegedanke eine große Rolle spielte. Selbst die Resozialisierung war kein unbekannter Faktor, wenn auch das Sicher-

Das erste Gefängnis von Larned, Kansas, 1865.

heitsbedürfnis der frühen Grenzerkommunen in der Wildnis des Westens, isoliert von der fernen Zivilisation, verständlicherweise absolute Priorität genoß.

Die ersten Gefängnisse im amerikanischen Westen besaßen in den meisten Fällen keinerlei abschreckende Wirkung. Erdhöhlen oder windschiefe Bretterbuden boten den Inhaftierten zahllose Möglichkeiten, der Gefangenschaft schleunigst zu entrinnen.

Während des Goldrausches von Kalifornien war das Problem der Kriminalität und der sicheren Verwahrung von Straftätern ganz besonders akut. 1849 wurde in der Bucht von San Francisco die alte, düstere Brigg »Euphemia« verankert. Sie war das erste Gefängnis Kaliforniens. In ihrem Rumpf verbüßten zahllose Kriminelle ihre Strafen.

In Los Angeles wurde als Gefängnis ein Verschlag aus Lehmziegeln an die Rückfront des »Lafayette Hotels« gebaut, der aber sowenig Gewähr für eine ausbruchssichere Unterbringung der Gefangenen bot, daß der verantwortliche Beamte dazu überging, die Häftlinge an große und schwere Pinienklötze zu fesseln, um sie am Davonlaufen zu hindern. Das erste aus soliden Backsteinen errichtete Gefängnis in Kalifornien wurde 1850 im Contra Costa County eingeweiht. Es war aber auch nicht ausbruchssicher, genausowenig wie das Blockhausgefängnis, das 1851

im Placer County entstand. 1852 ließ ein kalifornischer Richter einen großen eisernen Käfig schmieden, der unter einem Baum am Straßenrand aufgestellt wurde und zur Inhaftierung von Rechtsbrechern diente.
In Texas waren die ersten Gefängnisse ausgetrocknete Brunnenschächte. Das erste Bezirksgefängnis des Grayson County, das im Jahre 1857 in Sherman errichtet wurde, war eine fenster- und türlose Holzbaracke, in die gefangene Übeltäter durch eine Luke im Dach steigen mußten. Die Luke, die vom Boden der Zelle aus ohne Leiter unerreichbar war, wurde zusätzlich mit Gewichten belastet. Ohne einen Helfer außerhalb des Gefängnisses hatte hier kein Häftling eine Ausbruchschance.
Allgemein aber waren Gefangenenausbrüche an der Tagesordnung. Eine Tatsache, die außerordentlich frustrierend auf die örtlichen und überregionalen Beamten, die Marshals, Sheriffs und US-Marshals wirken mußte, die unter höchstem persönlichen Einsatz und teilweise großem Risiko versuchten, das Verbrechen einzudämmen, die wochen- und monatelang unter härtesten Bedingungen Jagd auf Gewalttäter machten, sie schließlich ins Gefängnis einlieferten und dann erleben mußten, daß bereits wenige Tage später ein lockeres Scharnier, ein rostiges Schloß oder ein paar morsche Dachsparren all ihre Bemühungen zunichte machten und dem Gefangenen ohne größere Schwierigkeiten den Weg zurück in die Freiheit öffneten.
Die besonders von der Kriminalität betroffenen Distrikte drangen auf eine wirksame Hilfestellung der Staatsverwaltung und um finanzielle Unterstützung.
Ergebnis dieser sich ständig verstärkenden Initiativen war die Errichtung der Staatsgefängnisse. Grundkonzept dieser unter stattlicher Kontrolle stehenden Zuchthäuser war, Straftäter ausbruchssicher einzukerkern und sie von der Gemeinschaft, die sie bedroht hatten, zu isolieren. Damit verbunden war eine harte Sühnetherapie, die zum Ziel hatte, die kriminelle Energie der Häftlinge mit Gewalt zu brechen.
Die Notwendigkeit der Staatsgefängnisse wurde nie bestritten. Trotzdem ist auch unstreitig, daß mit ihrer Errichtung eine teilweise düstere Periode im Strafvollzug der USA anbrach.
Im Schatten der mächtigen Mauern, die die Kerkergebäude und Arbeitslager umgaben, kam es oft genug zu menschlichen Dramen, die jedem sinnvollen Strafvollzug, wie die ersten Pionierrichter im amerikanischen Westen ihn beabsichtigt hatten – auf so unkonventionelle und bizarre Weise auch immer – Hohn sprachen. Sadistische Wachmannschaften, korrupte Direktoren und eine praxis- und lebensferne Justiz waren der

Das Staatsgefängnis Yuma, Arizona, von der Flußseite aus gesehen. Von den steilen Klippen sprangen manche Gefangenen in den Colorado River um zu flüchten. Nur wenige kamen durch.

Entwicklung eines respektablen, erziehenden und aufbauenden Rechtswesens nicht förderlich. Die Staatsgefängnisse trugen in vielen Fällen nur zu einer weiteren Brutalisierung der Straftäter bei.

Sie hatten allerdings ihre Berechtigung, und die innerhalb ihrer Mauern praktizierten Methoden lagen in der massiven Kriminalität begründet, die ganze Regionen beherrschte und Behörden zur Hilflosigkeit verurteilte. Sie waren Produkte einer inhumanen Gesellschaft, deren Fragen und Probleme sie nicht adäquat zu lösen vermochten.

Insgesamt gesehen arbeiteten kauzige Gestalten wie die ersten, von keinerlei juristischer Vorbildung geplagten Richter der Frontier-Gesellschaft, wie Roy Bean, effektiver und erfolgreicher als die Staatsgefängnisse und der in ihrem Gefolge immer fester auch im Westen Fuß fassende Verwaltungsapparat einer total bürokratisierten Justiz.

YUMA – NUR DIE HÖLLE WAR HEISSER

> Das Staatsgefängnis von Arizona in Yuma war bekannt als das härteste, unmenschlichste Zuchthaus in den Vereinigten Staaten. Ob diese Beurteilung in allen Punkten gerechtfertigt war, ist nicht unumstritten. Auf der einen Seite berichteten zeitgenössische Lokalzeitungen positiv über das Personal und die Haftbedingungen, vertraten die Ansicht, daß Yuma ein beispielhaftes Gefängnis sei, in dem die Häftlinge gut behandelt würden und – unter Berücksichtigung ihres Schicksals – zufrieden seien.
> Diesen Schilderungen stehen die Stellungnahmen von ehemaligen Insassen und US-Marshals konträr gegenüber. Sie zeigen ein anderes Bild. Sie schildern die brutale Zeremonie des Haareschneidens bei neuen Sträflingen, schildern den Schmutz, in dem die Gefangenen hausen mußten, schildern die Zwangsarbeit im Steinbruch in einer mörderischen Hitze von fast 60 Grad Celsius, bei der zahlreiche Häftlinge umkamen.
>
> Fred Harrison, HELL HOLES AND HANGINGS, 1968

Im Jahre 1875 beschloß das Parlament des Territoriums Arizona die Einrichtung eines Staatsgefängnisses und bewilligte für diesen Zweck eine Summe von 25 000 Dollar. Die Wahl für die Plazierung des Zuchthauses fiel auf ein staubiges, unwirtliches, heißes, teilweise verstepptes und von zerklüfteten Granitbergen begrenztes Gebiet außerhalb des kleinen Städtchens Yuma. Als Standort wurde eine Landzunge oberhalb einer Biegung des Colorado River bestimmt.

Im Jahre 1876 wurde die Planung für den Bau in Angriff genommen, und bereits am 28. April des gleichen Jahres konnte der Grundstein gelegt werden.

Schon im Juni standen die ersten Gebäude, zwei einfache, flache Zellenbauten innerhalb eines übermannshohen Palisadenzaunes. Außerhalb der Umfriedung befand sich ein Lehmziegelgebäude, in dem die Quartiere der Wachmannschaft, die Küche und die Lager- und Verwaltungsräume untergebracht waren. Daneben war ein Wassertank errichtet worden.

Am 24. Juni 1876 meldete die Zeitung »Arizona Sentinel« die Ernennung von George M. Thurlow zum ersten Direktor von Yuma, gleichzeitig wurde ein jährlicher Etat von 5000 Dollar für den Unterhalt des Gefängnisses bewilligt.

Am 1. Juli wurde das Zuchthaus eröffnet. Die ersten 15 Häftlinge bezogen ihre primitiven Quartiere.

Yuma-Sträflinge bei der Zwangsarbeit im Steinbruch. Temperaturen bis zu 60 Grad Celsius im Schatten machten den Gefangenen das Leben zur Hölle.

Das Staatsgefängnis von Idaho.

Von Anfang an wurde auf strengste Disziplin geachtet. Die Versorgung der Häftlinge war alles andere als üppig. War im Distriktgefängnis von Prescott für die Mahlzeiten der Gefangenen wöchentlich für jeden Häftling ein Betrag von 8 Dollar vorgesehen, und gab die Stadtverwaltung von Tucson immerhin noch 75 Cents pro Tag für einen Insassen des städtischen Gefängnisses aus, so betrug der Tagessatz zur Ernährung eines Häftlings in Yuma nur 39 Cents.

Die Zeitungen Arizonas berichteten häufig und positiv über das neue Gefängnis. Als ein Jahr nach der Eröffnung noch immer kein Ausbruch registriert worden war, häufte sich das öffentliche Lob. Yuma erwarb sich nach und nach einen Ruf als das Gefängnis Amerikas mit den härtesten Haftbedingungen, in dem dennoch die Menschenwürde der Sträflinge nicht verletzt wurde. Eine kühne These, die vor allem von in Yuma ansässigen Journalisten vertreten wurde.

In der Stellungnahme des US-Marshals von Arizona, C. P. Drake, las es sich anders. Der Beamte schrieb am 31. Oktober 1878 mit großer Besorgnis an den Bundesjustizminister Charles Devens in Washington:

Erstens kann ich unter allen Informationen über Yuma, die mir zugänglich sind, nichts finden, was auf ein gewisses Maß an Menschlichkeit, wie es auch in einem Gefängnis nicht fehlen sollte, schließen läßt. Ein Häftling, der in Yuma bis zu seiner Gerichtsverhandlung inhaftiert war, ist vor wenigen Wochen gestorben, und es ist erwiesen, daß sein Tod von der außergewöhnlichen Hitze verschuldet worden ist, die in jedem Winkel der verdreckten, überfüllten Zellen herrscht. Der traurigste Aspekt dieses Falles ist, daß sich zehn Tage nach dem Tod des Häftlings seine völlige Unschuld an den ihm zur Last gelegten Taten herausstellte.

Zweitens ist das Zuchthaus Yuma längst nicht so ausbruchssicher, wie immer wieder behauptet wird. Richter Porter mußte in zahlreichen Fällen besondere Sicherheitsmaßnahmen anordnen. Ich darf an den Ausbruch von Thomas Berry und Milton A. Vance erinnern, die zu einer lebenslänglichen Freiheitsstrafe verurteilt worden waren. Es handelt sich bei den beiden um gefährliche Gewohnheitsverbrecher. Die Regierung hat außerordentlich hohe Ausgaben für die Wiederergreifung der Flüchtlinge tätigen müssen, und es ist zu wünschen, daß sie nun in einem wirklich sicheren Gefängnis untergebracht werden.

Drittens sind die Ausgaben für den Unterhalt des Gefängnisses und die Vertragszahlungen an die Stadt Yuma erheblich. Nach meinen Informationen sind die Kosten für den gleichen Zweck etwa in San Quentin sehr viel geringer. Es ist augenscheinlich, daß Beamte des Territoriums ein beträchtliches Geschäft mit den Insassen des Staatsgefängnisses machen.

All dies steht in erheblichem Gegensatz zu den Berichten der Zeitungen von Yuma über das Zuchthaus. Es sollte zu denken geben, daß das Gefängnis bei ehemaligen Insassen den Beinamen »Das Höllenloch« hat.

Jede Zelle ist ein kümmerlicher Raum von 2,70 m mal 2,40 m, mit einer hochgewölbten Decke. Die Einrichtung besteht aus Pritschen, die übereinander gebaut sind. An jeder Wand befinden sich drei Pritschen. Sie sind aus Stahl gefertigt und lediglich 45 cm breit.

Andere Einrichtungsgegenstände gibt es nicht, nicht einmal eine Waschschüssel. Es gibt keine Toilette, nur einen Koteimer für sämtliche Insassen. Dieser Eimer wird lediglich einmal am Tag geleert, und zwar am Morgen, so daß die Gefangenen die ganze Nacht damit verbringen müssen.

Es ist natürlich schwer, Menschlichkeit gegenüber hartgesottenen Schwerverbrechern zu üben, aber es sollte doch bedacht werden, daß diese Männer viele Jahre ihres Lebens in diesen engen, schäbigen, schmutzstarrenden und stinkenden, an Sardinenbüchsen erinnernde Zellen verbringen müssen.

Von Juni bis Ende September liegt eine Hitzeglocke über Yuma. Es herrschen in dieser Zeit Temperaturen bis zu 60 Grad Celsius im Schatten, auch die Nächte bringen kaum Abkühlung. Versuchen Sie, wenn Sie können, sich einmal in die Lage eines Häftlings zu versetzen, dem an solchen Tagen und in den folgenden stickigen Nächten durch die massiven Eisentüren der Zellen selbst der kleinste Lufthauch verwehrt wird.

Im Winter ist das Klima genau entgegengesetzt. Es wird bitter kalt. Die Zellen sind nicht heizbar, und jedem Häftling steht nur eine Decke und eine dünne Strohmatratze zur Verfügung. Die Gefangenen müssen in ihren Kleidern schlafen. Erkältungen bleiben nicht aus und verschlimmern sich rasch zu Lungenentzündungen. Unter den Häftlingen grassiert die Tuberkulose.

Trotz der publik werdenden Mängel, wurde 1879 eine Erweiterung des Gefängnisses beschlossen. Die Sicherheitsmaßnahmen wurden ständig verstärkt, die Wachmannschaften wurde aufgerüstet und zu größter Härte angehalten. Sie wurden mit Revolvern und Winchester-Karabinern im Kaliber .44 ausgerüstet. Bluthunde standen ihnen zur Verfügung, und auf den Wachtürmen wurden Gatling-Guns postiert, Maschinengewehre mit einer Feuerkraft von 100 Schuß in der Minute.

Obwohl die Häftlinge wußten, daß die Wachen den ausdrücklichen Befehl hatten, auf jeden Flüchtling ohne Anruf zu schießen, wurden immer wieder Ausbruchsversuche unternommen, ausgelöst durch die schikanöse, demütigende Behandlung, die zermürbende Arbeit in den Steinbrüchen, die dem Lager angeschlossen waren und die Disziplinarstrafen, die von strenger Dunkelhaft in einem schäbigen Loch, in dem der Gefangene nicht einmal stehen konnte, bis zu körperlichen Mißhandlungen reichten.

Immer wieder versuchten Häftlinge, von der Klippe, auf der das Zuchthaus stand, in den Colorado River zu springen. Sie wurden am anderen Ufer meist von Farmern abgefangen, denen von der Zuchthausverwaltung eine Prämie von 50 Dollar für die Vereitelung jedes Ausbruchsversuchs gezahlt wurde.

Immer neue Mittel für den Ausbau der Anlagen wurden der Verwaltung von Yuma zur Verfügung gestellt. Sie kamen allerdings nicht den Gefangenen, sondern nur dem Wachsystem zugute. An der mangelhaften Unterbringung und Versorgung der Insassen änderte sich nichts. Im Jahre 1887 befanden sich mehr als 140 Gefangene in Yuma.

*

Es war ein grauer Oktobermorgen im Jahre 1887, als die Wachmannschaft von Yuma die eisernen Zellentüren der Gefangenenquartiere öffnete und die Häftlinge in ihren Leinenkitteln heraustraten.

Ein kühler Wind strich über das kahle Plateau oberhalb des Colorado-Flusses, dessen Wasser eine bleierne Farbe angenommen hatten und sich kräuselten.

Einige Gefangene bewegten sich in langer Reihe in Richtung des Tores, gelangweilt von einer Turmwache beobachtet.

Ein mittelgroßer, breitschultriger Mexikaner blickte sich einmal kurz um. Er warf einigen anderen mexikanischen Häftlingen, die hinter ihm gingen, einen knappen Blick zu und nickte kaum merklich. Dann gingen sie in gleichmäßigem Trott weiter.

Das Staatsgefängnis von Deer Lodge, Montana, 1910.

Sie näherten sich dem Tor, das soeben wieder geschlossen wurde. Gerade hatte der Direktor Thomas Gates das Zuchthausgelände betreten, ein mittelgroßer, korpulenter Mann mit sauber gestutztem Vollbart und straff zurückgekämmtem Haar.
Gates passierte die Torwache und lenkte seinen Schritt zum Verwaltungsgebäude.
In diesem Moment begann der Mexikaner an der Spitze der Gefangenengruppe zu rennen. Er hieß Librado Puebla und hatte wegen eines schweren Raubüberfalles eine dreißigjährige Strafe zu verbüßen.
Mit wenigen Schritten erreichte er die Torwache. Der Posten drehte sich um. Da traf ihn bereits ein Schlag seitlich an den Kopf und warf ihn zu Boden. Puebla beugte sich über ihn und riß ihm den Revolver aus dem Gürtel. Fast gleichzeitig hatten sich sieben weitere Häftlinge hinter ihm in Bewegung gesetzt und hasteten zum Verwaltungsgebäude hinüber, an ihrer Spitze der wegen Totschlag verurteilte Jose Lopez.
Puebla hatte derweil Thomas Gates eingeholt, der, von der Aktion der Häftlinge überrascht, stehengeblieben war. Puebla griff nach Gates' rechtem Arm und bog ihn brutal nach hinten, daß der Direktor aufschrie.

Im selben Moment spürte er die kalte Mündung des Revolvers in seinem Genick.

»Ganz ruhig!« hörte er die Stimme des Mexikaners hinter sich sagen. Sie vibrierte vor Nervosität. »Sorgen Sie dafür, daß niemand Widerstand leistet. Sonst, Senor Gates, knall ich Sie ab!«

Eine Alarmglocke begann zu schrillen. Wachtposten trieben mit Kolbenhieben die Gefangenen, die ihre Quartiere verlassen hatten, zurück in die Zellen. Andere besetzten die Türme mit den Gatling-Maschinengewehren.

Aus dem Verwaltungsgebäude tauchten die übrigen Aufrührer auf. Auch sie hielten jetzt Waffen in den Fäusten und eröffneten sofort das Feuer auf die Posten. Dumpf belfernde Revolverschüsse hallten über den Innenhof des Zuchthauses.

Librado Puebla schob den Direktor Thomas Gates als lebenden Schild vor sich her und schrie ihm mit hysterischer, überschnappender Stimme ins Ohr: »Die Guardias sollen aufhören zu schießen! Sie sollen sofort aufhören und die Waffen wegwerfen!«

Jose Lopez stürmte im Zickzack über den Hof und schoß auf den Posten Hartlee am Wassertank.

»Wir schaffen es!« brüllte er Puebla zu. »Madre de dios, wir schaffen es!«

Hartlee sprang in Deckung und hob seinen Winchester-Karabiner an die Schulter. Als er abdrückte, schoß von einem Zellengebäude aus ein weiterer Posten.

Lopez wurde von den Kugeleinschlägen herumgerissen. Das Blut spritzte wie aus einem Schlauch. Lopez schien von unsichtbaren Fäusten angehoben zu werden. Der Revolver in seiner Faust krachte noch einmal und wirbelte dann durch die Luft, während Lopez hart zu Boden stürzte. Er stützte sich noch einmal auf. Sein Gesicht war verzerrt. In seinen weitaufgerissenen Augen stand ein Ausdruck grenzenloser Verwunderung. »Madre mio«, flüsterte er. Dann sackte er nach vorn und starb.

»Ihr Schweine!« kreischte Puebla, während die anderen Häftlinge, die mit Lopez das Verwaltungsgebäude verlassen hatten, hinter Lagerhäusern in Deckung gingen. »Ihr gottverfluchten Hunde!« Ein Schwall spanischer Flüche folgte.

»Schießen Sie, Hartlee!« schrie Thomas Gates. »Nehmen Sie auf mich keine Rücksicht. Das ist ein Befehl, Hartlee! Schießen Sie, oder Sie werden es bereuen!«

»Ich bring dich um!« rief Puebla. Er spannte den Hahn seines Revol-

vers. Der Posten am Wassertank zögerte. Er hielt sein Gewehr im Hüftanschlag.
Thomas Gates bäumte sich unvermittelt im Griff des Banditen auf und riß sich los. Puebla drückte ab. Seine Kugel traf den Direktor in den Rücken und schleuderte ihn zu Boden. Stöhnend blieb Gates liegen, während mehrere Wachtposten das Feuer auf Librado Puebla eröffneten.
Der Verbrecher warf sich mit einem Hechtsprung in Deckung, wurde von zwei Kugeln getroffen und feuerte in wilder Wut noch einen Schuß auf Thomas Gates ab, bevor er wimmernd seine rechte Hand auf die zerfetzte linke Schulter preßte und entsetzt auf das Blut starrte, das aus einer klaffenden Wunde an seiner rechten Hüfte pulste. Zwei Männer stürmten auf die Umfriedung zu und erklommen über eine Leiter die Mauerkrone. Der Wachmann Hartlee wirbelte den Unterhebel seiner Winchester herum und bestrich die Mauer mit seinen Schüssen. Einer der Gefangenen griff sich an die Brust und stürzte. Der Mexikaner Rivera erreichte den Posten Fred Fredly, entwand ihm das Gewehr und zerschmetterte ihm mit dem Kolben den Schädel. Fredly stürzte sechs Meter tief von der Mauer und blieb in unnatürlich verrenkter Haltung im Hof liegen. Dann wurde auch Rivera von einer Kugel getroffen.
Inzwischen war der stellvertretende Direktor Johnny Behan erschienen und hatte das Kommando über die Wachmannschaft übernommen, die die Ausbrecher jetzt in die Enge trieb.
»Diablo, ihr Schweine!« schrie ein Mexikaner. »Mich kriegt ihr nicht!« Er stürmte, wild um sich schießend, auf das Tor zu, bis eine Kugel ihn in den Schädel traf und ihn auf der Stelle fällte.
Minuten später war der spektakulärste Gefangenenaufstand in der Geschichte Arizonas vorbei. Blutlachen bedeckten den Innenhof von Yuma. Aus einem zerborstenen Fenster des Verwaltungsgebäudes hing der Oberkörper eines toten Häftlings.
Fünf Gefangene waren erschossen worden, drei ergaben sich der Wachmannschaft.
Direktor Thomas Gates überlebte seine Verletzungen, blieb aber für den Rest seines Lebens gelähmt. Seinen Posten übernahm sein Stellvertreter, der ehemalige Sheriff Johnny Behan, der wenige Jahre zuvor in Tombstone während der Auseinandersetzungen zwischen den Gebrüdern Earp und der Clanton-Bande eine zwielichtige Rolle gespielt hatte.

*

Nach dem gescheiterten Massenausbruch wurden die Bedingungen, unter denen die Gefangenen leben mußten, noch härter, die Sicherheitsmaßnahmen wurden weiter verschärft, die Fluchtmöglichkeiten fast total eingedämmt.

Immer wieder geriet das Zuchthaus Yuma in die Schlagzeilen der amerikanischen Presse. Die positiven Beurteilungen, die das Staatsgefängnis anfangs erhalten hatte, wurden durch immer schärfere Kritik abgelöst.

Dreiunddreißig Jahre, nachdem die ersten Zellenbaracken von Yuma eröffnet worden und die ersten Häftlinge in die heißen Steinbrüche geschickt worden waren, beschloß das Parlament von Arizona die Auflösung des Zuchthauses. In Florence wurde ein neues Staatsgefängnis errichtet, das den Anforderungen eines zeitgemäßen und sinnvolleren Strafvollzugs in höherem Maße gerecht wurde.

Am 15. September 1909 verließen in Zweierreihen die letzten 40 Häftlinge das Straflager Yuma. Das wuchtige Tor wurde zum letztenmal geschlossen. Leer und verlassen blieben die primitiven Gebäude in der heißen Sonne zurück.

FOLTER, PRÜGEL UND SKANDALE

Im Jahre 1858 wurde nahe der Stadt Denver im Colorado-Territorium Gold entdeckt. Wie überall sorgten auch hier die Goldfunde für ein rasantes Anwachsen der Bevölkerung. Aus allen Himmelsrichtungen strömten Menschen nach Colorado, die hier ihr Glück zu machen gedachten. Mit ihnen kamen haltlose Abenteurer, Banditen, Revolvermänner, Spieler und betrügerische Geschäftemacher, die alsbald begannen, die Goldregionen zu beherrschen. Kriminalität, Gewalt, Terror und Brutalität griffen um sich.

Die wenigen Vertreter der Territoriumsverwaltung, die versuchten, Recht und Ordnung herzustellen, waren machtlos. Auf die Frage eines Journalisten sagte ein Beamter: »Nichts ist so verdammt wichtig für Colorado wie ein Gefängnis. Es gibt keinen Ort, wo wir Verbrecher einsperren können, nachdem sie vor dem Richter gestanden haben. Das einzige Urteil, das wir vollstrecken können, ist das Todesurteil.«

Im Jahre 1861 wurde das erste Gefängnis Colorados eröffnet, eine alte Poststation in der Nähe von Denver, für deren Renovierung und Einrichtung als Gefängnis die Territoriumsregierung 3500 Dollar bereitgestellt hatte. Zwei Jahre später beklagte der für das Gefängnis zuständige US-Marshal Cameron Hunt, daß dieses Gebäude für eine sichere Verwahrung von Häftlingen völlig ungeeignet sei.

1864 befanden sich 31 Gefangene unter Hunts Obhut, davon wenigstens 15 Schwerverbrecher, die wegen schweren Raubes oder Totschlag verurteilt worden waren. Für die Versorgung der Häftlinge standen dem US-Marshal täglich für jeden Insassen 80 Cents zur Verfügung.

Die Zustände waren katastrophal. Ein Jahr später stellte Hunt abermals fest, daß er nicht in der Lage sei, unter den herrschenden Bedingungen seine Aufgabe zu erfüllen. Ein Häftling, der fliehen wollte, könne kaum daran gehindert werden. Es fehlten jegliche Voraussetzungen für eine ausbruchssichere Unterbringung.

Abermals vergingen drei Jahre, bis die Warnungen des US-Marshals gehört wurden. 1868 endlich beschloß das Parlament von Colorado die Einrichtung eines Staatsgefängnisses. Als Standort wurde Canon City gewählt. Für wenig Geld wurde ein unwirtliches Gelände am Stadtrand erworben, das im Süden vom Arkansas River, im Norden und Westen von Sandsteinbergen und im Nordosten von Kalksteinfelsen begrenzt wurde. Mit dem Bau wurde unverzüglich begonnen.

Am 18. Juni 1871 erreichte der US-Marshal Marc C. Shaffenburg zusammen mit drei Gefängniswärtern Canon City, um die Anlage zu übernehmen und eine Wachmannschaft aufzubauen. Im November des gleichen Jahres zogen die ersten 23 Gefangenen in das Straflager Canon City ein.

Nur wenige Tage später nutzten zwei Häftlinge die Arbeit im Steinbruch zur Flucht. Zwar wurde einer kurz darauf wieder eingefangen, aber der zweite blieb verschwunden.

Es war ein schlechter Auftakt, der dafür sorgte, daß das neue Gefängnis von Anfang an keinen besonders guten Ruf genoß.

Im Jahre 1873 hatten die Vorwürfe, die in der Öffentlichkeit laut wurden, ein kaum noch zu überhörendes Ausmaß erreicht. Sie konzentrierten sich auf die Person des Direktors Shaffenburg, dem Grausamkeiten gegenüber den Häftlingen und Unfähigkeit in der Verwaltung des Gefängnisses vorgeworfen wurden. Shaffenburg trat die Flucht nach vorn an. Von teilweise polemischer Kritik bedrängt, verlangte er in einer Stellungnahme eine sofortige, strenge und umfassende Untersuchung.

Der Gouverneur setzte eine achtzehnköpfige Kommission ein, die gründlich recherchierte. Nach Abschluß der Untersuchung legte sie einen Bericht vor, in dem es unter anderem hieß:

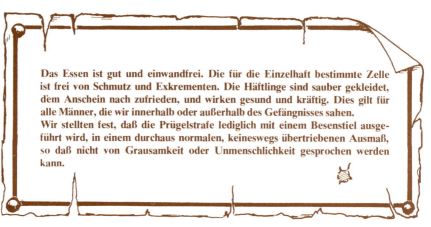

> Das Essen ist gut und einwandfrei. Die für die Einzelhaft bestimmte Zelle ist frei von Schmutz und Exkrementen. Die Häftlinge sind sauber gekleidet, dem Anschein nach zufrieden, und wirken gesund und kräftig. Dies gilt für alle Männer, die wir innerhalb oder außerhalb des Gefängnisses sahen.
> Wir stellten fest, daß die Prügelstrafe lediglich mit einem Besenstiel ausgeführt wird, in einem durchaus normalen, keineswegs übertriebenen Ausmaß, so daß nicht von Grausamkeit oder Unmenschlichkeit gesprochen werden kann.

Marshal Shaffenburg war entlastet, vorerst. Es dauerte aber nicht lange, da flammte erneut Kritik auf, die diesmal in die entgegengesetzte Richtung zielte. Shaffenburg, so wurde behauptet, führe das Staatsgefängnis mit zu großer Milde. Er behandle die Häftlinge zu nachsichtig, er setze die Arbeitsleistung der Gefangenen herab, um sie zu schonen.

Die Diskussion spitzte sich zu, als bekannt wurde, daß Häftlinge zusammen mit einigen Wächtern das Zuchthaus zu einem Angelausflug verlassen hatten.

Shaffenburg bestritt, davon Kenntnis gehabt zu haben. Er entließ die verantwortlichen Wärter und lud jeden Kritiker ein, den Steinbruch von Canon City zu besichtigen, um sich davon zu überzeugen, daß die Arbeit der Häftlinge »verdammt hart« sei und niemand »geschont« würde.

In der Verwaltung des Colorado-Territoriums und bei der Presse bildeten sich zwei Fraktionen. Eine Gruppe unterstützte Shaffenburg, die andere verlangte seine Ablösung. Damit war der Grundstein für die Fortsetzung der ständigen Debatten um das Staatsgefängnis gelegt, das auf diese Weise immer wieder in die Schlagzeilen geriet. Die Untersuchungskommissionen gaben sich in Canon City geradezu die Klinke in die Hand, und Marc Shaffenburg hatte mehr damit zu tun, vor Prüfungsgremien der übergeordneten Behörden und Pressevertretern Rede und Antwort zu stehen, als sich um die Verwaltung des Gefängnisses zu kümmern.

Die größte Zeitung Colorados, die »Rocky Mountain News«, schickte einen eigenen Korrespondenten in das Zuchthaus, um ihren Lesern die Wahrheit über das skandalumwitterte Gefängnis liefern zu können.

*

> Mit dem Bau des Zuchthauses in Canon City wurde 1868 begonnen. Aber das große und gut ausgestattete Zellengebäude ist erst im Jahre 1872 fertiggestellt worden. Der Bau ist von Häftlingen in Zwangsarbeit errichtet worden. Er ist drei Stockwerke hoch, hat ein Dach aus Zinn und ist gegen Feuer gesichert ...
> Das Gebäude enthält 39 Zellen, die in drei Reihen übereinander liegen. Die Zellen sind für jeweils eine Person vorgesehen. Sie sind geräumig, gut belüftet und hell. Sie werden durch massive Eisentüren gesichert.
> An der Westseite des Gebäudes grenzen die Anstaltsbäckerei, die Küche und die Unterkünfte der Wachmannschaft an die Zellen.

Obwohl die Vorwürfe von Shaffenburgs Gegnern in keinem Fall konkret erhärtet werden konnten, gingen die Beschuldigungen gegen ihn, ging die heftige Kritik am Staatsgefängnis Canon City weiter. Anfang 1874 enthob der Gouverneur von Colorado Shaffenburg seines Postens und ersetzte ihn durch einen hochanständigen, ehrenwerten aber sehr unentschlossenen und entscheidungsschwachen Politiker namens A. Rudd.

Noch bevor Rudd Gelegenheit erhielt, sein Amt anzutreten, sprachen ihm die Zeitungen des Territoriums sowie hohe Beamte der Staatsverwaltung jegliche Fähigkeiten, ein Zuchthaus zu leiten, ab.

Die Befürchtungen, die gegen Rudds Amtsführung vorgebracht wurden, waren gerechtfertigt. Rudd, ein humanistischer Idealist, lockerte das Sicherheitssystem des Zuchthauses und versuchte, mit Menschlichkeit und Nachsicht selbst notorische Gewaltverbrecher zu sozialer Verantwortung zu erziehen. Er übersah, daß diesem Ziel allein die geistige Unzulänglichkeit der Gefangenen entgegenstand. Kein Insasse von Canon City hatte – einer inoffiziellen Statistik zufolge – eine schulische Bildung, konnte lesen und schreiben. Die meisten Häftlinge waren ausgesprochene Gewohnheitstäter.

Schon bald häuften sich Ausbrüche und Fluchtversuche der hartgesottenen Häftlinge, die Rudds Maßnahmen lediglich als Schwäche auslegten, die es zu nutzen galt.

Wenige Wochen nach Rudds Amtsantritt, in einer Nacht im März 1874, hörte ein Wärter bei seinem Rundgang durch die Zellengebäude ein lautes Stöhnen hinter einer der eisernen Türen. Er hob die schmale Sichtklappe in der Tür an und warf einen Blick in die Zelle. Mondlicht fiel durch das Gitterfenster und tauchte den Raum in milchiges Licht.

Auf einer Pritsche wälzte sich ein Mann unter Schmerzen hin und her.

Es handelte sich um den wegen Raubes zu zwei Jahren Haft verurteilten George Graham.

»Fehlt Ihnen etwas, Graham?« fragte der Wärter halblaut durch die Luke.

Der Gefangene preßte die Hände auf den Leib und stöhnte abermals durchdringend. Auf einer anderen Pritsche richtete ein Mann den Oberkörper auf.

»Holt einen Arzt, zum Teufel!« sagte er. »Er hat Leibschmerzen. Seit einer Stunde geht das schon so. Man kann kein Auge zutun. Soll er hier neben uns verrecken?« – Der Mann auf der dritten Pritsche schwieg.

»Ich komme gleich wieder.« Der Wärter war unsicher geworden. Er drehte sich um und kehrte zum Aufenthaltsraum der Wachmannschaft zurück. Er war allein. Alles schlief. Er füllte ein Glas mit Wasser und fügte ein schmerzlinderndes Pulver hinzu. Dann machte er sich wieder auf den Weg zu der Zelle, in der sich neben George Graham auch der wegen Mordes zu lebenslanger Freiheitsstrafe verurteilte George Whiterell und der Dieb John Ryan befanden. Arglos öffnete er die Zellentür und trat zur Pritsche von Graham, der sich noch immer mit verzerrtem Gesicht hin und her wand.

»Trinken Sie das, Graham«, sagte der Wärter. »Es wird Ihnen gut tun.«

Er reichte dem anderen das Glas. Hinter sich hörte er ein schabendes Geräusch. Er wollte herumfahren, da wurde ihm bereits eine Decke über den Kopf geworfen. Er konnte nichts mehr sehen, schlug mit beiden Armen um sich, ohne auf Widerstand zu treffen, und erhielt einen wuchtigen Hieb auf den Schädel. Er sank bewußtlos zu Boden.

Witherell richtete sich mit triumphierendem Grinsen auf. Er hielt den Revolver des Wärters in der Faust. Graham hatte das Wasserglas auf den Boden gestellt und sich erhoben. Er war kerngesund. Sein Trick hatte geklappt.

Die Männer verließen die Zelle und schlossen sie hinter sich ab. Sie befreiten ihre Mithäftlinge Thomas Mason, Fred Dowling, Jack Sutterlin, Charles Zetter und George Milling. Niemand hinderte sie daran, in die Kleiderkammer einzudringen, wo sie ihre Sträflingstracht gegen zivile Kleidungsstücke tauschten. Sie brachen sodann in die Waffenkammer ein, versorgten sich mit Gewehren und Munition und beschafften sich schließlich Proviant aus dem Vorratslager. Dann stiegen sie aus einem Fenster und tauchten in der Dunkelheit der Nacht unter.

Nach diesem spektakulären Ausbruch mußte A. Rudd seinen Direktorenstuhl räumen. Sein Nachfolger wurde Daniel Prosser.

Hatte Rudd hochmoralische Ideale gehabt, so war Prosser ein charakterloser Mensch, der sich herzlich wenig um seine Aufgabe kümmerte.
Der Beginn seiner Amtszeit war gleichbedeutend mit dem Verfall jeglicher Ordnung und Disziplin innerhalb des Gefängnisses. Die Wachmannschaft wurde von dem verantwortungslosen Verhalten Prossers animiert, und schon bald herrschte ein unglaubliches Chaos im Straflager Canon City.
Das Staatsgefängnis wurde zu einem »Haus der offenen Tür«. Insassen wanderten ungehindert in ihrer Anstaltskleidung im Ort herum, saßen, tranken und vergnügten sich in den Saloons von Canon City.
Im September 1875 unterschrieben die Geschäftsleute und Honoratioren der Stadt eine Eingabe an den Gouverneur, in der sie Daniel Prosser als Trunkenbold bezeichneten, unter dessen Amtsführung das Staatsgefängnis ein Sicherheitsrisiko geworden sei. Zeugen belegten die Trunksucht des Zuchthausdirektors, der sich ob dieser Vorwürfe genötigt sah, Ende 1875 zurückzutreten.
Benjamin Allen, ein ehemaliger Offizier aus Canon City, übernahm die Leitung des Zuchthauses. Als kurz nach seinem Amtsantritt, am 10. Dezember, der Dieb William H. Harris während der Arbeit im Steinbruch flüchtete, wurden auch gegen Allen Vorwürfe laut, geriet auch er ins Kreuzfeuer der Kritik.
Danach aber wurde es ruhiger um das Staatsgefängnis. Es tauchte immer seltener in den Schlagzeilen auf. Die Verhältnisse im Zuchthaus von Canon City ordneten sich, lieferten keinen Stoff mehr für sensationelle Enthüllungsgeschichten. Das Staatsgefängnis hatte sich endgültig etabliert.

*

Nicht weniger spektakulär, wenn auch von Skandalen weitgehend verschont, verlief die Geschichte des bekanntesten Zuchthauses der Vereinigten Staaten, der Strafanstalt San Quentin in Kalifornien.
Im Jahre 1852 begannen Häftlinge des ersten kalifornischen Gefängnisses, der Brigg »Euphemia«, mit dem Bau des Zuchthauses.
Der Goldrausch in Kalifornien hatte zu dieser Zeit seinen Höhepunkt erreicht. Die Kriminalität eskalierte, die Gesetzlosigkeit hatte erschreckende Formen angenommen. Die Ordnungsbehörden reagierten auf das Gangsterunwesen mit gnadenloser Härte. San Quentin wurde zum Spiegelbild der Situation in den kalifornischen Goldfeldern.

Eine sadistische Wachmannschaft setzte die zugegebenermaßen hartgesottenen Häftlinge einer grausamen Behandlung, Foltern und demütigenden Torturen aus. Auspeitschungen und das Krummschließen von Gefangenen mittels Eisenketten waren an der Tagesordnung.

Die Wärter von San Quentin entwickelten eine außerordentliche Phantasie, was das Erfinden neuer Martern anlangte. Gefürchtet unter den Sträflingen war eine Tortur, die die Bezeichnung »Der Ladebaum« trug.

Gefangene wurden dabei mit den Handgelenken so an der Decke aufgehängt, daß ihre Füße gerade noch den Boden berührten, ohne daß sie jedoch in der Lage gewesen wären, zu stehen. In vielen Fällen wurde, um die Qualen der Delinquenten zu erhöhen, ungelöschter Kalk auf den Boden gegossen, so daß die Fußspitzen darin eintauchten.

Einen ebenso zweifelhaften Ruf genoß die »Hageldusche«, bei der der Häftling einem zolldicken, bretthartem Wasserstrahl ausgesetzt wurde, bis er aus Augen, Nase und Ohren zu bluten begann.

Immer wieder starben Gefangene an den brutalen Mißhandlungen ihrer Aufseher, ohne daß ernsthaft von seiten des Staates aus etwas unternommen wurde, die Verhältnisse in San Quentin zu bessern.

Erst in den 70er Jahren des vorigen Jahrhunderts wurde in Kalifornien eine Strafrechtsreform beschlossen, die auch in San Quentin positive Folgen zeitigte. Eine sinnvolle Beschäftigungstherapie wurde eingeführt, eine Gefängnisschule wurde gegründet, eine Bibliothek für die Gefangenen eingerichtet. Die Mißhandlungen aber wurden nur zögernd abgebaut. Erst im Jahre 1880 wurde die Prügelstrafe offiziell untersagt, die »Hageldusche« wurde erst 1882 abgeschafft.

San Quentin existiert noch heute und ist, trotz seiner dunklen Vergangenheit, eines der am besten geführten Staatsgefängnisse der Vereinigten Staaten.

Gefürchtet ist es noch immer. In den 30er Jahren wurde eine Gaskammer darin installiert. Seitdem sind 215 zum Tode verurteilte Verbrecher in San Quentin hingerichtet worden. Die Anstalt, die ständig erweitert wurde, umfaßt heute fast 4800 Zellen und ist damit bereits zu klein geworden. Die Erweiterungskapazitäten sind erschöpft. Damit steht fest, daß San Quentin dieses Jahrhundert nicht mehr überleben wird. Die Pläne für den Abriß des traditionsreichen Gebäudes sind bereits beschlossen. Sieben neue Gefängnisse sollen das Zuchthaus, das im wildesten Goldrausch Kaliforniens gegründet wurde, damit die gesamte Pionierzeit der USA und mehr als zwei Drittel des 20. Jahrhunderts überstanden hat, ersetzen. Es ist das Ende eines der ältesten Staatsgefängnisse der Vereinigten Staaten, entstanden in einer Zeit, in der das Faustrecht und das Gesetz der Gewalt sich kaum vom institutionalisierten Gesetz unterschieden und nicht vor den Mauern eines Zuchthauses halt machten.

*Zeitgenössische Darstellung des Mordes an Jesse James.
Robert Ford tötete den steckbrieflich
gesuchten Verbrecher am 3. April 1882,
um sich das Kopfgeld zu verdienen.
(Courtesy Sy Seidman, New York.)*

Verdammt, geächtet, vogelfrei

DIE KOPFGELDJAGD

Ich habe Menschen gejagt. Davon habe ich gelebt. Es war ein harter Job. Ich habe Kopf und Kragen dabei riskiert. Wer mir nicht glaubt, soll sich die Narben an meinem Körper ansehen. Ich habe nie aus dem Hinterhalt geschossen. Bei mir hat jeder Mann eine faire Chance gehabt.

Man hat mich verachtet. Warum? Weil ich auf eigene Faust auf Verbrecherjagd gegangen bin, ohne durch ein Abzeichen an meinem Hemd dazu legitimiert zu sein, weil ich Geld damit verdient habe? Das sei unmoralisch, hat man gesagt. Mein Gott, sind dann die, die die Steckbriefe und die Kopfprämien erfunden haben, nicht auch unmoralisch?

Es war ein Geschäft, und zwar ein schlechtes. Ich bin nicht reich geworden. Wenn ich mal einen Burschen erwischte, der mehr als 200 Dollar wert war, war das ein Festtag. So etwas kam höchstens einmal im Jahr vor.

Was ich getan habe, mag vielen Leuten nicht gefallen, für mich war es eine Arbeit, die notwendig war. Es gab damals nicht an jeder Ecke einen Polizisten. Männer wie ich hatten ihre Daseinsberechtigung. Ich habe Verbrecher gejagt, und ich glaube nicht, daß ich mich dafür entschuldigen muß.

J. S. Dunlay, THE STORY OF A MENHUNTER, 1909

MORD WAR IHR GESCHÄFT

Das Töten von Männern ist meine Spezialität. Für mich ist das ein Geschäft wie jedes andere, und ich denke, ich habe meinen Platz in diesem Geschäft.

Tom Horn, 1903

Kopfgeldjäger J. S. Dunlay. Nur wenige Männer übten das blutige Handwerk der privaten Menschenjagd aus. Die meisten von ihnen wurden vergessen. Ihre Zeitgenossen hatten nur Verachtung für sie übrig.

Er stand seit Stunden im Schatten von hochaufgestapelten leeren Frachtkisten. Als er sich hier postiert hatte, war es Mittag gewesen. Jetzt stand die Sonne nur wenige Fingerbreit über den Hügelrücken westlich der Stadt und färbte sich flammend rot.

Die Schatten wurden immer länger. Die Dämmerung sank wie ein feinmaschiges Netz über das Land und filterte das letzte Tageslicht, bis es seine Kraft völlig verloren hatte. Ein kühler Wind kam auf und strich von Osten durch die Straßen.

Die Stadt hieß Deanville. Er war seit zwei Tagen hier.

Er hatte Geduld. Geduld und Ausdauer waren die Hälfte seines Erfolges. Als sich schräg gegenüber auf der anderen Seite der Straße die Schwingarme einer Saloontür bewegten, zog er seinen breitrandigen Hut tiefer in das Gesicht und spähte hinüber. Wenig später trat ein Mann auf die

Straße. Er blickte sich nur kurz um und bewegte sich dann zum Stadtrand hinunter.

Er sah seinen Jäger nicht. Er bemerkte auch nicht, daß der mittelgroße, schlanke Mann mit den dunklen, stechenden Augen und dem sichelförmigen Schnauzbart seine Deckung verließ und ihm folgte. Er fühlte sich sicher. Er bog in eine schmale Gasse ein, die zu einem Mietstall führte, wo er sein Pferd untergestellt hatte.

Sein Verfolger beschleunigte seinen Schritt, als er feststellte, daß er und sein Opfer sich allein in der Gasse befanden.

Der andere hörte plötzlich das Klirren der Radsporen seines Verfolgers. Er blieb stehen und wandte sich um.

Er stand ungünstig. Die Abendsonne traf sein Gesicht und blendete ihn. Er trat ein wenig zur Seite in den Schatten eines überhängenden Daches. Dann erst konnte er den Mann, der ihm gefolgt war, sehen.

»Hallo, Currey«, sagte der Fremde. Er trug ein dunkles Hemd und darüber eine lederne Weste. Um die Hüften spannte sich ein breiter Patronengurt mit zwei Revolverhalftern.

»Was wollen Sie?« Der andere taxierte sein Gegenüber. »Ich habe Sie nie gesehen.«

»Das glaube ich dir, Currey. Wichtiger ist, daß ich dich kenne. Ich habe deine Spur fünf Wochen verfolgt. Seit zwei Tagen bin ich hier und beobachte dich.«

Der Mann zog ein zusammengefaltetes Blatt Papier aus seiner Brusttasche und warf es dem anderen zu. Der öffnete es. Ein gehetzter Ausdruck trat in seine Züge. Er ließ das Blatt fallen.

Es war ein Steckbrief: Ransom Currey, gesucht wegen Totschlags. Tot oder lebendig den Behörden auszuliefern. 300 Dollar Belohnung.

»Ich bin Dunlay«, sagte der andere.

»Der Kopfjäger?«

»Genau der.«

»Ich komme nicht freiwillig mit«, sagte Currey.

»Das tut mir leid für dich«, sagte Dunlay. »Ich bekomme die Prämie auch für deine Leiche.«

»Ich lebe.«

»Ja, noch lebst du«, sagte Dunlay. »Von mir aus kann das so bleiben.«

Der andere griff unter seine Jacke und zerrte einen Revolver mit kurzem Lauf aus einem Schulterhalfter.

Der Kopfgeldjäger zog mit einer schnellen, flüssigen Bewegung und schoß von der Hüfte aus.

Der Aufprall der Kugel warf Ransom Currey gegen eine Schuppenwand. Er rutschte langsam daran hinunter. Der Revolver entfiel seiner Faust. Er preßte die flache Linke auf die große Wunde in der Brust, aus der in fingerdickem Strahl das Blut pulste.

Jack Dunlay blickte Currey bedauernd an, während er die abgeschossene Kammer seines Revolvers nachlud. Curreys Kopf sackte zur Seite.

Dunlay hob den Steckbrief auf, der am Boden lag. Er schob ihn in die Brusttasche. Von der Hauptstraße eilten Menschen herbei, die den Schuß gehört hatten. Andere schauten aus den Fenstern der umliegenden Häuser. Dunlay wartete.

Dann kam der Marshal, ein vierschrötiger, bärtiger Mann mit kantigem Schädel. Er hielt eine doppelläufige Schrotflinte in den Fäusten, die er auf Dunlay richtete. Er sagte: »Heben Sie die Hände hoch, Mister, und geben Sie Ihren Revolver her!«

»Mein Name ist Dunlay«, sagte Jack S. Dunlay. Er reichte dem Beamten den zusammengefalteten Steckbrief.

»Der Tote hieß Ransom Currey. Gesucht wegen Totschlags. Dreihundert Dollar Belohnung.«

»Kopfjäger?« Die Mundwinkel des Marshals zuckten verächtlich.

»Jeder muß leben«, sagte Dunley. »Ich habe es auch nicht leicht.«

»Ich hoffe, Sie bleiben nicht lange hier.«

»Keine Frage. Wenn ich die Prämie habe, verschwinde ich.«

»Männer wie Sie sind nicht beliebt, Dunlay.«

»Ich habe die Kopfprämien nicht erfunden«, sagte Dunlay.

Der Marshal warf einen Blick auf den Steckbrief, dann auf den Toten. Er sagte: »Ich werde dafür sorgen, daß die Prämie schnell angewiesen wird. Sie können in den nächsten drei Tagen damit rechnen, Dunlay.«

»Sie erreichen mich im Lafayette Hotel, Marshal.« Dunlay tippte sich an den Hut und drehte sich um. Die Umstehenden wichen ihm rasch aus, als er ging, so als habe er eine ansteckende Krankheit. Dunlay beachtete es nicht. Er war es so gewöhnt. Die Verachtung seiner Mitbürger prallte an ihm ab.

Er ging durch die dunkle Stadt zum Hotel. Die Sonne war untergegangen. Dunlay bedrückte der Tod Ransom Curreys nicht. Er hatte nur getan, was den offiziellen Vertretern des Gesetzes bisher nicht gelungen war. Er sah keinen Unterschied darin, einen Verbrecher zu töten, weil ein Abzeichen an der Hemdbrust diese Handlung legitimierte, oder ihn zu erschießen, weil auf einem Steckbrief eine Prämie dafür ausgeschrieben war.

Dunlay hatte einige Männer getötet. Sie belasteten sein Gewissen nicht. Er dachte an seine Frau Ireen unten in Waco, der er jede Woche einen langen Brief schrieb, und er dachte an seine Tochter Eliza. Sie war gerade fünf Jahre alt und kränklich, und seine Frau hatte ihm in ihrem letzten Brief mitgeteilt, daß das Kind soeben eine Lungenentzündung überstanden hatte, stark abgemagert sei und viele Medikamente brauche. Dunlay dachte, daß er die dreihundert Dollar, die er für den Tod von Ransom Currey erhalten würde, gut brauchen konnte. Er würde seiner Frau das Geld schicken, das er nicht für seinen eigenen Lebensunterhalt benötigte, damit sie den Arzt für das Kind bezahlen konnte. Er würde ihr fast alles schicken. Er lebte anspruchslos.

Mochte man ihn hier verachten, wie man ihn überall verachtete: Jack Dunlay hatte eigene Sorgen. Er dachte daran, daß Ransom Currey ihn ebenfalls hätte erschießen oder zumindest schwer verwunden können. Daran dachte keiner von denen, die hinter ihm die Nase rümpften. So war es im vergangenen Jahr gewesen, am 13. März 1889, in Tubac, Arizona. Ein Postkutschenräuber, für den eine Prämie von gerade 100 Dollar ausgeschrieben war, hatte seinen Revolver schneller gezogen und geschossen.

Dunlay hatte daraufhin drei Monate bei einem Arzt gelegen. Seitdem zog er sein linkes Bein ein wenig nach.

Dicht neben seinem Rückgrat steckte eine weitere Kugel. Sie war daran schuld, daß Dunlay nicht aufhören konnte, seiner blutigen Arbeit weiter nachzugehen. Er hätte es gern getan, um seiner Frau die täglichen Sorgen um ihn zu nehmen. Aber Dunlay konnte keine schwere körperliche Arbeit leisten. Es bestand die Gefahr, daß die Kugel zu wandern begann. Da sie direkt in der Nähe eines Nervenstrangs steckte, konnte das seine dauernde Lähmung unterhalb der Hüfte zur Folge haben.

Vor Jahren war er Cowboy gewesen. Für diese Arbeit brauchte man gesunde Glieder. Etwas anderes hatte er nie gelernt, außer Schießen. So mußte er weiter davon leben, Steckbriefe zu sammeln und hinter Verbrechern herzujagen.

Wenn er viel Glück hatte, dauerte es nur Tage, bis er eine Fährte fand, meistens war er Wochen unterwegs. Einmal war er vier Monate auf der Spur eines Mörders geritten, der ihm vierhundert Dollar eingebracht hatte, und eine Kugel in die rechte Schulter, so daß er abermals fast ein Vierteljahr gebraucht hatte, bis er seinen Arm wieder richtig hatte bewegen können.

Dunlay betrat sein Hotel, wo der Portier ihn ängstlich musterte, als er ihm den Schlüssel reichte. Dunlay beachtete die Blicke nicht, er ging in sein Zimmer. Er beschloß, sowie das Geld für Currey ausgezahlt worden war, nach Waco zu reiten, zu seiner Frau und seiner Tochter. Er hatte sie seit Wochen nicht gesehen.

Dunley durchwühlte seinen Koffer, in dem Dutzende von Steckbriefen lagen. Er fand kein lohnendes Objekt, das ihn hätte reizen können, in der Nähe von Deanville zu bleiben. Alles nur Diebe, kleine Straßenräuber und Schmuggler, keiner war mehr wert als 50 Dollar.

Dunlay nahm seine Revolver auseinander und reinigte sie. Er dachte daran, daß ihm vor einem halben Jahr in Brackettville, einem kleinen Nest in West-Texas, der Posten des Town-Marshals angeboten worden war. Ein ruhiger Job. Jedes Wochenende ein paar betrunkene Cowboys, zwei, drei Schlägereien, höchstens mal ein paar Viehdiebstähle. Im Verlauf von drei Jahren hatte es nur einen Mord gegeben.

Dunlay hatte abgelehnt. Vierzig Dollar Lohn im Monat waren ihm zuwenig gewesen. Er bereute es. Er überschlug im Kopf, was er in den letzten Monaten eingenommen hatte und errechnete, daß der Marshal-Job für ihn eine lohnende Sache gewesen wäre. Vor allem hätte er mit seiner Familie zusammenleben können.

Dunlay blickte aus dem Fenster über die Dächer der dunklen Stadt. Es wurde immer schwerer für ihn, Prämien zu verdienen. Das Gesetz wurde stärker, überall. Sheriffs und Marshals kamen ihm immer häufiger zuvor. Dunlay fragte sich, wie lange er noch von der Menschenjagd würde leben können, und sei es nur so schlecht wie jetzt. Er fragte sich, was er dann tun sollte, und er hatte Angst vor der Antwort.

*

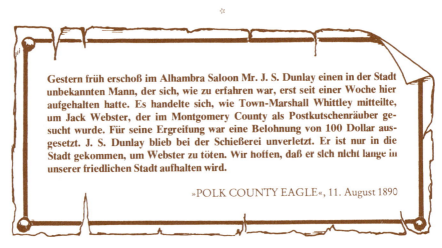

Gestern früh erschoß im Alhambra Saloon Mr. J. S. Dunlay einen in der Stadt unbekannten Mann, der sich, wie zu erfahren war, erst seit einer Woche hier aufgehalten hatte. Es handelte sich, wie Town-Marshall Whittley mitteilte, um Jack Webster, der im Montgomery County als Postkutschenräuber gesucht wurde. Für seine Ergreifung war eine Belohnung von 100 Dollar ausgesetzt. J. S. Dunlay blieb bei der Schießerei unverletzt. Er ist nur in die Stadt gekommen, um Webster zu töten. Wir hoffen, daß er sich nicht lange in unserer friedlichen Stadt aufhalten wird.

»POLK COUNTY EAGLE«, 11. August 1890

Kopfgeldjäger Tom Horn. Er gehörte zu der häufig anzutreffenden Gattung skrupelloser Revolvermänner, die als professionelle Killer für finanzstarke Auftraggeber arbeiteten.

Horn war nun sechzehn Jahre alt. Er beschloß, in Arizona zu bleiben und lernte von der mexikanischen Bevölkerung auf der amerikanischen Seite der Grenze die spanische Sprache.
Im Juli 1876 wurde er als Zivilscout von der Armee angestellt und geriet nun häufig mit Indianern in Kontakt. Immer wieder ritt er tief ins Apachenland und lernte, da er es für zweckmäßig hielt, sich mit den Indianern verständigen zu können, rasch mehrere Apachendialekte.
Sein Sprachtalent, seine Kühnheit und seine Umsicht, die er in Kämpfen bewies, trugen dazu bei, daß er in der Achtung seiner Vorgesetzten rasch stieg. Schon bald wurde er als Dolmetscher, eine Stellung, die mit einem Monatssold von 100 Dollar verbunden war, eingesetzt und nahm als Übersetzer an den meisten großen Friedensverhandlungen zwischen den Apachen unter dem gefürchteten Häuptling Geronimo und Offizieren der US-Armee teil.

Als die Armee ihn nicht mehr benötigte, erhielt Horn eine Anstellung in der Indianeragentur der San-Carlos-Apachenreservation. Als 1880 jedoch Major Trupper Freiwillige für eine tollkühne Aktion gegen eine Bande von Chiricahua-Apachen suchte, war Horn dabei. Zusammen mit 30 freiwilligen Soldaten und 25 Zivilscouts überschritt er illegal die Grenze nach Mexiko, um die etwa 300 Apachen, die aus der Reservation geflüchtet waren und sich hierher zurückgezogen hatten, mit Gewalt zurückzuholen.

Nach einem harten Kampf mit den Indianern, bei dem mehr als 160 Krieger getötet wurden, tauchten Einheiten der mexikanischen Armee auf, die die unerwünschten Eindringlinge festnahmen und förmlich bei der Regierung und der Armeeführung der Vereinigten Staaten protestierten. Wenig später wurden Horn und die anderen an dem Unternehmen beteiligten Männer abgeschoben.

Von nun an war Horn während der 80er Jahre an den Kämpfen gegen Geronimo, den letzten und unbeugsamsten kriegführenden Häuptling der Apachen, der den weißen Eindringlingen erbittert Widerstand leistete, beteiligt. In diesen Kriegen, die von beiden Seiten mit unglaublicher Brutalität geführt wurden, verlor er jeden Respekt vor dem menschlichen Leben. Er sah zuviele Tote, zuviel Blut, das zu schnell und zu leichtfertig vergossen wurde.

Im Jahre 1887 verließ Horn das Indianergebiet und versuchte, weiter nördlich Fuß zu fassen. Im gleichen Jahr noch wurde er als Deputy-Sheriff im Yavapai County vereidigt, wenige Monate später trug er den Stern im Apache County. Im Jahre 1888 war er Deputy-Sheriff im Gila County. Horn sammelte seine ersten Erfahrungen als Gesetzeshüter.

Die Arbeit sagte ihm zu, er beschloß, dabei zu bleiben. Im Jahre 1890 wurde Arizona ihm zu eng. Er sattelte sein Pferd und ritt nach Colorado. Hier gelang es ihm, sofort eine Anstellung als Deputy-Sheriff im Gunnison County zu erhalten, die er aber nur für kurze Zeit innehatte. Noch im gleichen Jahr unterschrieb er einen Vertrag mit der in Denver ansässigen Zweigstelle der Pinkerton-Detektiv-Agentur.

Horn wurde zur Klärung von Eisenbahnräubereien und Postdiebstählen eingesetzt. Er arbeitete erfolgreich aber lustlos. Die Tätigkeit als Detektiv befriedigte ihn von Jahr zu Jahr weniger.

Kopfprämien, die er für die Ergreifung gesuchter Verbrecher erhielt, mußte er, bis auf einen gewissen Prozentsatz, an die Pinkerton-Agentur abliefern. Ständig mußte Horn, der es gewöhnt war, selbständig zu arbeiten, sich Anweisungen seiner Vorgesetzten sowie dem strengen Regle-

ment der Pinkerton-Geschäftsprinzipien beugen. Das alles störte ihn mehr und mehr.
Er war immerhin zu jener Zeit schon ein bekannter Mann. Er besaß eine Reputation als Indianerkämpfer, erfahrener Menschenjäger und Revolvermann.
Im Jahre 1894 suchte ihn ein unauffällig gekleideter Mann in der kleinen Pension in Denver, in der Horn ein schäbiges Zimmer bewohnte, auf. Er nannte keinen Namen, machte aber durchaus den Eindruck eines Mannes, der wußte, was er wollte, und der sich der Macht, die er repräsentierte, bewußt war.
»Ich habe Ihnen ein Geschäft vorzuschlagen, Mr. Horn«, sagte der Mann.
»Geschäfte sind immer gut«, sagte Horn.
»Meine Auftraggeber sind der Meinung, daß Sie der richtige Mann für ihre Zwecke sind, Mr. Horn.«
»Wer sind Ihre Auftraggeber, Mister …? Ich haben Ihren Namen nicht verstanden.«
»Ich habe meinen Namen nicht genannt, Mr. Horn. Er tut nichts zur Sache. Nennen Sie mich Smith oder Brown, wie Sie wollen. Es ist egal. Mein Auftraggeber ist die »Swan Land and Cattle Company« in Wyoming.«
»Das sagt mir nichts.«
»Nichtsdestotrotz werden Sie davon gehört haben, Mr. Horn, daß es bis vor zwei Jahren erhebliche Unruhe in Wyoming gegeben hat.«
»Im Johnson County?«
»Richtig, Mr. Horn. Ich sehe, Sie sind orientiert.«
»Soweit ich weiß, ist der Weidekrieg vorbei.«
»Offiziell schon, Mr. Horn. Aber meine Auftraggeber und andere einflußreiche Leute sind der Meinung, daß sie damals zugunsten der Farmer und Schafzüchter ungerechtfertigte Einschränkungen haben hinnehmen müssen.«
»Was wollen Sie von mir, Mr. Smith?«
»Sind wir hier allein, Mr. Horn? Kann uns niemand belauschen?«
Horn erhob sich von seinem Stuhl und ging zur Tür. Er öffnete sie und schaute den schmalen, finsteren Gang hinunter, der zu einer steilen Treppe führte. Er schloß die Tür wieder.
»Wir sind hier so geborgen wie in Abrahams Schoß.« Horn setzte sich. Der Fremde fragte: »Haben Sie Skrupel, Mr. Horn?«
Horn zog die Augenbrauen hoch. »Was soll das, Mr. Smith?«

»Ich meine, ob Sie Skrupel haben?« Das Gesicht des anderen blieb ausdruckslos.
»Nicht das ich wüßte.«
»Sie haben Menschen getötet, Mr. Horn.«
»Habe ich«, sagte Horn.
»Ich bin hier, um Ihnen vorzuschlagen, für uns Menschen zu töten, Mr. Horn.«
Horn beugte sich vor. »Sagen Sie das noch einmal.«
»Sie haben mich sehr gut verstanden, Mr. Horn.« Der Besucher wirkte jetzt kalt und geschäftsmäßig. »Aus dem Weidekrieg im Johnson County sind noch immer Männer zurückgeblieben, die uns viele Schwierigkeiten bereiten. Männer, die Dinge über uns wissen, die nicht sehr angenehm sind und die, wenn sie an die Öffentlichkeit gelangten, böse Folgen haben könnten. Außerdem gibt es unter den Farmern und Schafzüchtern Männer, die mit dem, was sie vor zwei Jahren erreicht haben, noch immer nicht zufrieden sind. Sie wollen die Viehzüchter mehr und mehr an die Wand drücken, Mr. Horn. Dagegen müssen wir uns wehren.«
»Ich soll diese Männer aus dem Weg räumen?«
»So können Sie es ausdrücken, Mr. Horn. Sie können mein Angebot jetzt ablehnen. Dann werde ich meinen Hut nehmen und gehen. Ich werde Denver noch heute verlassen, und Sie werden mich nie mehr sehen. Es wäre für Sie sinnlos, über das, was ich gesagt habe, zu reden. Sie kennen mich nicht, es gibt keine Zeugen. Sie können nichts, was hier gesprochen wird, beweisen.«
»Reden Sie weiter, Mr. Smith«, sagte Horn. Er lehnte sich zurück und taxierte den anderen gründlich. Er fühlte, daß der Gedanke an das Geschäft, das der Fremde ihm vorzuschlagen hatte, eine seltsam prickelnde Erregung in ihm auslöste.
»Sie werden von der ›Swan Land and Cattle Company‹ als Weidedetektiv angestellt, Mr. Horn. Sie erhalten einen festen Anstellungsvertrag mit einem Gehalt, über das wir noch reden werden.« Der Besucher zögerte einen Moment. Dann fuhr er fort: »Sie werden in gewissen Zeitabständen, nun, sagen wir, besondere Aufträge erhalten. Sie wissen, was ich meine. Dafür werden Sie besonders entlohnt.«
Horns Haltung entspannte sich. »Sie gefallen mir, Sir«, sagte er. »Reden Sie nur weiter. Wir sind im Geschäft.«

*

Am 23. Oktober 1855 wurde Jack Stapp Dunlay in der Nähe von Gainsville, Texas, geboren. Seine Eltern besaßen eine kleine Ranch. Dunlay lernte »früher reiten als laufen« und konnte als Zehnjähriger bereits perfekt mit einem Revolver umgehen, der während der Rancharbeit als Werkzeug angesehen wurde, mit dessen Griffboden Nägel eingeschlagen oder Kaffeebohnen zerstampft werden konnten, mit dem man sich gegen Raubwild, durchgehende Stiere oder Schlangen zur Wehr setzte.
1870, als Dunlay fünfzehn Jahre alt war, geriet sein Vater in Streit mit einer Eisenbahngesellschaft, die ihren Schienenstrang durch das Gebiet der Dunlay-Ranch bauen wollte. Eines Nachts stand das Ranchhaus der Dunlays in Flammen. Jack Dunlays Vater kam im Feuer um, als er das Vieh aus den brennenden Ställen bergen wollte. Jack und seine Mutter konnten sich retten.
Die Brandstifter wurden nie gestellt. Jack Dunlay aber war sicher, daß Angestellte der Eisenbahn die Täter waren. In einem Saloon von Gainsville stellte der Junge einen der Vorarbeiter zur Rede, griff ihn an und schlug ihn beinahe tot. Jack Dunlay wurde vor Gericht gestellt und für zwei Jahre ins Zuchthaus Huntsville geschickt. In dieser Zeit erkrankte seine Mutter, die sich als Näherin mehr schlecht als recht durchgeschlagen hatte, an Schwindsucht und starb.
Dunlay war fast achtzehn, als er im Juli 1873 entlassen wurde. Er stand vor dem Nichts und suchte sich Arbeit als Cowboy. Er arbeitete auf verschiedenen Ranches in Texas, leitete einige Rindertrails nach Dodge City und Wichita und heiratete 1882 eine ehemalige Saloonsängerin.
Dunlay versuchte, eine eigene Viehzucht aufzubauen. Er legte seine Ersparnisse und die seiner Frau zusammen und erwarb eine kleine Rinderherde. Nahe der Stadt Waco ließ er sich mit seiner Frau nieder. Zwei Jahre später zog eine fremde Rinderherde über sein Land. Danach stellte Dunlay fest, daß seine Tiere von der gefürchteten Zeckenpest infiziert worden waren. Sie mußten sofort geschlachtet werden. Dunlay war ruiniert.
Er zog mit seiner Frau nach Waco und erhielt zunächst Arbeit bei einem Schmied, später arbeitete er als Postkutscher und konnte einen Überfall verhindern. 1885 erhielt er das Angebot, Deputy-Sheriff des McLennan County zu werden. Er übernahm das Amt und geriet bereits ein halbes Jahr später in eine Schießerei mit einer betrunkenen Cowboymannschaft. Eine Kugel traf ihn in den Rücken und blieb unmittelbar neben seiner Wirbelsäule und den Hauptnervenbahnen stecken. Kein Arzt wagte eine Operation.

Dunlay war mehrere Monate gelähmt, dann begann sein Zustand sich zu bessern. Das Geschoß hatte sich verkapselt.

Körperliche Arbeit war für Dunlay unmöglich geworden. Jede große physische Anstrengung, hatten die Ärzte ihm gesagt, konnte das Geschoß aus der Verkapselung lösen, was seine völlige Lähmung zur Folge haben würde.

Dunlay hatte nur gelernt mit Rindern umzugehen. Und er konnte schießen. Er schoß überdurchschnittlich gut und schnell. Er begann, diese Fähigkeit zu trainieren. Eines Tages nahm er Abschied von seiner Frau, die ein Kind unter dem Herzen trug, sattelte sein Pferd und machte sich auf, ausgerüstet mit seinen Revolvern und einigen Steckbriefen.

Dunlay begann, auf eigene Faust Verbrecher zu jagen. Seine Legitimation waren die von den städtischen Beamten, County-Behörden und Staatsverwaltungen herausgegebenen Fahndungsplakate, auf denen Kopfprämien für Verbrecher ausgeschrieben wurden.

Dunlay jagte Postkutschenräuber, Strauchdiebe und Betrüger. Selten auch Totschläger oder Mörder. Die Prämien, die er für die Ergreifung von Verbrechern erhielt, bewegten sich zwischen 50 und 200 Dollar. Dafür war er häufig wochenlang unterwegs, suchte nach Spuren, beobachtete seine Opfer, studierte sie, um sein Risiko möglichst klein zu halten, und stellte sie dann, wobei er es jedesmal riskierte, von ihnen erschossen zu werden.

In dreizehn Jahren übergab Dunlay etwa 45 gesuchte Verbrecher den Behörden und erhielt dafür die ausgeschriebenen Prämien. Es finden sich keine hervorstechenden Namen darunter. John Dorsey, der 1884 einen Constable in Las Vegas ermordete und der Betrüger Charles Latterner waren die Bekanntesten unter ihnen. Auch Dunlay selbst erlangte keine sonderliche Publizität. Acht Männer tötete er und wurde selbst mehrfach schwer verletzt.

Im Jahre 1898 wurde von einem Mann namens Henry Stafford ein Mordanschlag auf Dunlay verübt, während er sich bei seiner Familie in Waco aufhielt. Dunlay hatte den Bruder Staffords, Andrew Stafford, einen Raubmörder, getötet.

Dunlays Frau kam bei dem Anschlag ums Leben, er selbst erhielt eine Kugel in die rechte Hüfte. Als er versuchte, den Mörder zu verfolgen und dabei vom Pferd stürzte, brach die alte Verletzung am Rückgrat wieder auf. Wochenlang lag J. S. Dunlay auf Leben und Tod. Als er dann, abgemagert, grauhaarig und gebrochen das Hospital verlassen konnte, saß er in einem Rollstuhl.

Von nun an konnten die Bürger von Waco jeden Morgen sehen, wie der Kopfgeldjäger Jack Stapp Dunlay von seiner Tochter Eliza im Rollstuhl durch die Straßen bis zum »Double Eagle Saloon« geschoben wurde. Hier reinigte er Spucknäpfe und verdiente mit anderen Hilfsarbeiten seinen Lebensunterhalt. Die Nachbarn gingen ihm aus dem Weg, und Dunlay suchte keine Gesellschaft. Jeden Abend begab er sich mit seiner Tochter auf den Friedhof zum Grab seiner Frau.
Eines Tages begann sich ein junger Rechtsanwalt namens Elton H. Chase für Eliza Dunlay zu interessieren, und plötzlich waren die Dunlays verschwunden. Der Anwalt Chase verkaufte ihr kleines Haus und zog dann ebenfalls fort. Bald waren er und die Dunlays vergessen.
Im Jahre 1908 saß ein alter, graubärtiger, magerer und gelähmter Mann in einem Altersheim in Los Angeles, Kalifornien, am Fenster eines winzigen Zimmers und schrieb mit steiler, ungelenker Schrift Bogen um Bogen voll.
Ein Jahr später erschien Jack Dunlays Geschichte, als Privatdruck, finanziert von seinem Schwiegersohn Elton Chase, in einer Auflage von 400 Exemplaren. Die Memoiren eines Kopfgeldjägers.
Kaum jemand kaufte das Buch. Wer kann schon Jack Dunlay?
Man kannte Bat Masterson, Doc Holliday und Wyatt Earp, man kannte Wild Bill Hickok, John Wesley Hardin und andere mehr oder weniger berühmte Männer der Pionierzeit, die es verstanden hatten, den flüchtigen Ruhm jener wilden Jahre geschickt und publicityträchtig zu vermarkten. J. S. Dunlay hatte nicht für Schlagzeilen gesorgt, und er hatte in den Augen jener, die an der Legende der amerikanischen Westwanderung schrieben, ein schmutziges Geschäft ausgeübt. Ein halbes Jahr nach Erscheinen des dünnen Buches starb J. S. Dunlay an Herzschwäche.
Genau wie die Skalpjagd wurde die Kopfgeldjagd aus dem Geschichtsbewußtsein der amerikanischen Bevölkerung weitgehend verdrängt. Dies fiel um so leichter, als es nur sehr wenige Männer wie Dunlay gegeben hatte, die tatsächlich von der Menschenjagd gelebt hatten.
Es war kein lohnendes Geschäft gewesen. Reich war niemand dabei geworden. Mit dem Vordringen der konstitutionellen Gerichtsbarkeit, der Ausbreitung von Behörden und dem Erstarken der beamteten Gesetzesvertreter wurde der professionellen Kopfgeldjagd, die ohnehin nur eine Handvoll Männer ausgeübt hatte, die Existenzgrundlage entzogen. Die privaten Menschenjäger gingen sang- und klanglos unter.

*

> Tom Horn war ein Weidedetektiv, der durch die Pinkerton-Schule gegangen war. Er kämpfte als Armeescout gegen die Apachen und diente auf Cuba im spanisch-amerikanischen Krieg. Er war ein professioneller Mordschütze, der mit unglaublicher Brutalität vorging.
>
> Dean Krakel in seinem Vorwort zu »LIFE OF TOM HORN«, 1964

Er hieß Tom Horn. Er hatte für Geld gemordet. Als er im November des Jahres 1903 zum Galgen geführt wurde, war er unschuldig.

Die Geschichte Tom Horns begann in Missouri. Hier wurde er am 21. November 1860 in der Nähe von Memphis auf einer kleinen Farm geboren. Tom Horn wuchs in die unruhige Zeit des Bürgerkrieges hinein, die auch seine Kindheit nicht unberührt ließ. Schon als Halbwüchsiger lernte er schießen, fast täglich war er mit dem Gewehr seines Vaters in den nahen Wäldern unterwegs.

Er wurde streng und puritanisch erzogen. Schläge mit einer Peitsche gehörten fast zum täglichen Brot. Je älter Tom wurde, um so heftiger wurden die Streitereien mit seinen Eltern.

Er war vierzehn, als er seinem Vater mitteilte, daß er von zu Hause fortzugehen wünschte. Der Vater reagierte unbeherrscht. Er schlug auf den Jungen ein, der sich diesmal zur Wehr setzte. Am nächsten Morgen nahm Tom sein Gewehr und ein wenig Proviant und zog westwärts.

In Kansas arbeitete er für einen Monat als Schwellenleger bei der »Santa Fe Railroad«, im Januar 1875 wurde er von der »Overland Mail Company« in Santa Fe als Postkutschenbegleitmann angestellt.

Für 50 Dollar im Monat bewachte der frühreife, älter wirkende Tom Horn Post, Fracht und Passagiere auf der Strecke zwischen Santa Fe in New Mexico und Prescott in Arizona.

Einige Monate später beauftragte ihn die Postkutschengesellschaft, mehrere Maultiere, die von Indianern gestohlen worden waren, wiederzubeschaffen. Tom Horn löste die Aufgabe, kündigte jedoch danach seine Stellung und zog nach Arizona.

In Camp Verde erhielt er Arbeit bei der Armee. Hier trafen regelmäßig, aus Kalifornien kommend, Herden von Kavalleriepferden ein, die zu den verschiedenen Armeestützpunkten getrieben werden mußten. Tom Horn wurde Pferdetreiber und gelangte auf diese Weise nach Fort Whipple im Apachenland.

Robert Ford.
Er erschoß am
3. April 1882 den
Mörder und Eisenbahnräuber Jesse
James von hinten, um
das Kopfgeld zu
kassieren.

suchte Kriminelle bestritten, ohne sich auf einen behördlichen Auftrag stützen zu können, außerordentlich selten.

Wer auf eigene Faust die Fährte eines Verbrechers aufnahm, um sich eine Kopfprämie zu verdienen, benötigte Ausdauer, Geduld, Zähigkeit, viel Mut und große Erfahrung. Er war völlig auf sich allein gestellt. Wenn es ihm gelang, sein Opfer aufzuspüren, hatte er von keiner Seite Hilfe zu erwarten. Weder standen ihm andere Bürger bei, die ihn für sein Tun ohnehin verachteten und ihm auswichen, noch konnte er auf die Hilfe von beamteten Gesetzesvertretern zählen, die in ihm nur einen lästigen Konkurrenten, einen Unruhestifter zudem und ein geld- und blutgieriges Subjekt sahen, kaum besser als die gejagten Kriminellen selbst. Er mußte den Kampf mit dem Verfolgten allein ausfechten und konnte nie sicher sein, ob der Lohn für die oft wochen- und monatelange Verfolgung durch die Weiten des Westens nicht statt einer Kopfprämie eine schwere Schußverletzung war, oder sogar ein Platz auf irgend einem Friedhof unter einem Kreuz ohne Namen.

Die Anführer der »Wild Bunch«, einem losen Zusammenschluß der letzten Banditen des Wilden Westens. Von links nach rechts: Harry Longbaugh, William Carver, Ben Kilpatrick, Kid Currey, Robert Leroy Parker, alias Butch Cassidy. – Das Foto vereinigte über 50 000 Dollar Kopfgeld.

Selbst Sheriffs, Marshals und US-Marshals hatten große Schwierigkeiten, flüchtige Verbrecher zu stellen, obwohl sie auf die Mithilfe der Bevölkerung rechnen konnten und einen Behördenapparat hinter sich hatten. Für einen Einzelgänger, der nicht um des Allgemeinwohls Willen, sondern nur aus blanker Profitgier Verbrecher jagte, war es ungleich schwieriger, erfolgreich zu sein.
Sein Risiko war größer, der finanzielle Ertrag auf lange Sicht gering. Die private Jagd auf Kriminelle war kein lohnendes Geschäft.
Straftäter, die für Schlagzeilen sorgten, die auf den Fahndungslisten obenan standen, auf die Kopfprämien von 5000 Dollar und mehr ausgeschrieben wurden, waren für den Einzelgänger unerreichbar. Wenn Behörden in diesen Fällen versagten, traten gut durchorganisierte Privatdetekteien in Aktion, wie die Pinkerton-Agentur, die in der Lage waren, in großem Stil, mit einem Team von erfahrenen Detektiven, nach Kapitalverbrechern zu fahnden, sie einzukreisen und unschädlich zu machen, was ihnen Publizität und auch die beträchtlichen Kopfprämien eintrug.

Für den einsamen Kopfgeldjäger blieben kleine Gelegenheitsverbrecher übrig, Betrüger, Postkutschenräuber, Strauchdiebe und Falschspieler, deren Ergreifung den Behörden selten mehr als 200 Dollar wert war, eine Summe, die das Risiko, das der private Menschenjäger einging, kaum rechtfertigte. Das mochte der Grund sein, daß der professionelle Kopfgeldjäger eine Ausnahme blieb und in der Justizgeschichte der amerikanischen Pionierzeit allenfalls eine untergeordnete Außenseiterrolle spielte, die von der Geschichtsschreibung nur am Rande berücksichtigt worden ist. Prämienjäger hinterließen keine Spuren in der Geschichte, sie hinterließen nur Verachtung. Stilisierte auch eine expandierende Unterhaltungsindustrie lange nach dem Ende der Pionierzeit den einsamen Menschenjäger zu einer dominierenden Figur hoch – seine Zeitgenossen und seine Nachwelt wandten sich mit Abscheu von ihm ab. Die meisten wurden vergessen, weil es nichts gab, das es wert gewesen wäre, die Erinnerung an sie aufrechtzuerhalten.

Häufiger als die Prämienjäger traten Männer wie Tom Horn auf, die sich als Revolvermänner engagieren ließen, um im Auftrag ihrer Geldgeber zu morden. Sie bemühten sich nicht einmal um die Legitimation eines Steckbriefes. Käufliche Killer wie sie waren bereit, für entsprechende Summen jederzeit in Aktion zu treten und zu töten. Die meisten von ihnen endeten früher oder später am Galgen.

Mit dem Vordringen des konstitutionellen Gesetzes verschwanden die wenigen Kopfgeldjäger. Sie hatten dort ihre Existenzgrundlage gehabt, wo das Gesetz schwach vertreten gewesen und an die Grenzen seiner Möglichkeiten gestoßen war. Mit dem Erstarken der Justizbehörden und dem Ansteigen der Zahl beamteter Gesetzesvertreter, deren Qualifikationsniveau zudem ständig zunahm, wurde die Basis der privaten Menschenjäger immer schmaler.

Trotzdem gibt es noch heute Männer, die im Schatten des Gesetzes auf eigene Faust Jagd auf Straftäter machen, um sich die steckbrieflich ausgeschriebenen Prämien zu verdienen. Der vorerst letzte Vertreter der aussterbenden Zunft der Kopfgeldjäger ist der Amerikaner Jimmy Brokate. Im April 1973 meldete die Weltpresse, daß der damals vierundvierzigjährige Mann, der mit neunundzwanzig Jahren sein blutiges Handwerk begonnen hatte, seinen 50. Mörder zur Strecke gebracht habe.

Ähnlich wie die historischen Kopfgeldjäger der Pionierzeit arbeitet Brokate allein. Er ist manchmal wochenlang mit dem Auto, dem Flugzeug und auch auf dem Pferderücken unterwegs, um Kapitalverbrecher, nach denen die Polizei vergeblich gefahndet hat, zu stellen. In den sandi-

Der Steckbrief Butch Cassidys, des Anführers der »Wild Bunch«. Die Pinkerton Detektiv-Agentur setzte ihre besten Leute auf die Anführer der »Wild Bunch« an, hetzte sie jahrelang und konnte sie schließlich in Südamerika stellen. Die Detektei erhielt dafür nicht nur Schlagzeilen in der amerikanischen Presse, sondern auch die Kopfprämien.

Viehdiebe aus New Mexico. Für ihre Ergreifung waren hohe Belohnungen ausgesetzt.

Am nächsten Morgen ging Tom Horn zur Pinkerton-Agentur in Denver und legte dem Chef des Detektiv-Büros, Chas. O. Eames, sein Abzeichen, seine Papiere, die ihn als Angestellten der »Pinkerton National Detectiv Agency« auswiesen, Handschellen und andere Teile der Dienstausrüstung auf den Tisch und sagte: »Ich kündige, Sir. Die Arbeit hier hat mir schon lange nicht mehr gepaßt.«

Dann ging er. Am selben Tag verließ er Denver und ritt nach Wyoming. Über die Zeit, die nun folgte, schwieg Horn sich in seinen Memoiren, die er in der Todeszelle im Gefängnis von Cheyenne schrieb, und die über sein sonstiges Leben detaillierte Angaben enthalten, aus. Dafür stellten Historiker fest, daß Horn als bezahlter Menschenjäger arbeitete.

Die in der Johnson-County-Fehde unterlegenen Großrancher Wyomings hatten sich zwar damit abgefunden, daß sie die Zuwanderung von Heimstättensiedlern, Farmern und auch Schafzüchtern in das Land, das einst den großen Rinderherden vorbehalten gewesen war, nicht aufhalten konnten. Trotzdem waren sie daran interessiert, den immer stärker werdenden Einfluß der Neusiedler in Grenzen zu halten und jene lästigen Zeugen, die aus dem Weidekrieg übriggeblieben waren und die Hintergründe der großen Fehde, sowie die Drahtzieher der Affäre kannten, zu beseitigen.

Horn wurde ihr Werkzeug. Horn arbeitete offiziell als Weidedetektiv, der Viehdiebstähle aufzuklären und gestohlene Rinder wiederzubeschaffen hatte. In Wahrheit aber war es seine Aufgabe, unbequeme Gegner seiner Auftraggeber zu töten.

Horn erfüllte seine Aufträge mit Kaltblütigkeit und Geschick. Er hinterließ keine Spuren, er hinterließ nie Zeugen. Er lebte unauffällig, und genauso tat er seine blutige Arbeit.

Horn tötete siebzehn Männer, und je tiefer er in die Machenschaften seiner Auftraggeber verstrickt wurde, um so mehr erfuhr er über die Hintergründe der Johnson-County-Fehde, deren letzte Spuren er beseitigen sollte. Es kam der Tag, da er selbst seinen Auftraggebern zu gefährlich wurde.

Am Abend des 18. Juli 1901 wurde der vierzehnjährige William Nickell knapp eine Meile entfernt von seinem Elternhaus von einer Kugel aus dem Hinterhalt tödlich getroffen.

Der Vater des Jungen, Kels Nickells, war Schafzüchter, der in ständigem Streit mit den benachbarten Rinderzüchtern gelegen hatte. Der Verdacht, daß die Ranchergenossenschaft etwas mit dem Anschlag zu tun hatte, drängte sich auf. Man vermutete, daß der Tod des Jungen ein verhängnisvoller Irrtum gewesen war und der Mörder es in Wahrheit auf den Vater abgesehen gehabt hatte.

Tatsächlich krachte am 4. August, als Kels Nickells sich auf dem Heimweg zu seiner Farm befand, von einer buschbewachsenen Anhöhe über dem Wagenweg ein Schuß. Kels Nickells wurde von der Kugel in die Brust getroffen und aus dem Sattel gerissen. Während er starb, verhallte in der Abenddämmerung der Hufschlag des Mörders.

Es wurde nach den Mördern von William und Kels Nickells gefahndet. Es gab keine eindeutigen Spuren. Schließlich tauchten anonyme Hinweise auf, die darauf hindeuteten, daß Tom Horn der Mörder des vierzehnjährigen Farmersohns war.

Horn stand seit Jahren bei den Behörden im Verdacht, Prämienjäger zu sein. Aber die Indizien dafür, daß er William Nickells erschossen haben sollte, waren sehr dürftig. Sie wurden offensichtlich gezielt ausgelegt.

Der Eindruck war nicht zu verwischen, daß Horn einigen einflußreichen Männern zu unbequem geworden war und beseitigt werden sollte. Eine Anklage wegen Mordes war der beste, der unauffälligste Weg.
Der Historiker Dean Krakel schrieb 1964:

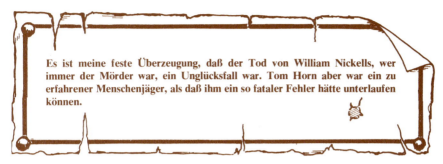

Es ist meine feste Überzeugung, daß der Tod von William Nickells, wer immer der Mörder war, ein Unglücksfall war. Tom Horn aber war ein zu erfahrener Menschenjäger, als daß ihm ein so fataler Fehler hätte unterlaufen können.

Am 13. Januar 1902 wurde Tom Horn in Cheyenne unter Mordverdacht festgenommen. Am 13. Oktober des gleichen Jahres wurde er vor Gericht gestellt. Obwohl in der Zwischenzeit ein anderer Mann vor Bekannten in einem Saloon mit dem Mord an William Nickells geprahlt hatte, wurde Horn für schuldig befunden und zum Tode verurteilt.
Horn schrieb in seiner Todeszelle, unterstützt von einigen wenigen Freunden, seine Memoiren, in denen er weder über seine Tätigkeit für die Viehzüchter in Wyoming, noch über seinen Prozeß und die Tat selbst, die ihm zur Last gelegt wurde, nähere Angaben machte.
Am 9. August 1903 unternahm Horn einen Ausbruchsversuch. Er scheiterte.
Die Straßen von Cheyenne waren schwarz von Menschen, als Tom Horn am 20. November 1903 zum Galgen geführt wurde. In der Nacht zuvor hatte es gefroren. Ein eisiger, schneidender Wind strich von Nordwesten durch die Stadt. Mit unbewegter Miene lauschte Tom Horn den Worten des Gefängnisgeistlichen, ließ sich dann die Galgenschlinge umlegen und stürzte wenig später durch die Falltür. Der Strick straffte sich. Tom Horn war sofort tot.

PROFITEURE DES FAUSTRECHTS

> **Revolvermänner wie Tom Horn dienten als Basis für die Legenden vom käuflichen Killer in der Western-Fama. Aus diesen Legenden erwuchs schließlich auch der Mythos vom einsamen Kopfgeldjäger.**
> In Wahrheit gab es kaum jemanden in der Pionierzeit, der seinen Lebensunterhalt damit verdiente, gesuchte Verbrecher zu jagen und zu töten. Privatpersonen, die dieser Tätigkeit nachgingen, hatten größere Chancen, bei diesem Job zu verhungern als reich zu werden.
> **Häufiger geschah es, daß Männer mit einem gewissen Ruf als Revolverschützen, wie Tom Horn, von Privatpersonen engagiert wurden, um für viel Geld Schmutzarbeiten bis hin zum Mord zu erledigen.**
>
> Frank Richard Prassel, THE WESTERN PEACE OFFICER, 1972

Am 3. April 1882 betrat der Gelegenheitsbandit Robert Ford mit seinem Bruder das Haus des seit Jahren gesuchten Mörders und Eisenbahnräubers Jesse James in St. Joseph. Die Fords waren entfernte Verwandte der James' und besaßen das Vertrauen des Banditen, der hier unter dem Namen Thomas Howard mit seiner Familie lebte.

Robert Ford wartete einen günstigen Augenblick ab, dann schoß er Jesse James von hinten nieder, um sich die Belohnungen, die auf seinen Kopf ausgeschrieben waren, zu verdienen.

Danach hatte er nicht nur größte Schwierigkeiten, wenigstens einen Teil des Kopfgeldes ausgezahlt zu bekommen. Er wurde von jedermann angefeindet, erhielt Morddrohungen und mußte seinen Heimatstaat Missouri schließlich verlassen.

Dieses Verhalten charakterisierte die Einstellung der Bevölkerung jenen Männern gegenüber, die für Geld töteten, selbst wenn ihre Opfer gefährliche und gesuchte Verbrecher waren.

Kopfgeldjäger galten als Parias der Gesellschaft, Killer, die ihr blutiges Handwerk im Schatten des Gesetzes ausübten. Dabei wurde nicht berücksichtigt, daß die Behörden selbst das Treiben von privaten Menschenjägern förderten und sanktionierten, indem sie Steckbriefe herausgaben, auf denen für die Ergreifung von gesuchten Verbrechern Belohnungen versprochen wurden, und damit die Prämienjagd legitimierten.

Dennoch war das Auftreten von Kopfgeldjägern, von Männern also, die ihren Lebensunterhalt ausschließlich mit der Jagd auf steckbrieflich ge-

Mit Steckbriefen, auf denen für die Ergreifung von Verbrechern teilweise beträchtliche Belohnungen versprochen wurden, fahndeten die Behörden nach Kriminellen und forderten die Bürger zur Mithilfe auf. Sie sanktionierten damit gleichzeitig das Treiben der Kopfgeldjäger. »Prominente« Banditen allerdings, für deren Ergreifung Tausende von Dollars gezahlt wurden, gingen so gut wie nie privaten Menschenjägern ins Netz. Hier griffen gut durchorganisierte Detekteien ein, nahmen den Behörden die Arbeit ab und verdienten sich die beträchtlichen Kopfprämien.

gen Wüsten von New Mexico und Arizona, in den Eissteppen von Alaska und den Sümpfen von Florida verfolgt Brokate die Spuren von Bankräubern und Mördern.

Auch heute noch verbietet kein Gesetz die Privatfahndung, daher greift keine Behörde in Jimmy Brokates Tätigkeit ein. »Es ist ein hartes Geschäft«, sagte er in einem Zeitungsinterview. »Mich hat schon manche Kugel erwischt, aber mich reizt das Abenteuer.«

Natürlich reizen ihn auch die Prämien, die beträchtlich höher sind als die Summen, für die seine Vorgänger durch die weiten Ebenen, die Wüsten und zerklüfteten Gebirge des Westens ritten.

Jimmy Brokate reitet weiter, das Gewehr im Sattelscabbard, den Revolver an der Hüfte. Er reitet einer Zeit hinterher, die lange untergegangen ist. Einer Zeit, in der das Faustrecht Gesetz war.

Jimmy Brokate ist das letzte Überbleibsel jener Jahrzehnte, als der Westen Amerikas noch wild und unbesiedelt war. Ein lebendes Fossil.

Kopfgeldjäger waren Profiteure des Faustrechts, waren Bremsblöcke auf dem Weg zu einem geordneten, bürgerlichen Rechtswesen. Sie gehörten zur Pionierzeit Amerikas, aber sie waren keine Pioniere.

Das Gesetz in den westlichen Weiten des amerikanischen Kontinents wurde nicht von Abenteurern und Glücksrittern des Colts geschaffen, sondern von Männern und Frauen, die ausgezogen waren, mit ihrer Hände Arbeit eine Wildnis zu zivilisieren. Denen es gelang, aus dem Nichts ein funktionierendes Gemeinwesen zu errichten und binnen weniger Jahrzehnte das unerschlossene Innere Amerikas von der Steinzeit bis an die Schwelle des 20. Jahrhunderts zu führen. Die Eroberung des amerikanischen Westens ist ein Phänomen ohne Parallele in der Menschheitsgeschichte.

Mit Beginn des 20. Jahrhunderts war die Westwanderung abgeschlossen. Eisenbahn und Telegraph hatten auf den Spuren der Planwagentrecks die moderne Technik ins Landesinnere getragen, die Vertreter des industriellen Fortschritts folgten mit Vehemenz. In ihrem Gefolge kamen die Gesetze und Regeln der heraufdämmernden neuen Zeit.

Eine allumfassende Bürokratie überzog das Land mit einem Spinnennetz von Gerichtsdistrikten. Eine immer mächtiger werdende Justizverwaltung verdrängte die individualistischen Gesetze und Rechtsprinzipien der ersten Pioniergenerationen. Die eigenwillige, teils pittoreske Justiz der Grenze hatte die Basis für die Zivilisierung des weiten Westens geschaffen. Jetzt wurde sie Legende. Die Eroberung des Kontinents war abgeschlossen.

Anhang

BIBLIOGRAPHIE

Appleman, Roy E., *Charlie Siringo, Cowboy Detective*, 1968
Asbury, Herbert, *The Barbary Coast*, 1933
Anonymous, *Banditti of the Rocky Mountains*, 1866
Bartholomew, Ed, *Black Jack Ketchum, Last of the Hold up Kings*, 1955
Baugh, V. E., *A pair of Texas Rangers: Bill McDonald and John Hughes*, 1970
Beidler, John X., *Vigilante* 1880
Breihan, Carl, *Great Lawmen of the West*, 1958
Brown, M. H., Felton, W. R., *The Frontier Years*, 1955
Burnham, F. R., *Scouting of two Continents*, 1926
Camarillo, A., Castillio, P., *Los bandidos chicanos*, 1973
Carson, John, *Doc Middleton, the unwickedest Outlaw*, 1966
Chastenet, J., *Immer weiter nach Westen*, 1968
Chrisman, H. E., *The ladder of River*, 1962
Cook, D. J., *Hands up*, 1882
Cutler, J. E., *Lynch law*, 1905
Dimsdale, Thos. J., *The Vigilantes of Montana*, 1866
Drago, H. S., *Outlaws on Horseback*, 1964
Dunley, J. S., *The Story of a Men-Hunter*, 1909
Dykes, J. C., *Law on a wild Frontier*, 1969
Gard, Wayne, *Frontier Justice*, 1949
Gerhard, Hermann, Dr., *Die volkswirtschaftliche Entwicklung des Südens der Vereinigten Staaten von Amerika*, 1904

Habe, Hans, *Der Tod in Texas*, 1964
Harrison, Fred, *Hell holes and hangings*, 1968
Harmon, S. W., *Hell on the Border*, 1898
Huie, W. B., *Three lives for Mississippi*, 1965
Hetmann, F., *Die Pinkerton-Story*, 1971
Horan, J. D., *The great American West*, 1969
Horan, J. D., *Desperate Men*, 1959
Horan, J. D., Sann, P., *Pictorial History of the Wild West*, 1954
Horn, Huston, *The Pioneers*, 1974
Horn, Tom, *The life of Tom Horn*, 1904
Howard, R. W. (Herausg.), *This is the West*, 1964
Jackson, J. H., *Tintypes in Gold*, 1939
Jeffrey, J. M., *Adobe and Iron*, 1969
Jones, W. F., *Experiences of a Deputy U. S. Marshal*, 1937
Kügler, Dietmar, *Sie starben in den Stiefeln*, 1975
Lee, Blandena, *Amerikaner 2. Klasse*, 1967
Lenhard, Eugen, *Geheimbünde*, 1968
Loomis, N. M., *Wells Fargo*, 1968
Mason jr., M. H., *The Texas Rangers*, 1967
McCool, Grace, *So said the Coroner*, 1968
Metz, L. C., *John Selman, Texas Gunfighter*, 1966
Myers, J. M., *The last Chance, Tombstones early Years*, 1950
Nevins, Allen, *History of the American People*, 1965
Prassel, F. R., *The Western Peace Officer*, 1972

Raine, W. M., *45-Caliber-Law*, 1941
Randel, W. P., *Ku Klux Klan*, 1965
Rickards, Colin, *Mysterious Dave Mather*, 1968
Rose, Victor, *The Texas Vendetta*, 1880
Schreiner/Berryman/Matheny, *A pictorial History of the Texas Rangers*, 1969
Shirley, Glenn, *Toughest of them all*, 1953
Sonnichsen, C. L., *Ten Texas Feuds*, 1957
Sonnichsen, C. L., *The Story of Roy Bean*, 1958
Towle, V. R., *Vigilante Women*, 1966
Trachtman, Paul, *The Gunfighters*, 1974
Webb, W. P., *The Great Plains*, 1931
Wheeler, Keith, *The Townsmen*, 1975

Diverse Ausgaben folgender Fachpublikationen:
»*The Golden West*«, »*The True West*«, »*Frontier Times*«, »*The Real West*«, »*Badman*«, »*The Westerner*«, »*The Old West*«, »*The West*«.

DOKUMENTE

Schon in den Anfängen der Westwanderung wurden erste gesetzliche Regeln, die ein gewisses Maß an Rechtssicherheit garantieren und ein geordnetes Zusammenleben in der Wildnis möglich machen sollten, schriftlich fixiert.

In den frühen Pionierkommunen in der Weite und Einsamkeit des amerikanischen Westens wurden auf Bürgerversammlungen Gesetze geschaffen, deren Geltungsbereich jeweils dort endete, wo die Planwagen der Siedler anhielten und eine unsichtbare Grenze zwischen beginnender Zivilisation und tiefster Wildnis markierten.

Praktische Erfordernisse – juristische Kenntnisse waren nur in den seltensten Fällen vorhanden – diktierten die Regeln, nach denen die ersten Westwanderer die Grundlage für eine kommunale Ordnung in ihrem überschaubaren Siedlungsbereich und damit für die Zivilisierung des Landes entwickelten. Diese frühen Gesetze – einfach und klar, wie die nachfolgend abgedruckten Dokumente zeigen, die diesem Buch als unerläßliche Ergänzung beigegeben werden – leiteten das Ende der Periode des Faustrechts ein. Sie stehen beispielhaft für Tausende ähnlicher Versuche der frühen Pioniere, in der Wildnis ein den geographischen und zeitlichen Gegebenheiten angepaßtes System der Ordnung und Sicherheit, unter weitgehender Berücksichtigung individueller Freiheit zu errichten. Dabei war jeder dieser Versuche, beginnend mit den Regeln der Goldgräber Kaliforniens, über lokal begrenzte städtische Verordnungen von Gemeinden, die aus Hüttenansiedlungen rings um einen Handelsposten irgendwo in der Wildnis entstanden waren und sich mit der Notwendigkeit konfrontiert sahen, eine kommunale Verwaltung zu installieren, bis hin zum Bundesheimstättengesetz der Vereinigten Staaten, das die eigentliche Besiedlung des amerikanischen Westens einleitete und legalisierte und hier und da erbitterte Fehden und Privatkriege um Land- und Wasserrechte auslöste, ein Schritt hin zur Eroberung und endgültigen Zivilisierung des Westens.

Der Verfasser hat an dieser Stelle sehr herzlich Frl. Susanne Dietrich, München, zu danken, für wertvolle Mithilfe bei der Übersetzung der nachfolgenden Gesetzestexte.

※

MINING LAWS OF SPRINGFIELD

Springfield, Kalifornien, 13. April 1852.
Bei einer Versammlung der Goldgräber von Springfield und Umgebung in Mr. McClures Hotel, gemäß einer vorherigen öffentlichen Bekanntmachung, wurden folgende Resolutionen, Verordnungen und Gebietsabgrenzungen beschlossen:

Gebietsbegrenzung

Der Geltungsbereich der nachfolgend beschlossenen Verordnungen wird wie folgt festgelegt: Beginnend bei der Quelle oberhalb und nahe von Yaneys Dampfsägemühle verläuft die Grenzlinie in westlicher Richtung zur Nordseite von Mr. McKennys Store, von da aus weiter bis zur Quelle am Eingang der Dead Mans Gulch, von dort aus der besagten Schlucht folgend bis zum Stanislaus River, dann flußabwärts zur Horse Shoe Bend, von da aus in östlicher Richtung zum Mormon Creek. Die Grenze durchschneidet hier den Fluß 100 Fuß unterhalb vom Illinois House, verläuft vom Strom aus zur Sawpit Gulch, von hier aus zum Tank der »Sullivans Creek Water Company« und dann in gerader Linie zurück zum Ausgangspunkt, der Quelle bei Yaneys Sägemühle.

Statuten

Art. 1:
Ein Claim für den Goldabbau innerhalb des zuvor beschriebenen Distrikts soll nicht mehr als 100 Fuß im Quadrat pro Besitzer überschreiten.

Art. 2:
Niemand soll innerhalb der beschriebenen Grenzen mehr als einen Claim besitzen.

Art. 3:
Jeder Mann, der einen Claim innerhalb der beschriebenen Grenzen besitzt, ist verpflichtet, mindestens jeden dritten Tag darauf zu arbeiten oder eine Hilfskraft zu beschäftigen. Anderenfalls verwirkt er sein Claimrecht.

Art. 4:
Jeder Besitzer eines Claims, auf dem Ausgrabungen vorgenommen wurden, der seine Parzelle verwahrlosen läßt, wird darauf hingewiesen, daß mit seinem Claim nach den Artikeln 2 und 3 verfahren wird.

Art. 5:
Jeder Besitzer eines Claims ist verpflichtet, diesen deutlich sichtbar durch das Aufstellen guter und solider Grenzpfähle an jeder Ecke zu bezeichnen oder dergestalt kenntlich zu machen, indem er einen Graben um den besagten Claim gräbt und eine Hinweistafel mit einer Notiz aufstellt, die er oder jeder einzelne einer Gesellschaft, die Inhaber der Claimrechte ist, unterschrieben haben soll.

Art. 6:
Wo zwei oder mehrere Claims, die von Minengesellschaften oder Zusammenschlüssen mehrerer Goldgräber bearbeitet werden, aneinanderstoßen, können diese Gesellschaften entsprechend Artikel 3 auf jedem Teilstück der Claims arbeiten, wie sie es für zweckmäßig halten.

Art. 7:
Wenn Streitigkeiten, einen Claim betreffend, auftreten sollten und die Parteien sich weigern sollten, sich gütlich zu einigen, so werden diese Differenzen vor einem fünfköpfigen Komitee zur Sprache gebracht. Dieser Ausschuß setzt sich aus jeweils 2 Männern der gegnerischen Parteien zusammen, die wiederum einen fünften Mann, der neutral ist, bestimmen. Wenn eine der gegnerischen Parteien sich weigert, den Streitfall durch das Komitee regeln zu lassen, büßt sie alle Rechte auf den strittigen Claim ein.

Art. 8:
Alle Streitigkeiten über Wasserrechte werden nach Artikel 7 geregelt.

Art. 9:
Es soll ein Komitee, bestehend aus 10 Personen, gewählt werden, vor dem alle Beschwerden und Minenstreitigkeiten vorgetragen werden können. Besondere Aufgabe dieses Ko-

mitees soll es sein, für die ordnungsgemäße Durchführung von Artikel 7 zu sorgen. Das Komitee ist notfalls ermächtigt, bewaffnete Männer für ein Aufgebot zusammenzurufen, um für die Aufrechterhaltung der Ordnung und die Einhaltung der Verordnungen zu sorgen.

Art. 10:
Alle Gesetze, die von dieser Versammlung verabschiedet worden sind, treten rückwirkend in Kraft.

Bestehendes Komitee:
Vorsitzender: Mr. J. Swift jr.
Mr. James Eddy,   Mr. J. Roberts,
Mr. Shields,   Mr. E. Smith,
Dr. Hughs,   Mr. W. Crocker,
Mr. Vincent,   Mr. J. Montgomery.
W. Sudworth, Protokollführer

Hiermit wird beschlossen, daß das Ergebnis und die von dieser Versammlung verabschiedeten Verordnungen im »Sonora Herald« veröffentlicht und auf 500 gedruckten Handzetteln verbreitet und jedermann zur Kenntnis gebracht werden sollen.
Das vorgenannte Komitee hat die Oberaufsicht über die Drucklegung der Beschlüsse.

J. Harrington, Präsident
W. L. Thayer, Sekretär.

*

GREEN RIVER STADTVERORDNUNGEN

Artikel 1:
Hiermit wird vom Bürgerausschuß von Green River City, Dakota-Territorium, beschlossen und verordnet:
1. Es ist jedermann untersagt, verborgene Waffen jeglicher Art innerhalb der Stadtgrenzen mit sich zu führen.
2. Es ist jedermann untersagt, Feuerwaffen jeglicher Art, andere tödliche Waffen oder Luftgewehre innerhalb der Stadtgrenzen abzufeuern oder zu entladen.
3. Es ist jedermann untersagt, sich auf den Straßen oder an öffentlich zugänglichen Plätzen der Stadt unter dem Einfluß von berauschenden Getränken aufzuhalten.
4. Es ist jedermann untersagt, ruhestörenden Lärm zu verursachen, sich anstößig oder unhöflich zu betragen oder auf andere Weise den Frieden der Bürger der Stadt zu stören, etwa gewalttätige Auseinandersetzungen innerhalb der Stadtgrenzen zu führen oder zu provozieren.
5. Es ist jedermann untersagt, auf unsittliche oder unanständige Weise öffentliches Ärgernis zu erregen.
6. Jedermann, der für schuldig befunden wird, gegen eine der vorgenannten Verordnungen verstoßen zu haben, wird mit einer Geldbuße von nicht weniger als 5 Dollar und nicht mehr als 10 Dollar bestraft.
7. Es ist die Pflicht des City Marshals, jeden zu verhaften, der gegen eine der vorgenannten Verordnungen verstößt, und ihn der zuständigen Behörde zuzuführen, wo er nach den gesetzlichen Bestimmungen bestraft werden soll.

*

Weiterhin wird beschlossen, daß ein Polizeichef sowie eine ausreichende Zahl von Policemen angestellt werden sollen, um Ruhe und Ordnung in der Stadt aufrechtzuerhalten.

Gemäß den Verordnungen, die für die vorgenannten Vergehen beschlossen wurden, beginnt die Amtsgewalt der Polizeitruppe mit dem Datum des Inkrafttretens der hier veröffentlichten gesetzlichen Vorschriften.

Artikel 2:
Ordnungsverstöße auf Straßen und öffentlichen Plätzen
Der Bürgerausschuß von Green River City beschließt und verordnet:
1. Es ist jedermann untersagt, ohne Genehmigung durch die Stadtverwaltung Gebäude, Zelte oder andere Behausungen innerhalb der Stadtgrenzen zu errichten.
   Wer gegen diese Verordnung verstößt und es unterläßt, nach der Benachrichtigung durch den City Marshal die Ordnungswidrigkeiten innerhalb von drei Tagen zu beseitigen, wird mit einer Geldstrafe von nicht weniger als 5 Dollar und nicht mehr als 10 Dollar für jeden Tag des Verbleibs der Ordnungswidrigkeit bestraft.
2. Es ist jedermann untersagt, Rinder, Kälber, Schweine oder anderes Vieh innerhalb der Stadtgrenzen zu schlachten.
3. Jedermann, der eines Vergehens gegen die gesetzlichen Bestimmungen der Stadt für schuldig befunden wurde und sich weigert, die gegen ihn verhängte Geldstrafe sowie die eventuell entstandenen Kosten zu zahlen, soll in Haft genommen und ins städtische Gefängnis eingeliefert werden. Hier soll er solange verbleiben, bis er die verhängte Strafe bezahlt hat. Anderenfalls hat der Bürgerausschuß das Recht, den Gefangenen für städtische Arbeiten einzusetzen, die mit einem Tageslohn von 1 Dollar bezahlt werden, solange, bis die verhängte Geldstrafe abgedeckt ist.

Artikel 3:
Lizenzen
Der Bürgerausschuß von Green River City beschließt und verordnet:
1. Es ist niemandem gestattet, das Gewerbe eines Auktionators innerhalb der Stadt auszuüben, ohne vom Bürgerausschuß eine monatliche Lizenz dafür erhalten zu haben. Diese Lizenz soll nicht weniger als 10 Dollar und nicht mehr als 100 Dollar kosten.
2. Es ist niemandem gestattet, eine öffentliche Ausstellung jeglicher Art zu veranstalten, ohne dafür vom Bürgerausschuß eine Lizenz erhalten zu haben, die nicht weniger als 5 Dollar und nicht mehr als 10 Dollar kosten soll.
3. Es ist niemandem gestattet, innerhalb der Stadtgrenzen zu hausieren, Waren oder Produkte jeglicher Art anzubieten und zu verkaufen, ohne dafür vom Bürgerausschuß eine Lizenz erhalten zu haben. Diese Lizenz soll nicht weniger als 5 Dollar und nicht mehr als 50 Dollar kosten. Besitzt jemand allerdings eine Genehmigung von einem Mitglied des Bürgerausschusses, wird er nicht gerichtlich verfolgt. Anderenfalls wird ein Verstoß gegen diese Verordnung mit einer Geldstrafe von nicht weniger als 5 Dollar und nicht mehr als 50 Dollar geahndet.
4. Es ist niemandem gestattet, einen Whisky-Ausschank oder Saloon innerhalb der Stadtgrenzen zu betreiben, ohne dafür vom Bürgerausschuß eine Lizenz erhalten zu haben. Die Kosten für diese Lizenz sollen monatlich 10 Dollar betragen.
5. Es ist niemandem gestattet, innerhalb der Stadt gewerbsmäßig Handel zu treiben, ohne dafür eine Lizenz vom Bürgerausschuß erhalten zu haben. Diese Lizenz kostet 10 Dollar pro Monat. Die Lizenzgebühr für Warengroßhändler beträgt 20 Dollar pro Monat. Die Besitzer von Lebensmittellagern und Fleischer sollen vom Bürgerausschuß ebenfalls Lizenzen erhalten, deren Gebühr pro Monat 10 Dollar beträgt. Jeder Besitzer von Restaurants, Hotels, Boardinghouses oder Fremdenheimen benötigt eine Lizenz, die er für einen Betrag von nicht weniger als 5 Dollar und nicht mehr als 20 Dollar im Monat erhalten soll.

Artikel 4:
Glücksspiel
Der Bürgerausschuß von Green River City beschließt und verordnet:
1. Das Spielen um Geld ist ungesetzlich. Jeder, der überführt wird, sich an Wetten oder Glücksspielen mit Karten oder Würfeln, sei es Pharo, Monte, Keno oder jede andere Art von Glücksspiel, beteiligt zu haben oder Örtlichkeiten – ein Haus oder einen Tisch – zum Abhalten von Glücksspielen bereitgestellt zu haben, wird mit einer Geldstrafe von nicht weniger als 5 Dollar und nicht mehr als 10 Dollar bestraft.

Artikel 5:
Bordelle
Der Bürgerausschuß von Green River City beschließt und verordnet:
1. Es ist jedermann untersagt, ein Freudenhaus zu unterhalten oder zu besitzen. Jeder, der ein solches Haus betreibt und jeder Insasse desselben, wird mit einer Geldstrafe in Höhe von 10 Dollar belegt und hat im Falle seiner Inhaftierung selbst für die Kosten des Gefängnisaufenthaltes und die Gerichtskosten aufzukommen.

Artikel 6:
Ernennung eines City Attorneys
Der Bürgerausschuß von Green River City beschließt und verordnet:
1. Es ist das Amt eines städtischen Anklagevertreters und juristischen Bevollmächtigten zu schaffen, der bei gerichtlichen Streitfällen die Interessen der Stadt zu vertreten hat.
2. Es ist die Aufgabe des City Attorneys, Rechtshandlungen im Namen der Stadt abzuwickeln, Verstöße gegen die Ordnung der Stadt abzuwehren und den Bürgerausschuß in allen juristischen Fragen, die im Zusammenhang mit der Verwaltung der Stadt auftreten, zu beraten.
3. Der Chef der Stadtpolizei hat die Aufgabe, den Rechtsfrieden innerhalb der Stadtgrenzen zu erhalten und in Verbindung mit dem City Marshal Verhaftungen von Personen vorzunehmen oder zu veranlassen, die sich einer Verletzung der städtischen Verordnungen schuldig gemacht haben, und diese Personen dem Richter vorzuführen. Die städtische Polizei befindet sich unter seiner Kontrolle, sämtliche polizeilichen Angelegenheiten aber unterliegen generell der Kompetenz des City Marshals.

Artikel 7:
Geschwindigkeitsbegrenzung
1. Es ist untersagt, mit einem Pferd oder Maultier, oder mit einem von Pferden oder Maultieren gezogenen Wagen innerhalb der Stadtgrenzen schneller zu reiten, bzw. zu fahren als 6 Meilen in der Stunde.

Artikel 8:
Erregung öffentlichen Ärgernisses
1. Es ist jedermann untersagt, Unrat, Abfälle oder schmutzige Substanzen von seinem Grundstück auf eine Straße zu werfen oder auf einem öffentlich zugänglichen Platz abzuladen oder dermaßen zu lagern, daß andere Bürger Anstoß daran nehmen können. Wer gegen diese Verordnung verstößt oder ein derartig ordnungswidriges Verhalten duldet, soll zu einer Geldstrafe von nicht weniger als 5 Dollar und nicht mehr als 10 Dollar verurteilt werden.

Artikel 9:
Es wird hiermit beschlossen, daß jeder, der gegen die städtischen Verordnungen verstößt, eine Geldstrafe zwischen 5 Dollar und 10 Dollar zu zahlen, sowie die Kosten für seine Inhaftierung und die aus gerichtlichen Verfahren entstehenden Kosten zu tragen hat.

Gegeben und beschlossen am 12. August 1868.
JOSEPH BINNS
Präsident des Bürgerausschusses
Beglaubigt: Harry Owenson, Protokollführer

*

**BUNDESHEIMSTÄTTENGESETZ
DER VEREINIGTEN STAATEN VON NORDAMERIKA
VOM 20. MAI 1862**

1. Jeder, der das Haupt einer Familie, 21 Jahre alt und Bürger der Vereinigten Staaten ist, oder in gesetzlicher Form seine Absicht, Bürger derselben zu werden, erklärt hat, kann unter Beachtung der gesetzlich vorgeschriebenen Bedingungen oder Formalitäten 160 acres, oder weniger, von solchem Land, über welches noch nicht anderweitig verfügt ist, in Besitz nehmen und in den Karten und Büchern des Landamtes, in dessen Distrikt das Land liegt, auf seinen Namen eintragen lassen.
2. Das so zu erwerbende Land muß aus einem Stück bestehen, die gesetzlich festgestellte Einteilung in vierzig, achtzig oder einhundertsechzig acres umfassen und innerhalb solcher Länderkomplexe gelegen sein, welche bereits regelmäßig vermessen sind.
3. Vor Eintragung des Grundstücks, welches der Betreffende unter den Bestimmungen des Gesetzes in Besitz zu nehmen wünscht, muß er vor dem einschlägigen Landamt eidlich erhärten, daß er das Haupt einer Familie ist, oder das 21. Lebensjahr erreicht hat, oder daß er in der Armee oder Marine der Vereinigten Staaten gedient hat, daß die nachgesuchte Einschreibung in seinem eigenen Interesse und zu seinem eigenen Vorteil geschieht, daß es seine Absicht ist, auf dem Land zu wohnen und dasselbe zu bearbeiten, und daß die Besitzergreifung weder direkt noch indirekt zugunsten irgend einer anderen Person erfolgt. Sobald dieses Protokoll in dem betreffenden Landamt hinterlegt und der für die Vermessungsgebühren und Provisionen vorgeschriebene sehr geringe Betrag entrichtet ist, wird das bezeichnete Grundstück in den Karten und Büchern auf seinen Namen eingetragen.
4. Nach Ablauf von 5 Jahren vom Tage der Einregistrierung an, oder zu irgend einer Zeit innerhalb von 2 Jahren danach, hat der Betreffende durch die Aussage von zwei unbescholtenen glaubwürdigen Zeugen zu beweisen, daß er seit Einregistrierung des Landes fünf Jahre lang auf demselben gewohnt und es bearbeitet hat; auch muß er beschwören, daß er keinen Teil davon veräußert, außer etwa zugunsten von Schulen, Kirchen, Kirchhöfen, oder im Interesse der Anlegung von Eisenbahnen, und der Regierung der Vereinigten Staaten wiederholt Treue und Ergebenheit geloben. Hierauf erhält er seinen Kaufbrief über das Land, wodurch ihm das absolute Eigentumsrecht, sowie die freie und unbeschränkte Verfügung darüber gesichert wird.
5. Im Falle des Ablebens vor Erbringung der oben angegebenen Beweise und vor Ausstellung des Kaufbriefes tritt die Witwe des Verstorbenen in seine Rechte ein. Sollte jedoch auch diese mit Tod abgegangen sein, so gehen alle Rechte und Ansprüche auf seine gesetzlichen Erben über.
6. Ist derjenige, welcher die Wohltaten dieses Gesetzes für sich in Anspruch zu nehmen wünscht, durch Krankheit, Körperschwäche oder allzu große Entfernung, oder aus irgend einem anderen trifftigen Grund verhindert, vor dem betreffenden Landamt persönlich zu erscheinen und die in § 3 angeführten eidlichen Angaben zu machen, so steht ihm gesetzlich das Recht zu, den erforderlichen Eid vor dem Schreiber des Bezirksgerichts, zu dessen County er gehört, zu leisten und das diesbezügliche

Protokoll, nebst den vorgeschriebenen Gebühren, per Post an das einschlägige Landamt einzusenden; doch ist es stets nötig, daß seine Familie oder irgend ein Angehöriger auf dem betreffenden Land wohnt und dasselbe bearbeitet.
7. Heimstätteland kann für Schulden, welche vor Ausstellung des Kaufbriefes kontrahiert wurden, nicht haftbar gemacht werden!
8. Ein Wohnungswechsel oder ein tatsächliches Verlassen des Landes auf mehr als sechs Monate zu irgend einer Zeit während der genannten fünf Jahre, zieht den Verlust aller Rechte auf dasselbe nach sich.
9. Niemand ist zu mehr als 160 acres unter den Bestimmungen des Heimstättengesetzes berechtigt.
10. Minderjährige, welche während des Krieges (Bürgerkrieg) nicht weniger als vierzehn Tage im Land- oder See-Dienst der Vereinigten Staaten gestanden haben, sind ebenfalls zu den Wohltaten des Heimstättengesetzes berechtigt.
11. Bewerber von Heimstätte-Land können zu jeder Zeit innerhalb der festgesetzten fünf Jahre einen Kaufbrief erlangen, wenn sie den vorgeschriebenen Beweis der Besiedlung erbringen und den Minimalwert des Landes (1,25 Dollar per acre), nach Abzug der bereits entrichteten Gebühren in bar bezahlen.
12. Rasse oder Hautfarbe bilden keine Ausnahme vor dem Gesetz. Mineralländereien sind von demselben ausgeschlossen.

(Entnommen der Dissertation »Die Heimstättegesetze der Vereinigten Staaten von Nordamerika« von Artur Im. Reimann, 1931.)

DIE WAFFEN DER PIONIERE

Nirgends spielten Waffen und ihre technische Entwicklung in der Geschichte eines Landes eine so dominierende Rolle wie in der Pionierzeit der Vereinigten Staaten von Amerika.

Jeder, der auf einem Pferderücken oder mit einem Planwagen westwärts zog, begegnete mannigfachen Gefahren. Eine feindliche Natur, kriegerische Indianerstämme und Straßenräuber bedrohten das Überleben der Pioniere in den weiträumigen Wildnisregionen. Die Waffe war damit nicht nur das Zeichen des freien Mannes, sie wurde auch zum unverzichtbaren Werkzeug zur Existenzerhaltung, zur Verteidigung von Leib, Leben und Besitz.

Die Waffe repräsentierte das Faustrecht, das Recht des Stärkeren in einer Epoche der Gesetzlosigkeit, die der Zivilisierung des Landes vorausging. Selbst als das konstitutionelle Recht weitgehend auch im Westen Fuß gefaßt hatte, bestimmte die Waffe in persönlichen Auseinandersetzungen, Privatkriegen und Familien- und Weidefehden das Gesetz.

Die nachfolgend vorgestellten Waffen gehörten zu den verbreitetsten Modellen in der amerikanischen Pionierzeit. Sie stellen einen Querschnitt durch die Waffentechnik in der Periode der Westwanderung dar. Sie machten Geschichte und blieben bis heute ein Symbol für die Eroberung des amerikanischen Westens.

Colt-Pocket-Modell 1849/50. Die klassische Waffe des kalifornischen Goldrausches. Selbst Frauen und Kinder wurden mit den handlichen, leichten Revolvern ausgestattet. Der Pocket-Revolver fehlte in keiner Ausrüstung eines nach Westen rollenden Planwagens. Herstellungszeit: 1850 bis 1873. Gesamtproduktion: 325000 Stück. Kaliber .31. (Sammlung D. Kügler.)

Colt-Navy-Modell 1851. Die äußerlich wie ein vergrößerter Pocket-Revolver wirkende Waffe war einer der beliebtesten Revolver bei den Pionieren. Herstellungszeit: 1850 bis 1873. Gesamtproduktion: 215 348 Stück. Sechsschüssig. Kaliber .36. Lauflänge: 7,5 Inch. (Sammlung G. Schmitt.)

Colt-Army-Modell 1860. Der schwere Kavallerie-Revolver war eine der klassischen Waffen des amerikanischen Bürgerkrieges. Wegen seiner technischen Perfektion, seiner guten Handlage und seiner optisch eleganten Stromlinienform war er einer der beliebtesten Revolver seiner Zeit. Herstellungszeit: 1860 bis 1873. Gesamtproduktion: 250500 Stück. Sechsschüssig. Kaliber .44. Lauflängen: 7,5 und 8 Inch. (Sammlung D. Kügler.)

Remington-Army-Modell 1858. Das Konkurrenzmodell zum Colt-Army-Revolver und neben ihm eine der bestimmenden Waffen des amerikanischen Bürgerkrieges. Herstellungszeit: 1863 bis 1875. Gesamtproduktion: über 140000 Stück. Sechsschüssig. Geschlossener Rahmen. Kaliber .44. Lauflänge: 8 Inch. (Sammlung H. M. Thiele.)

Colt-Pocket-Navy-Modell 1862. Mit dieser Waffe wurde der Versuch unternommen, eine Kombination aus den beliebten Pocket- und Navy-Revolvern zu produzieren. Die Waffe erhielt die äußeren Maße der Pocket-Revolver und das Kaliber des Navy-Modells. Der Verkaufserfolg hielt sich in Grenzen. Der Pocket-Revolver im Navy-Kaliber wurde zusammen mit dem Colt-Police-Modell in einer Serie hergestellt. Herstellungszeit: 1861 bis 1873. Gesamtproduktion: ca. 18 800 Stück. Fünfschüssig. Kaliber .36. Verschiedene Lauflängen. (Sammlung D. Kügler.)

Colt-Police-Modell 1862. Mit seiner gefluteten Trommel, der nachempfundenen Stromlinienform des Army-Modells, der beliebten Handlichkeit des Pocket-Revolvers und dem effektiven, starken Navy-Kaliber war diese Waffe der optimalste und beste Perkussionsrevolver der Firma Colt. Sie war zugleich der letzte Vorderladerrevolver, den die Colt Company produzierte, bevor die Ära der Patronenwaffen endgültig begann. Das Police-Modell wurde mit dem Pocket-Navy-Modell in einer Serie hergestellt. Herstellungszeit: 1861 bis 1873. Gesamtproduktion: ca. 28 200 Stück. Fünfschüssig. Kaliber .36. Verschiedene Lauflängen. (Sammlung D. Kügler.)

Colt Deringer, 2. Modell. Taschenwaffe zum unauffälligen Tragen. Herstellungszeit: 1870 bis 1890. Gesamtproduktion: ca. 9000 Stück. Einschüssig. Kaliber .41 Randfeuer. Lauflänge 2,5 Inch. (Sammlung H. M. Thiele.)

Colt Deringer, 3. Modell. Besonders beliebt bei Berufsspielern und Prostituierten. Herstellungszeit: 1875 bis ca. 1912. Gesamtproduktion: ca. 45 000 Stück. Einschüssig. Kaliber .41 Randfeuer. Lauflänge 2,5 Inch. (Sammlung D. Kügler.)

Colt-Single-Action-Army-Modell 1873. Der erste großkalibrige Patronenrevolver der Firma Colt. Er galt als die perfekteste, optisch schönste und technisch und ballistisch ausgereifteste Faustfeuerwaffe der Pionierzeit. Er wurde selbst zur Legende und erhielt unzählige grimmig-humorige Beinamen wie »Peacemaker« (Friedensstifter), »Equalizer« (Gleichmacher), Witwenmacher, etc. Herstellungszeit: 1873 bis 1940. Gesamtproduktion: 357 859. Sechsschüssig. Verschiedene Kaliber, hauptsächlich .44 und .45. Verschiedene Lauflängen, hauptsächlich 4,75 Inch, 5,5 Inch und 7,5 Inch. (Sammlung D. Kügler.)

Remington-Single-Action-Army-Modell 1875. Erster großkalibriger Patronenrevolver der Firma Remington. Er war als Konkurrenzmodell zum Colt S.A.A. 1873 gedacht, konnte sich aber gegen den legendären Ruf der Waffen der Colt Company nicht durchsetzen. Herstellungszeit: 1875 bis 1889. Gesamtproduktion: ca. 25 000 Stück. Kaliber .44. Sechsschüssig. Lauflänge 7,5 Inch. (Sammlung D. Kügler.)

Colt-Double-Action-Lightning-Modell 1877. Die erste Patronenwaffe im Double-Action-System der Colt Company, zugleich die ausgereifteste Waffe in diesem komplizierten System zu ihrer Zeit. Im Gegensatz zum Single-Action-System, bei dem vor jedem Schuß der Hahn neu gespannt werden mußte, brauchte beim Double-Action-System nur noch der Abzug betätigt zu werden, wodurch der Hahn selbsttätig gespannt und der Schuß ausgelöst wurde. Herstellungszeit: 1877 bis 1909. Gesamtproduktion: 166 849 Stück. Sechsschüssig. Kaliber .38 und .41. Verschiedene Lauflängen. (Sammlung D. Kügler.)

Sharps-Karabiner Modell 1848. Eines der ersten, wirklich funktionstüchtigen Hinterladergewehre. Christian Sharps, der Erfinder dieser Gewehre, die ein Fallblock-System hatten und mit Papierpatronen geladen wurden, die mittels Zündhütchen gezündet wurden, revolutionierte mit seinen Gewehren die Waffentechnik. Die Gewehre von Sharps halfen mit, den Westen zu erobern. Sie waren ideale Jagd- und Verteidigungswaffen und die dominierenden Gewehre in der Periode der großen Büffeljagden. Kaliber .52 (13,2 mm). (Sammlung H. M. Thiele.)

Sharps-Karabiner Modell 1863. Der dominierende Sattelkarabiner des amerikanischen Bürgerkrieges. Das narrensichere, simple System, kombiniert mit einer nahezu sprichwörtlichen Unverwüstlichkeit ließ Sharps-Gewehre neben den Colt-Revolvern zu den beliebtesten Waffen der Pionierzeit werden. Kaliber .52. (Sammlung D. Kügler.)

Winchester-Gewehr Modell 1873. Das berühmteste Gewehr der amerikanischen Pionierzeit. Winchester-Waffen galten zu ihrer Zeit als die besten Repetierwaffen der Welt. Das System des Unterhebel-Fallblock-Repetierers, in den 50er Jahren des vorigen Jahrhunderts entwickelt, ist bis heute unübertroffen. Die Winchester 73 wurde neben dem Colt »Peacemaker« zu einem Symbol der Waffentechnik des jungen Amerika. Zumindest war sie geschäftlich die erfolgreichste Waffe der Pionierzeit. Zwischen 1873 und 1923 wurden 720 609 Gewehre dieses Modells verkauft. Verschiedene Kaliber, hauptsächlich .44. Verschiedene Lauflängen. Fassungsvermögen des Röhrenmagazins abhängig von Lauflänge und Kaliber: 11 bis 16 Patronen. (Sammlung H. M. Thiele.)

Winchester-Gewehr Modell 1892. Weiterentwicklung des Modells 73. Schmaler, leichter und perfekter im Mechanismus, der das Fallblock-Repetiersystem durch das Springschenkel-Repetiersystem ersetzte, das weniger störanfällig war. Herstellungszeit: 1892 bis 1932. Gesamtproduktion: 1 001 324 Stück. Verschiedene Lauflängen. Fassungsvermögen des unter dem Lauf gelagerten Röhrenmagazin abhängig von Lauflänge und Kaliber: 11 bis 16 Patronen. Kaliber .44. (Sammlung D. Kügler.)

STICHWORTLEXIKON

In der nachfolgenden Übersicht werden die wichtigsten, teilweise auch in diesem Buch vorkommenden Begriffe aus der amerikanischen Pionierzeit stichwortartig erläutert. Diese in Form eines Stichwortlexikons angelegte Übersicht erhebt keinen Anspruch auf Vollständigkeit.

Acre: Amerikanisches Feldmaß, 40,47 Ar oder 4047 qm.

Alder Gulch: (wörtl. Erlen Schlucht) Schlucht im Südwesten Montanas. 1863 Fundort der größten Goldvorkommen des Montana-Territoriums.

Attorney: Staatsanwalt an einem amerikanischen Bundesgericht, zuständig für jeweils einen US-Staat oder ein US-Territorium.

Austin: Hauptstadt des US-Staates Texas am Colorado River, gegründet 1839.

Bannack City: Erste kommunale Ansiedlung im Montana Territorium, gegründet 1862 von Goldsuchern. Nach der Entdeckung des Goldes in der Alder Gulch für die Goldsucher das »Tor in die Goldfelder«, erste Hauptstadt von Montana.

Badge: (wörtl. Abzeichen) Korrekte Bezeichnung für die Abzeichen der amerikanischen Gesetzesbeamten. Der in Europa häufig verwendete Begriff »Sheriff-Stern« entspricht nicht der in den USA gebräuchlichen Ausdrucksweise und ist auch historisch unrichtig, da der Stern nur eine Form der Gesetzesabzeichen darstellte, unter etwa 50 verschiedenen Formen. Zudem repräsentiert er nicht die ursprüngliche Form. Die ersten Abzeichen der Gesetzeshüter waren schild- oder wappenförmig. Sie gingen zurück auf die heraldischen Symbole des Mittelalters. Die Sternform, die erst später aufkam, hat ihren Ursprung u. a. im Pentagramm oder Drudenfuß, einem mystischen Symbol des Altertums zur Abwehr böser Geister.

Badman: (wörtl. Schlechter Mann) Dieser Begriff charakterisierte nicht unbedingt einen Kriminellen oder Gesetzesbrecher. Die Bürger in den Pionierstädten des Westens bezeichneten jeden gewalttätigen Menschen so, vor allem professionelle Revolvermänner wie Ben Thompson, Wild Bill Hickok, usw. Das galt auch dann, wenn diese Männer das Gesetz vertraten wie etwa der Revolvermann Dallas Stoudenmire.

Boardinghouse: Fremdenheim, Pension.

Bundesrichter: Oberster Richter eines US-Staates oder US-Territoriums, auf Vorschlag des Justizministers vom Präsidenten ernannt.

Bürgerkrieg: 1861 spalteten sich nach der Wahl Abraham Lincolns zum Präsidenten der USA 11 Südstaaten von den Vereinigten Staaten von Amerika ab und schlossen sich zu den Konföderierten Staaten von Amerika zusammen. Grund waren die Bestrebungen der Nordstaaten, vor allem von Lincoln repräsentiert, die Sklaverei aufzuheben. Die Sklavenfrage, zum Hauptthema des Krieges hochstilisiert, war in Wirklichkeit ein sekundärer Grund. Hauptsächlich ging es um grundsätzliche politische Auseinandersetzungen zwischen dem agrarischen Süden und dem industrialisierten Norden. Der Krieg dauerte bis 1865 und endete mit der Niederlage der Südstaaten, die zwangsweise wieder in die Gemeinschaft der USA zurückgeführt wurden. Der amerikanische Bürgerkrieg gilt als der erste totale Krieg der Menschheitsgeschichte, er war auch der erste technische Krieg, denn er wurde vorwiegend durch Materialschlachten gewonnen. In gewisser Weise repräsentierte er den Beginn des Industriezeitalters.

Canon City: Standort des 1868 gegründeten Staatsgefängnisses von Colorado.

Cattle Town: (wörtl. Viehstadt) Generelle Bezeichnung für Städte, die als Rindermärkte galten, d. h. als Umschlagplatz für Viehherden, als Treffpunkt für Viehhändler und Züchter, Handelsmetropolen der Rinderzucht. Wie etwa Abilene und Dodge City in Kansas. Texanische Viehzüchter trieben ihre Herden Jahr für Jahr in diese Städte. Die Herden wurden hier von Händlern angekauft, in Eisenbahnen verladen und zu den Schlachthöfen in die Oststaaten transportiert. Gleichzeitig waren diese Städte Vergnügungszentren für die Cowboys nach dem wochenlangen Treiben der wilden Longhornrinder.

City Attorney: Juristischer Berater einer Stadtverwaltung und Anklagevertreter vor einem städtischen Gericht.

Claim: Abgestecktes Stück Land, auf das das Besitzrecht erhoben wird. Als Claim wurden Parzellen zum Siedeln bezeichnet, hauptsächlich aber Goldfundorte. Eine Parzelle, auf der nach Gold gegraben wurde, war ein »Claim«. Seine Größe wurde genauso wie die Besitzerrechte von der Goldgräberversammlung eines Distrikts festgelegt.

Colt, Samuel: 1814 bis 1862. Erfinder des ersten wirklich funktionstüchtigen Revolvers der Welt, 1836. Seine Waffen spielten in der Periode der Westwanderung eine entscheidende Rolle.

Constable: Schutzmann, Untergebener des Sheriffs. Die Bezeichnung hat ihren Ursprung im Mittelalter und ist von dem Begriff »Comes Stabuli« (Stallmeister) hergeleitet.

Coroner: Leichenbeschauer. Leiter einer richterlich angeordneten Totenschau zur Feststellung der Todesursache bei Verdacht eines Verbrechens. Der C. wird von der Bevölkerung eines Countys gewählt.

County Attorney: Zu vergleichen mit einem Amtsanwalt. Juristischer Vertreter der County-Verwaltung und Anklagevertreter vor einem Bezirksgericht.

County: Regierungsbezirk, Distrikt.

Cowboy: Weidereiter, Rinderhirte.

Desperado: (wörtl. Verzweifelter) Gebräuchliche Bezeichnung für Banditen im mexikanischen Grenzraum.

Detektiv: Privater Ermittler in Kriminalfällen, gewerblicher Unternehmer.

Digger: Goldgräber.

Ehrenkodex: Erstes, ungeschriebenes Gesetz in der amerikanischen Pionierzeit, teilweise auf biblischen Prinzipien beruhend. Der E. hatte zum Ziel, das Zusammenleben der ersten Westwanderer in der unerschlossenen Wildnis zu regeln. Zum E. gehörte es, niemals einem Verletzten Hilfe zu verweigern, niemals Gewalt gegen Schwächere anzuwenden, niemals einem Gegner in den Rücken zu schießen, niemals die Waffe auf einen Unbewaffneten zu richten, niemals einen schon geschlagenen Gegner zu mißhandeln. Er beinhaltete auch das Recht der absoluten Selbstverteidigung, usw.

»Euphemia«: Name einer alten Brigg, die in der Bucht von San Francisco ankerte und ab 1849 als erstes Gefängnis Kaliforniens diente.

Farm: Landwirtschaftsbetrieb.

Far West: (wörtl. Weiter Westen) Bezeichnung für das westlich des Mississippi gelegene, unerforschte, unbesiedelte, wilde Land, das Innere des Kontinents.

Fehde: Private Streitigkeiten um Land- und Wasserrechte, Konflikte zwischen benachbarten Familien, die gewaltsam eskalierten. Ehrenhändel, die das Faustrecht, die Selbstjustiz und die Blutrache zum Prinzip erhoben und keine Rücksicht auf geschriebenes Recht nahmen.

Fort Smith: Im Jahre 1817 gegründeter Militärstützpunkt am Arkansas River. Später Sitz des Bundesgerichts für den westlichen Teil des Staates Arkansas und das Indianerterritorium Oklahoma bis zum 1. September 1896.

Friedensrichter: (Judge of Peace) Vorsitzender eines örtlichen Gerichts. Der F. wurde von der Bevölkerung gewählt und war meist ein Laie, kein ausgebildeter Jurist.

Frontier: (wörtl. Grenze) Die jeweilige

Trennlinie zwischen Wildnis und Zivilisation im Westen Amerikas. Für das Geschichtsbewußtsein der Amerikaner sehr entscheidend. Der Begriff »Frontier« charakterisiert die gesamte Zeit der Westwanderung, ist gleichbedeutend mit Pioniergeist, individualistischer Selbstverwirklichung, Freiheit, usw. Noch heute wird bei der Bewältigung von Problemen, gleich welcher Art, von »neuen Grenzen« gesprochen, einer »new frontier«, wie es z. B. bei der Erstürmung des Weltraums der Fall war.

Fuß (Foot): Amerikanisches Längenmaß, 30,48 cm).

Geschworene: 12 Laienbeisitzer bei einem US-Gericht. Sie spielen eine hervorragende Rolle bei der Urteilsfindung. Die Entscheidung, ob ein Angeklagter schuldig oder nichtschuldig ist, wird von ihnen, nicht vom vorsitzenden Richter gefällt. Der Richter leitet lediglich die Verhandlung und setzt das Strafmaß fest. Auf den Schuldspruch hat er keinen Einfluß.

Greaser: Schimpfname für Mexikaner im Süden der USA an der Grenze zu Mexiko. ·

Gulch: Schlucht.

Gunfighter: (wörtl. Revolverkämpfer) Revolvermann, der auf der Seite des Gesetzes stand.

Hold up: Bewaffneter Raubüberfall auf Postkutschen, Banken und Eisenbahnen.

Heimstättengesetz: 1862 verabschiedetes Gesetz, das die kostenlose Landvergabe an Siedler zum Ziel hatte und die Förderung der Westbesiedlung beabsichtigte. Das Gesetz garantierte jedem Bürger der Vereinigten Staaten ein Stück Land von 160 Acres (64,74 Hektar) gegen eine geringe Eintragungsgebühr mit der Bedingung, es 5 Jahre zu bebauen und zu kultivieren. Es änderte die Besitzstrukturen im amerikanischen Westen, wo bis dahin Großgrundbesitzer vorherrschend gewesen waren, die sich »freies« Regierungsland einfach angeeignet hatten, ohne Besitztitel darauf zu erwerben, grundlegend.

Innocents: (wörtl. die Unschuldigen) Größte organisierte Verbrecherbande der amerikanischen Pionierzeit. Gegründet und geleitet von Henry Plummer, dem ersten gewählten Sheriff des Montana-Territoriums nach der Entdeckung des Goldes in der Alder Gulch. Ihr gehörten zeitweise über 100 Mitglieder an. Die Bande war militärisch geordnet und raubte systematisch Postkutschen, Goldtransporte und einzelne Goldgräber aus. Die Bande wurde im Frühjahr 1864 von Vigilanten zerschlagen, die Führer, Henry Plummer und seine Deputy-Sheriffs, gehängt.

Indianergerichte: Eigenständige, souveräne Gerichte der »5 zivilisierten Indianerstämme« Oklahomas, der Cherokees, Chickasaws, Choctaws, Creeks und Seminolen, denen es gestattet war, in der Reservation unter dem Protektorat der amerikanischen Indianerbehörde eine eigene, ihren Stammestraditionen entsprechende Verwaltung aufzubauen. Die Stämme schufen in Anlehnung an Kongreß und Senat in Washington indianische Parlamente, deren Abgeordnete in geheimen und freien Wahlen bestimmt wurden, sie schufen eine nur für indianische Angelegenheiten zuständige Polizei, die »Light-Horses«, und eigene Gerichte. Der formale Ablauf der Gerichtsverhandlungen war ähnlich dem der »weißen« Gerichte. Es gab nur zwei Strafmaße: Todesstrafe oder Prügelstrafe. – Am 7. Juni 1897 beendete ein Kongreßbeschluß die Tätigkeit der indianischen Gerichte und übertrug die Bearbeitung sämtlicher Zivilrechtsangelegenheiten und Kriminalfälle, ohne Ansehen der Rasse und Hautfarbe der Kläger oder Angeklagten, exklusiv den regulären Gerichten in Oklahoma.

Inch (Zoll): Amerikanisches Längenmaß, 2,54 cm.

Jail: Gefängnis.

Kopfgeldjagd: Kommunale und Bundesbehörden, sowie große, von Verbrechen geschädigte Privatunternehmen gaben Steckbriefe heraus, auf denen für die Ergreifung von Kriminellen Belohnungen versprochen wurden. Diese Steckbriefe waren die Legitimation von privaten Menschenjägern. Männer, die mit der Jagd nach Kopfprämien ihren Lebensunterhalt verdienten, traten allerdings nur sehr selten in der Pionierzeit auf. Ihre Rolle wurde später von der Unterhaltungsindustrie maßlos übertrieben.

Ku Klux Klan: Rassistischer Geheimbund in den Südstaaten der USA, gegründet am 24. 12. 1865 in Pulaski, Tennessee, als Protest gegen die Besatzungspolitik der Nordstaaten nach dem Bürgerkrieg und gegen die Gleichberechtigung der ehemaligen Negersklaven. Im April 1871 wurde der Bund gesetzlich verboten, wirkte aber im Untergrund weiter und war, da viele Amtsträger in den Südstaaten ihm angehörten, praktisch unangreifbar. Unzählige grauenvolle Terrorakte füllen die Geschichte des KKK, der die Lynchjustiz zum Prinzip zur Erreichung seiner Ziele erhob.

Lawman: Gesetzesvertreter, allgemeine Bezeichnung für Sheriffs, Marshals, US-Marshals und Rangers.

Light Horses: Eigenständige indianische Polizei, zuständig für indianische Angelegenheiten im Indianerterritorium Oklahoma unter dem Kommando von »High Sheriffs«.

Lynchjustiz: Willkürliche Selbstjustiz ohne rechtliche Grundlage, häufig ohne Klärung der Schuldfrage. Zurückgehend auf Charles Lynch aus Virginia. Etwa seit 1835 umgangssprachlich für jede willkürliche Hinrichtung. Zusammenrottungen von empörten Bürgern machten nicht einmal vor Institutionen der regulären Justiz halt. Mobs drangen unter Anwendung von Gewalt in Gefängnisse ein, um Straftäter zu »lynchen«.

Marshal: Städtischer Polizeichef in der Pionierzeit. Wurde vom Stadtrat ernannt. Seine Befugnisse endeten an der Stadtgrenze. Ihm zur Seite standen Deputies (Gehilfen) und Policemen.

Meile: Amerikanisches Wegemaß, 1 609,34 m.

Miner: (wörtl. Bergmann) Häufig auch für Goldgräber.

Mississippi River: Größter Strom Nordamerikas, entsteht als Abfluß aus dem Itascasee in Minnesota und mündet in den Golf von Mexiko. Der M. galt lange Zeit als Grenze zwischen dem besiedelten Gebiet der USA und dem unbesiedelten »fernen Westen«. Westlich des M. begann die Wildnis.

Mountain Man: Die ersten Felljäger, Trapper und Abenteurer, die im 18. Jahrhundert allein in die unbekannte westliche Wildnis hinauszogen, wie Eremiten in den Wäldern, Ebenen und Bergen von der Jagd lebten, sich mit den dort hausenden Indianerstämmen verbrüderten und tiefer in die Wildnis zogen, sowie weiße Siedler und Heimstätter seinen Spuren folgten und Hütten bauten, das Land kultivierten. Die Mountain Men waren die Vorboten der Zivilisation, gleichzeitig aber auch ihre schärfsten Gegner. Sie flüchteten vor den immer tiefer ins Land vorstoßenden Westwanderern und suchten die Einsamkeit der unberührten Wildnis.

Necktie Party: (wörtl. Halsbandparty) Grimmig-humoriger Ausdruck für eine Hinrichtungszeremonie durch einen Lynchmob oder ein Vigilanzkomitee.

Oklahoma: Indianerterritorium zwischen Texas und Kansas seit 1828. Seit 1889 Stück für Stück zur Besiedelung durch weiße Heimstätter freigegeben, aufgrund des Drucks der Farmerlobby und der stetig wachsenden Zahlen landhungriger europäischer Einwanderer. Am 16. 11. 1907 zum Staat der USA proklamiert.

Outlaw: Gesetzloser, Bandit.

Pferdediebstahl: Straftat, die in der Pionierzeit im amerikanischen Westen genauso schwerwiegend wie heimtückischer

Mord eingestuft wurde. Da in den riesigen Ebenen des Westens ein Mensch auf sein Pferd angewiesen war, konnte der Diebstahl des Tieres den Tod seines Besitzers zur Folge haben, da es nahezu unmöglich war, zu Fuß in den unermeßlichen Weiten zu überleben. Zwar bestrafte ein reguläres Gericht einen Pferdedieb nur mit wenigen Monaten Gefängnis, wurde ein Pferdedieb aber von Bürgern gestellt, wurde er auf der Stelle gehängt.

Peacemaker: Spitzname des Colt Single Action Army Revolver Modell 1873, Kaliber .45.

Peace Officer: (wörtl. Friedensbeamter) In der amerikanischen Umgangssprache allgemeine Bezeichnung für Gesetzesvertreter, Marshals, Sheriffs, usw.

Pinkerton-Agentur: Die älteste und erfolgreichste Privatdetektei in Nordamerika, gegründet 1850 in Chicago von dem schottischen Auswanderer Allan Pinkerton. Pinkerton-Agenten fingen einige der gefährlichsten und berüchtigsten Verbrecher der Pionierzeit und bauten im Bürgerkrieg den Geheimdienst der Nordstaaten auf.

Policeman: Städtischer Polizeibeamter, dem Marshal unterstellt.

Pony Express: Postreiterlinie, die von 1860 bis 1861 eine Verbindung zwischen St. Joseph in Missouri und Sacramento in Kalifornien herstellte. Die Expreßreiter überwanden jeweils eine Strecke von mehr als 3100 Kilometern Wildnis. Jeder Ritt war ein unabschätzbares Risiko. Es drohten vielfache Gefahren. Die Reiter legten die Strecke in der unglaublichen Zeit von 8 bis 10 Tagen zurück. 1861 war die Transkontinentaltelegraphenlinie fertiggestellt. Der Pony Express, wegen zu hoher Kosten ohnehin stets ein Verlustgeschäft, mußte eingestellt werden. Er war überholt. Das Unternehmen gilt als eines der größten Abenteuer der US-Pionierzeit.

Prison: Zuchthaus, Staatsgefängnis.

Ranch: Viehzuchtbetrieb.

Red Light District: (wörtl. Rotlicht-Distrikt) Umgangssprachliche Bezeichnung für das Vergnügens- und Prostituiertenviertel einer Cattle Town.

Revolvermann: Ein Mann, der überdurchschnittliche Fähigkeiten beim Umgang mit der Waffe besaß. Ein Revolvermann konnte sowohl Gesetzesvertreter als auch Bandit sein, er konnte als Kopfgeldjäger arbeiten, sich aber auch als Mordschütze engagieren lassen.

River: Fluß, Strom.

Round up: Jährlicher Viehauftrieb einer Ranch, Zählung und Brändung der Rinderherden.

Rustler: In der amerikanischen Umgangssprache Ausdruck für Viehdieb.

Saloon: Gastwirtschaft, Kneipe.

San Quentin: Erstes kalifornisches Staatsgefängnis, gegründet 1852.

Scout: Kundschafter.

Sheriff: Polizeichef eines Countys (Distrikt), für eine Amtszeit von 2 oder 4 Jahren von der Bevölkerung gewählt. Seine Kompetenz endete an der County-Grenze. Es war ihm untersagt, in den Amtsbereich des Town-Marshals einzugreifen. Er hatte das Recht, seine Deputies (Gehilfen) und Constables selbst zu ernennen. Er fungierte als Steuereinnehmer seines Countys. 5% der Steuereinnahmen waren sein Gehalt. Er war dem Bezirksrichter als Vollstreckungsbeamter unterstellt und fungierte manchmal auch als Henker. Er trug die Verantwortung für das County-Gefängnis. – Seine Amtsbezeichnung hatte ihren Ursprung im mittelalterlichen England. Hier war der »Shire Reeve« als Vogt einer Grafschaft dem König für die Einhaltung der Gesetze in seinem Bezirk verantwortlich.

Skalpjagd: Von englischen Kolonialbehörden wurden Prämien für die Tötung von Indianern ausgeschrieben, um die Ureinwohner Nordamerikas zu dezimieren und den englischen Soldaten einen zusätzlichen Anreiz im Kampf gegen die Indianer zu geben. Für die Kopfhaut jedes getöteten Indianers wurde eine Belohnung gezahlt. Dieser blutige, grausame Brauch wurde später von amerikanischen Behörden übernommen und bis in die 80er Jahre des vorigen Jahrhunderts beibehalten. Professionelle Skalpjäger schlachteten kleine Indianerdörfer völlig ab, nahmen nicht nur den Männern, sondern auch Frauen, Kindern und Greisen die Kopfhaut und kassierten Prämien dafür.

Steckbriefe: Fahndungsplakate, mit denen Behörden die Bevölkerung zur Mithilfe bei der Jagd auf Verbrecher aufforderten. Auf Steckbriefen wurde jedem, der einen gesuchten Kriminellen stellte, eine Belohnung versprochen. Steckbriefe waren die Grundlage und Legitimation für die Kopfgeldjagd.

Store: Gemischtwarenladen, Geschäft.

Squawman: Weißer Trapper, der in der Wildnis lebte und eine Indianersquaw heiratete.

Territorium (Territory): Als T. wurden jene Gebiete bezeichnet, auf die die USA Ansprüche erhoben, die auch zum Landbesitz der USA gehörten und von den Bundesbehörden verwaltet wurden, die aber noch keine Vollmitglieder der Vereinigten Staaten waren. Territorien waren den hoheitlichen Anweisungen der US-Regierung unterworfen und waren, im Vergleich zu den Vollmitgliedern der Staatengemeinschaft, Gebiete minderen Rechts. Ein Gebiet blieb solange Territorium, bis es eine gewisse Besiedelungsdichte aufwies, die Bewohner Verwaltungen organisiert und ein Parlament eingerichtet hatten. Nach Ausarbeitung einer Staatsverfassung, stellten die Vertreter des Territoriums an die Bundesregierung in Washington den Antrag, als Staat in die USA aufgenommen zu werden. Mit der Proklamation zum Staat war verbunden, daß die Verwaltungshoheit über das Territorium von der Bundesregierung auf die gewählten Vertreter des Territoriums überging. – Während in einem sich selbst verwaltenden, von der Bundesregierung weitgehend unabhängigen US-Staat der Gouverneur, d. h. der Regierungschef, frei gewählt wird, wurde er in einem Territorium vom Präsidenten der USA ernannt. In Territorien galt die Bundesgesetzgebung, vertreten durch US-Marshals, es gab keine Town-Marshals und Sheriffs.

Texas: Ursprünglich mexikanisches Gebiet, das um 1820 von anglo-amerikanischen Einwanderern besiedelt wurde, die 1835 gegen die mexikanische Herrschaft rebellierten. 1836 wurde die unabhängige Republik Texas ausgerufen und ihre Existenzberechtigung in einem blutigen Krieg mit Mexiko erstritten. 1845 trat Texas als 28. Staat den USA bei. Hauptstadt: Austin am Colorado River, nach Stephen Austin, einem Kolonisten und Landmakler, der die ersten Siedler nach Texas gebracht hatte.

Texas Rangers: Milizähnliche, paramilitärische Polizeitruppe, gegründet zwischen 1823/26 zum Schutz der ersten texanischen Siedler vor Indianerangriffen und mexikanischen Banditen. Die Rangers spielten im Unabhängigkeitskrieg gegen Mexiko eine entscheidende Rolle. 1935 dem »Department of public safety« (Behörde für öffentliche Sicherheit) unterstellt. Heute hauptsächlich auf grenzpolizeiliche Aufgaben fixiert.

Trader: In der Pionierzeit ein fahrender Händler, der die weit auseinanderliegenden Farmen und Ranches in schwach besiedelten Gebieten mit Gebrauchsgütern belieferte.

Trading Post: Handelsposten in der Wildnis. In schwach besiedelten Gebieten meist Zentren für den Handel und Treffpunkte zum Informationsaustausch, auch Rastplätze für Westwanderer.

Trail: (wörtl. Pfad, Fährte) Umgangssprachliche Bezeichnung für einen Viehtrieb. Nach dem Round up, der Zählung und Brändung des Viehbestands einer Ranch, wurden Herden für den Verkauf zusammengestellt und auf den »Trail« zu den Viehumschlagplätzen geschickt. Ein Trail einer texanischen Rinderherde zu den Handelsstädten in Kansas, Abilene, Dodge City, Ellsworth, Wichita, usw., dauerte oft wochenlang und war für die Treiber (Cowboys) und das Vieh eine knochenbrechende Strapaze.

Trapper: Weißer Felljäger und Fallensteller.

Town: Stadt. In der frühen Pionierzeit wurden schon Ansiedlungen, die aus drei oder vier windschiefen Bretterbuden bestanden, als »Town« bezeichnet.

US-Marshal: Beamter der Bundesjustizbehörden. Ausschließlich für Verbrechen gegen die Bundesgesetzgebung (z. B. Landfriedensbruch) und für den Schutz von US-Post, Regierungsangelegenheiten, Staatsgefängnisse, usw. zuständig. Er war Vollstreckungsbeamter des zuständigen Bundesrichters. Jeder US-Staat hatte einen US-Marshal und eine Anzahl von US-Deputy-Marshals. Bewerber für das Amt des US-Marshals wurden von den Gouverneuren vorgeschlagen und vom Innenminister der USA ernannt. In Territorien, die noch keine Vollmitglieder der USA waren, besaß er vollständige Polizeigewalt und ersetzte die kommunalen Beamten.

Vigilanten: Kommt vom lateinischen »Vigilie«, der Nachtwache der römischen Soldaten. Vigilance = wachsam. Vigilance-Komitees entstanden in der Pionierzeit überall da, wo es kein organisiertes Gesetz gab, oder wo in bestehenden Behörden Korruption und Chaos herrschten. Die Vigilanten stellten es sich zur Aufgabe, die Sicherheit der Pioniergemeinschaft herzustellen und die Grundlagen für den Aufbau einer geordneten, bürgerlichen Gerichtsbarkeit zu legen. Vigilance-Gerichte wiesen charakteristische Züge der staatlich autorisierten Rechtspraxis auf, übten nur selten Willkürjustiz und sind keinesfalls mit Lynchmobs zu vergleichen.

Virginia City: 1863 nach den Goldfunden in Montana nahe der Alder Gulch gegründet. Binnen kürzester Zeit die größte Stadt Montanas. Am 7. Februar 1865 zweite Hauptstadt Montanas. Nach dem Versiegen der Goldadern eine sterbende Stadt, heute kaum mehr als eine Geisterstadt für Touristen.

Weidedetektive: Angestellte von Viehzüchtergenossenschaften mit der Aufgabe, den Viehbestand der Rancher eines Gebietes zu schützen und Viehdiebstähle aufzuklären. Ihr Monatsgehalt lag zwischen 100 und 150 Dollar. Mit dem Vordringen der Heimstättensiedler in die Weideregionen der großen Viehzüchter wurden als Weidedetektive auch Revolvermänner bezeichnet, die im Auftrag der Großrancher die kleinen Farmer bekämpften.

Wells Fargo Company: Transportunternehmen für Reisende und Frachtgüter, gegründet 1852 in Kalifornien von Henry Wells und William Fargo. Binnen weniger Jahre Aufstieg zum mächtigsten Frachtfuhrunternehmen Amerikas.

Wells Fargo Special Agents: Private Detektivtruppe der Wells Fargo Company, gegründet 1873. Die Detektive hatten die Aufgabe, Wells-Fargo-Transporte zu sichern, Überfälle aufzuklären. Unter Führung des Ex-Sheriffs J. B. Hume errangen die Wells Fargo Detektive große Erfolge in der Verbrechensbekämpfung.

Winchester: Name der berühmtesten Repetiergewehre der amerikanischen Pionierzeit. Chronisten bezeichnen die Winchester-Unterhebelrepetiergewehre neben den Colt-Revolvern als die Waffen, die »den Westen eroberten«.

»Wir schlafen nie!«: Werbeslogan und Motto der Pinkerton-Detektiv-Agentur.

Yankee: Allgemeine Bezeichnung für Geschäftsmann von der amerikanischen Ostküste. Im Bürgerkrieg generelle Bezeichnung für den Nordstaatler. Hat seinen Ursprung in dem Spottnamen »Jan Cheese« (Jan Käse), mit dem die britischen Kolonisten die holländischen Geschäftsleute belegten, die mit Peter Stuyvesant gegen die britische Vorherrschaft an der Ostküste des amerikanischen Kontinents kämpften.

Yuma: Standort des 1875 gegründeten Staatsgefängnisses von Arizona. Yuma-Prison wurde 1876 eröffnet und am 15. September 1909 geschlossen.

Die von Trappern gegründete Stadt St. Joseph war das Tor zum »Far West«, zum Fernen Westen, der in Höhe des 98. Längengrades begann. Hier begann die Wildnis. Östlich von St. Joseph befanden sich im Jahre 1876 31 zivilisierte Bundesstaaten der USA mit mehr als 42 Millionen Einwohnern. Wer den 98. Längengrad überschritt, betrat ein Gebiet, das von weniger als 2 Millionen Menschen besiedelt war, das von zahlreichen Politikern und Militärs der Oststaaten als völlig wertlos angesehen wurde. In dem unermeßlich großflächigen Gebiet herrschten die Gesetze der Wildnis, war das Faustrecht bestimmendes Prinzip, ragten die wenigen Städte wie Inseln der Zivilisation hervor. (Landkarte: W. Gringmuth.)

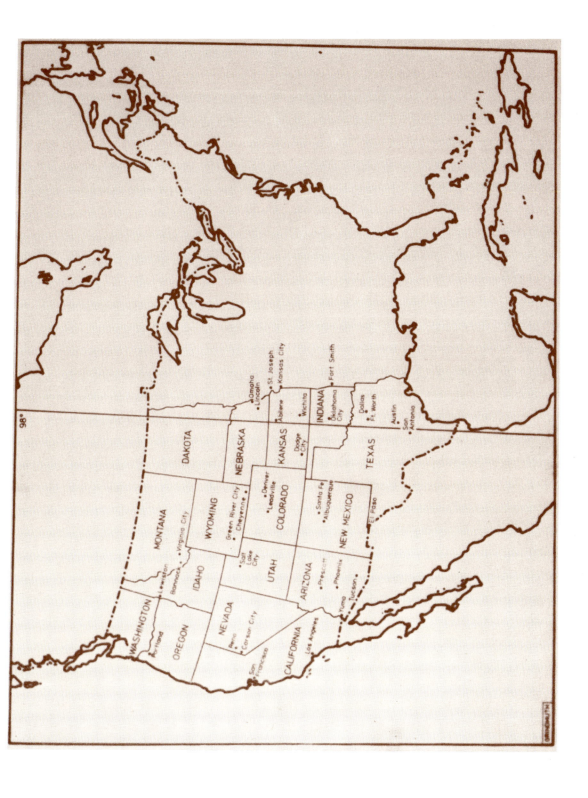